《蘇州全書》編纂出版委員會 編

·音學五書

蘇州全書

甲編

蘇州大學出版社
古吳軒出版社

唐韻正入聲卷之十四

凡入聲之字皆可轉爲去聲亦可轉爲平聲上聲今詳載之

一屋

此韻當分爲二

屋

烏谷切

平聲則音烏　詩小戎首章游環脅驅陰靷鋈續文茵暢轂駕我騏馵言念君子溫其如玉在其板屋亂我心曲

章通驅馵爲韻

上聲則音塢　漢書五行志豐其屋下獨苦長狄生世主虜　淮南子齊俗訓柱不可以摘齒筐不可以持屋馬不可以服重牛不可以追速鉛不可以爲刀銅不可以爲弩

鐵不可以爲舟木不可以爲釜　易林屯之晉燔我室屋
災及妃后

徒谷切

獨

平聲則音徒　釋名頭獨也於體高而獨也頭古音徒

讀

去聲則音渡　周禮宮正註鄭司農讀火絕之徐邈音豆
豆古音渡漢馬融長笛賦察度於句投投卽讀字古時投
亦音徒也唐人多作句度晉書樂志巴渝舞曲其辭既古
莫能曉其句度元稹樂府古題序句度短長之數皇甫湜
荅李生書讀書未知句度

犢

上聲則音杜　淮南子天文訓蟁蝱不食駒犢鷙鳥不搏黃口　漢書劉輔傳見澤字下

去聲則音渡　淮南子氾論訓見角字下

瀆

去聲則音渡　靈樞經營衛生會篇余聞上焦如霧中焦如漚下焦如瀆　漚音嫗　左傳桓十二年公及宋公盟于句瀆之丘　瀆音豆　襄二十八年賈在句瀆之丘　瀆音豆　哀六年囚王豹于句竇之丘　即此句瀆字也　襄十九年執公子牙于句瀆之丘　瀆音竇　史記齊世家作句竇　襄三十年伯有晨自墓門之瀆入　瀆音竇　莊九年遂殺子糾于生竇　史記齊世家作笙瀆　周禮大宗伯小宗伯大司樂注四瀆竝作四竇　古豆竇竝音渡

穀

古祿切

上聲則音古　詩小宛五章交交桑扈率場啄粟哀我塡寡宜岸宜獄握粟出卜自何能穀此章通扈寡爲韻　桑柔見上聲垢字下　水經注土鼓城亦作土穀

去聲則音故　論語三年學不至於穀陸音公豆反

轂

平聲則音姑　詩小戎見上

谷

見三燭韻

斛

胡谷切

去聲則音弧　淮南子泰族訓見尺字下

哭　空谷切

去聲則音庫　呂氏春秋具備篇聽言哀者不若見其哭也聽言怒者不若見其鬬也鬬都故反　淮南子說林訓紂醢梅伯文王與諸矦構之桀辜諫者湯使人哭之構音故

𪌬　同上　說文𪌬从麥㱿聲讀若庫

秃　他谷切

上聲則音土　舊唐書吐蕃傳秃髮氏之後語訛曰吐蕃

啄　丁木切

上聲則音主　淮南子人間訓故蠹啄剖梁柱蟁蝱走牛羊按此以啄與柱蝱與羊爲韻說苑談叢篇乃云蠹啄仆柱梁蚊蝱走牛羊則以梁與羊爲韻矣

去聲則音注　荀子哀公篇鳥窮則啄獸窮則攫人窮則詐攫音𨗉詐莊助反　漢書東方朔傳夫口無毛者狗竇也聲謷謷者鳥哺鷇也尻益高者鶴俛啄也竇田故反鷇音顧　禮記曲禮註爲其啄害人也啄音陟遘反又竹角反　一作噣淮南子見觸字下　易說卦傳爲黔喙之屬喙亦作啄音晝

速　桑谷切

去聲則音數　淮南子見上　考工記不微至無以爲戚速也速書或作數　弓人其人安其弓安其矢安則莫能以速中故書速或爲數　禮記曾子問日有食之不知其已之遲數數讀爲速　樂記衛音趨數煩志註趨數讀爲

促速聲之誤也　祭義其行也趨趨以數註數之言速也
漢書賈誼傳淹速之度語余其期史記作淹數徐廣曰
數速也

嗽

同上　今此字三收於五十候一屋四覺部中

涑

同上　周禮掌舍註柜受居溜水涑橐者也涑徐劉音色
遘反遘音故

祿

盧谷切

上聲則盧五反　淮南子道應訓將衰楚國之爵而平其
制祿損其有餘而繼其不足砥礪甲兵時爭利於天下

說苑同

去聲則音慮　詩楚茨六章樂具入奏以綏後祿奏則故反　禮記中庸尊其位重其祿同其好惡

鹿

平聲則音盧　荀子成相篇剄而獨鹿棄之江獨鹿卽屬鏤也

去聲則音露　唐段成式酉陽雜俎續集引江德藻聘北道記云自邵伯埭三十六里至鹿筋梁今人謂之露筋驛也

族

昨木切

上聲則音祖　淮南子兵略訓下至介鱗上及毛羽條修葉貫萬物百族由本至末莫不有序

去聲則則故反　漢書嚴安傳調五聲使有節族蘇林音奏　白虎通族者湊也謂恩愛相流湊也湊倉故反　荀子文久而滅節族久而絕亦是奏字

蔟 千木切

去聲則倉故反　亦作族漢書律歷志太族族奏也言陽氣大奏地而達物也　今此字兩收於五十候一屋部中

鏃 作木切

去聲則作故反　漢王褒四子講德論見去聲寇字下

僕 蒲木切

去聲則蒲故反

扑　普木切

上聲則音拊　史記秦紀執棰拊以鞭笞天下徐廣曰拊一作扑　漢太尉劉寬碑鞭扑字作鞕拊

卜　博木切

上聲則音補　詩小宛見上　唐韓愈送石洪處士序若河決下流而東注若駟馬駕輕車就熟路而王良造父爲之先後也若燭照數計而龜卜也後音戶　白虎通卜赴也

木　莫卜切

上聲則音姥　易林艮之升臏詐龐子夷竈書木伏兵卒發矢至如雨魏師驚亂將獲爲虜

去聲則音暮　詩角弓六章無教猱升木如塗塗附君子有徽猷小人與屬屬音樹　尉繚子見角字下　淮南子

泰族訓天之所爲禽獸艸木人之所爲禮節制度

鶩

去聲則音務　今此字兩收於十遇一屋部中

臼

居六切　當作居祿

註臼兩手捧物詩終朝采綠不盈一匊本此字後人以其形近井臼之臼改而爲匊今按此字與綠局沐爲韻當入此

去聲則音句

以上字轉去聲則當入御遇暮韻

熇

呼木切

去聲則呼告反　詩板見藥字下　說文熇从火高聲

觻　盧谷切

去聲則盧到反　說文觻从角樂聲

暴　蒲木切

去聲則蒲報反　考工記旊人髻墾薜暴不入市暴讀爲剝又蒲到反　金履祥曰古字四聲隨方言而讀或去或入今以去聲者爲暴烈入聲者爲暴晞義亦相通

瀑

同上　說文瀑从水暴聲　今此二字兩收於三十七号一屋部中

鞄 普木切
上聲則薄巧反
去聲則普教反　今此字四收於三十一巧三十六效一屋四覺部中

鸔 去聲則音暴　今此字四收於三十七号一屋二沃四覺部中

複 方六切
去聲則方究反

鍑

同上　今此二字兩收於四十九宥一屋部中

復　房六切

平聲則扶鳩反　禮記見平聲由字下　晉夏侯湛昆弟誥明德復哉家道休哉世祚悠哉百祿周哉

去聲則扶究反　詩桑柔見迪字下　後魏宗欽贈高允詩於穆吾子含貞藴茂如彼松竹陵霜擢秀味老思沖玩易體復敳翼九臯聲謚宇宙　今此字兩收於四十九宥一屋部中

⿸疒复　同上　今此字三收於四十九宥一屋部中

縮　所六切

平聲則音蕭　太玄經㬠陽氣能剛能柔能作能休見難而縮　釋名脩縮也乾燥而縮也

上聲則息酒反　釋名叜縮也人及物老皆縮小於舊也

颵

平聲則音蕭　今此字三收於三蕭一屋部中

謏

見上聲四十五厚韻

莤

平聲則音蕭　周禮甸師祭祀共蕭茅鄭司農曰蕭字或爲莤莤音所六反

㩋

去聲則音嘯　今此字四收於三蕭三十四嘯一屋部中蕭部屋部並註曰擊也嘯部則註曰切肉合糅按南史恩倖傳齊東昏侯時左右刀敕之徒悉號爲鬼宮中謡曰趙鬼食鴨𠟉諸鬼盡著調至梁武平建業悉誅之俗間以細剉肉糅以薑桂曰𠟉意者以凶黨皆當細剉而烹之也今廣韻作㩋字而𠟉字不收

六

力竹切

去聲則音溜　今北人讀六爲溜

陸

同上　陰符經天發殺機移星易宿地發殺機龍蛇起陸人發殺機天地反覆

戮

平聲則音畱　漢揚雄將作大匠箴毋云我富淫作極游在彼牆屋而忘其國戮作臣司匠敢告執猷　書湯誥聿求元聖與之戮力戮舊音六又力彫反說文力周反史記音力消反　左傳成十三年戮力同心戮相承音六嵇康力幽反呂靜字韻與飂同字林音遼　昭二十五年戮力壹心戮音六又力彫反　公羊傳桓十年註當戮力拒之僖五年戮力一心共从之辭也並音六又力彫反　漢書高帝紀臣與將軍戮力攻秦師古曰戮音力竹反又音力彫反　文選陳思王與楊德祖書庶幾戮力上國戮音力彫反　說文戮从戈翏聲　李因篤曰書盤庚重我民無盡劉劉卽戮字

蓼

上聲則音了　詩小毖肇允彼桃蟲拚飛維鳥未堪家多難予又集于蓼　春秋宣八年楚人滅舒蓼陸德明音了　說文蓼从艸翏聲　今此字兩收於二十九篠一屋部中　按蓼字本有入音莊子齊物論翏翏李軌音六收反又力竹反

僇

去聲則音溜　後漢書段熲傳羌封僇良多滇那等僇音良逐反又力救反　說文僇从人翏聲　今此字兩收於四十九宥一屋部中

勠

平聲則音留　晉陸機文賦是故或竭情而多悔或率意而寡尤雖茲物之在我非余力之所勠故時撫空懷而自

惋吾未識夫開塞之所由也　說文勠从力翏聲　今此字三收於十八尤四十九宥一屋部中

詩斯干箋椓謂擣土也擣呂忱丈牛反沈呂菊反說文勠周反今擣字在平聲十八尤部

逐　直六切

去聲則直救反　易大畜九三良馬逐陸德明音義一音胄

軸

平聲則音紬　詩清人見平聲抽字下　說文軸从車由聲　釋名軸抽也入轂中可抽出也

妯

同上　詩鼓鍾憂心且妯音敕雷反徐音直雷反　說文妯从女由聲

舳　同上　說文舳从舟由聲

柚　去聲則余救反　說文柚从木由聲　今此字兩收於四十九宥一屋部中

蓫　去聲則直救反　詩我行其野二章我行其野言采其蓫昏姻之故言就爾宿爾不我畜言歸思復

鞫　居六切

平聲則音鳩　詩邶谷風五章不我能慉反以我爲讎既阻我德賈用不售昔育恐育鞫及爾顛覆既生既育比予

干毒此章通譌售爲讐　張弨曰按說文[illegible]楷[illegible]自石經玉篇廣韻將諸解溷[illegible]于一通行僭用音亦隨譌

匊

去聲則音究　詩椒聊見篤字下　張弨曰說文在手部曰匊俗作掬非其正從匊者并俗增[illegible]形聲交溷別悉詳之

驅匊切

麴

上聲則區九反　釋名麴朽也鬱鬱使衣生朽敗故也

熟

殊六切

孰

去聲則殊溜反　老子故道生之畜之長之育之成之熟之養之覆之

同上　莊子列禦寇篇與汝游者又莫汝告也彼所小言盡人毒也莫覺莫悟何相孰也　列子同　史記吳世王壽夢世本作孰姑宋衷曰壽孰音相近　張昭曰說文孰食飪也後借作誰何也俗別加火作熟廣韻亦分爲二

淑

平聲則殊蜀反　詩中谷有蓷二章中谷有蓷暵其脩矣有女仳離條其歗矣條其歗矣遇人之不淑矣

璹

上聲則音受　說文璹从玉壽聲　今此字兩收於四十四有一屋部中

昌六切

俶

去聲則尺邵反　詩既醉三章令終有俶公尸嘉告

育　余六切

平聲則音油　詩邶谷風見上

去聲則音柚　老子見上

蓶

去聲則音奧　說文蓶从艸隺聲詩曰會𧀌及蓶

蹴　七宿切

去聲則七秀反　說文蹴从足就聲　亦作蹵莊子諸大夫蹵然曰本或作楸在久七小二反

𩌏

同上　今此字三收於四十九宥一屋部中

肉

如六切

去聲則如柚反　禮記樂記寬裕肉好順成和動之音作而民慈愛使其曲直繁瘠廉肉節奏竝音如又反　爾雅肉倍好謂之璧好倍肉謂之瑗肉好若一謂之環音如又反漢末人讀又爲柚　釋名肉柔也

祝

之六切

平聲則音州　春秋隱四年衛州吁弒其君完穀梁傳作祝吁

去聲則音呪　詩蕩三章侯作侯祝靡屆靡究　易林未濟之中孚春秋禱祝解禍除憂君無災咎　漢張衡西京賦東海黃公赤刀粤祝冀厭白虎卒不能救　書召誥還祝冊祝之六反陸音之又反　周禮大祝掌六祝之辭祝音之秀反　大馭馭下祝登受轡祝之又反　儀禮少牢饋食禮祝祝曰下祝音之又反　禮記曾子問祝聲三疏

之六反徐音之又反　祝曰祝之六反舊音之又反　禮運作其祝號祝之六反徐音之又反　郊特牲詔祝於室祝之六反又之又反　雜記下祝稱卜葬虞祝之六反徐音之又反　左傳昭二十年祝有益也祝之又反　哀二十五年武伯爲祝祝之六反又之又反　公羊傳襄二十九年飲食必祝祝之又反又之六反　莊子請祝聖人祝之又反又州六反　史記齊世家使神可祝而來正義曰祝音章受反　漢書外戚傳飲酒酹地皆祝延之祝音之受反　後魏穆子容太公呂望碑辭言歸故鄉降神巫祝徙厝洪水築室峰岫庭栽異木井依餘甃巫祝作巫呪當時人以呪字爲祝字之變體後人分爲兩字矣　唐歐陽詢書皇甫誕碑祝綱泣辜作呪網　今此字兩收於四十九宥一屋部中宥部註說文曰祭主贊辭

平聲則音州　說文𠷎从吅州聲　今此字兩收於十八尤一屋部中

叔

式竹切

去聲則式詔反　釋名仲父之弟曰叔父叔少也幼者稱也　漢殽阬君神祠碑叔字作⿰尗彐

倏

同上　說文倏从犬攸聲

菽

上聲則式沼反　詩七月六章六月食鬱及薁七月亨葵及菽八月剝棗十月穫稻爲此春酒以介眉壽六句通爲一韻今人讀爲三韻非也　小明見戚字下

倏　去聲則式詔反　說文倏从足攸聲

儵　同上　說文儵从黑攸聲

翛　平聲則音蕭　今此字兩收於三蕭一屋部中

透　去聲則他秀反　今此字兩收於五十候一屋部中

畜　許竹切

見去聲四十九宥韻

慉

平聲則許鳩反　詩邶谷風見上

竹　張六切

平聲則音州　楊慎曰零陵記云桂竹之野產桂竹來風防露上合下疏按其地今之貴州也初名桂竹之野竹譜作筀竹後訛爲貴竹今又訛竹爲州

築

去聲則張紂反　晉潘岳西征賦考土中于斯邑成建都而營築旣定鼎於郟鄏遂鑽龜而啟繇

蹙　子六切

去聲則七肖反　詩小明見戚字下　釋名蹙遒也遒迫之也　孟子舜見瞽瞍其容有蹙韓非子引記曰舜見瞽瞍其容造焉按此則大戴禮保傅篇靈公造然失容曰韓非子難二篇景公造然變色曰淮南子道應訓仲尼造然曰孔子造然革容曰說苑善說篇楚王造然曰韓詩外傳夫子造然變容曰皆是蹙字亦作慥越絕書越王慥然避位曰　亦作鰌莊子鰌我亦勝我本又作鰌子六反又士六反今鰌字廣韻不收　荀子大燕鰌吾後註鰌蹴也

踧

同上　釋名酒踧也能否皆彊相踧持飲之也又入口嚥之皆踧其面也

衄　女六切

去聲則女溜反　說文衄从血丑聲

覆　方福切　當作方目

平聲則方浮反　詩邶谷風見上

去聲則方柚反　詩小明見戚字下　今此字三收於四十九宥一屋部中　廣韻去聲訓葢入聲訓敗訓倒唐張彧趙郡南石橋銘郡國襟帶河山領袖經途者妄逸軌者覆則以傾覆之覆而作去聲

墺　於六切

去聲則音奧　說文墺从土奧聲　今此字兩收於三十七号一屋部中

澳

同上　淮南子覽冥訓植社槁而𡐦裂容臺振而掩覆犬羣嘷而入淵豕銜蓐而席澳　賈誼新書作彘銜菹而適奥　詩瞻彼淇奥音於六反一音烏報反大學作澳　說文澳从水奥聲　今此字兩收於三十七号一屋部中

今廣東南澳之澳俗書作澚

奥字亦有燠音禮記曲禮居不主奥內則鴝奥鹿胃竝音於六反

隩

同上　書堯典厥民隩傳云隩室也正義引爾雅室西南隅謂之奥　禹貢四隩既宅漢書地理志作四奥　說文隩从阜奥聲　今此字兩收於三十七号一屋部中　亦作鄭漢敦煌長史武班碑領枋祕鄭卽奥字

⿱竹奧

同上　說文⿱竹奧从竹奧聲

䐿

同上　釋名䐿奧也藏物於奧內稍出用之也　今此字兩收於三十七号一屋部中

燠

同上　左傳昭三年民人痛疾而或燠休之燠於到反一音於六反　漢書五行志悊時燠若作奧　李尋傳其月土溼燠作奧　王莽傳典致時燠作奧　說文燠从火奧聲　今此字三收於三十二晧三十七号一屋部中

薁

同上　詩七月見上　晉郭璞山海經贊見覺字下　說文薁从艸奧聲

懊

同上　今此字兩收於三十七号一屋部中

拗字本韻不收文選班固西都賦蹂躪其十二三乃拗怒而少息李善音於六切今在上聲三十一巧部

肅

息逐切

去聲則音嘯　論語蕭牆註鄭曰蕭之言肅也　釋名蕭廧施於門內蕭肅也將入於此自肅敬之處也又曰簫肅也其音肅肅然而清也　說文蕭簫嘯䐹繡皆以肅得聲

橚

平聲則音蕭　今此字兩收於三蕭一屋部中

蟰

同上　詩蠨蛸在戶說文上字作蟰　今此字三收於三蕭一屋部中

宿

平聲則音羞　莊子天地篇至無而供其求時騁而要其宿　淮南子原道訓同　儀禮少牢饋食禮宿前宿一日宿戒尸詩古文宿皆作羞　漢書百官表御羞師古曰今長安城南御宿川也羞宿聲相近故或云御羞或云御宿耳

去聲則音秀　詩小明見戚字下　漢東方朔七諫塊鞠兮當道宿舉世皆然兮余將誰告　晉左思吳都賦傾藪薄倒岬岫巖穴無豜豵翳薈無䴉鶚思假道於豐隆披重

霄而高狩籠烏兔於日月窮飛杰之棲宿　周禮宮正註諸吏直宿戒如字劉息就反　馮相氏註引月令宿離不貸劉息就反一音夙　司士註晚退留宿衛者宿音夙劉息就反　脩閭氏掌比國中宿互欜者宿如字劉息就反

史記律書卽天地二十八宿正義曰宿音息袖反又音肅

洪氏漢博陵太守孔彪碑釋文曰史漢書宿留讀皆去聲郭林宗齋刺就謁仇覽請其留宿與此疾病留宿同

按史記封禪書宿留海上又云遂至東萊宿留之索隱曰音秀溜宿留遲待之意若依字讀則言宿而留亦是有所待竝通也　今此字兩收於四十九宥一屋部中

鷫

上聲則息酒反　說文一作鷞司馬相如說从叜聲

⿰石肅

上聲則音篠　今此字兩收於二十九篠一屋部中

潚

平聲則音蕭　今此字兩收於三蕭一屋部中　張弨曰按說文及玉篇潚水名潚淡清廣韻三蕭之潚宜爲瀟字

目

莫六切

去聲則音茂　列子爰精目後漢書張衡傳作旌瞀

繆

同上　禮記檀弓穆公召縣子而問然註凡穆或作繆大傳序以昭繆註繆讀爲穆聲之誤也　坊記陽侯猶殺繆侯而竊其夫人繆音穆　春秋隱三年葬宋穆公公羊穀梁傳竝作繆僖四年葬許繆公宣三年葬鄭繆公成三

年葬衛穆公襄九年葬我小君穆姜同　史記魯世家太公召公乃繆卜徐廣曰古書穆字多作繆　儒林傳繆生索隱曰繆音亡救反一音穆　晉書惠帝紀繆胤繆音謬通鑑晉武帝紀繆蔚註繆靡幼反又莫六反　今此字四收於十八尤二十幽五十一屋部中　于愼行筆塵曰繆字與穆字通亦與謬字通秦穆魯穆之謚皆以繆爲穆何曾賈充之謚又以繆爲謬　亦作謬家語辨樂解孔子有所謬然思焉謬卽穆字

穆　同上　禮記學記足以謏聞謏徐音所穆反

以上字轉去聲則當入嘯笑幼韻

福　方六切

古音方墨反　書洪範斂時五福用敷錫厥庶民惟時厥庶民于汝極錫汝保極　而康而色曰予攸好德汝則錫

之福時人斯其惟皇之極　惟辟作福惟辟作威惟辟玉
食臣無有作福作威玉食臣之有作福作威玉食其害于
而家凶于而國人用側頗僻民用僭忒　易井九三井渫
不食爲我心惻可用汲王明竝受其福　詩天保五章神
之弔矣詒爾多福民之質矣日用飲食羣黎百姓徧爲爾
德　小明五章嗟爾君子無恒安息靖共爾位好是正直
神之聽之介爾景福　鴛鴦二章鴛鴦在梁戢其左翼君
子萬年宜其遐福　賓之初筵四章既醉而出竝受其福
醉而不出是謂伐德　文王六章無念爾祖聿修厥德永
言配命自求多福　大明三章維此文王小心翼翼昭事
上帝聿懷多福厥德不回以受方國　既醉首章既醉以
酒既飽以德君子萬年介爾景福　假樂一章干祿百福
子孫千億　閟宮首章是生后稷降之百福黍稷重穋稙
穉菽麥奄有下國俾民稼穡　殷武四章命于下國封建
厥福　易震彖傳震來虩虩恐致福也笑言啞啞後有則
也　象傳同　困象傳劓刖志未得也乃徐有說以中直

也利用享祀受福也　井象傳井渫不食行惻也求王明受福也　儀禮士冠禮始加祝辭令月吉日始加元服棄爾幼志順爾成德壽考惟祺介爾景福　再加祝辭吉月令辰乃申爾服敬爾威儀淑慎爾德眉壽萬年永受胡福

禮記郊特牲求服其志不貪其得故以戰則克以祭則受福　禮器我戰則克祭則受福　考工記梓人強飲強食詒女曾孫諸侯百福　大戴禮同　老子故以智治國國之賊不以智治國國之福知此兩者亦楷式常知楷式是謂玄德　管子白心篇小取焉則小得福大取焉則大得福盡行之而天下服殊無取焉則民反其身不免於賊

莊子秋水篇嚴乎若國之有君其無私德繇繇乎若祭之有社其無私福汎汎乎其若四方之無窮其無所畛域兼懷萬物其孰承翼　荀子大略篇能除患則爲福不能除患則爲賊　史記秦始皇紀琅邪臺刻石文皇帝之德存定四極誅亂除害興利致福　李斯傳是以地無四方民無異國四時充美鬼神降福　南越傳樓船從欲怠傲

失惑伏波困窮智慮愈殖因禍爲福成敗之轉譬若糾纆龜策傳游三千歲不出其域安平靜正動不用力壽蔽天地莫知其極與物變化四時變色居而自匿伏而不食春蒼夏黃秋白冬黑明於陰陽審於刑德先知利害察於禍福以言而當以戰而勝王能寶之諸侯盡服王勿遺也以安社稷　漁者利其肉寡人貪其力下爲不仁上爲無德君臣無禮何從有福　寡人聞之諫者福也諛者賊也人主聽諛是愚惑也　賈誼新書大政上篇天有常福必與有明德天有常菑必與奪民時　漢賈誼鵩賦夫禍之與福兮何異糾纆命不可說兮孰知其極　旱雲賦忍兮嗇夫何寡德矣既已生之不與福矣　漢書禮樂志郊祀歌象載瑜篇神所見施祉福登蓬萊結無極　安世房中歌馮馮翼翼承天之則吾易久遠燭明四極慈惠所愛美若休德杳杳冥冥克綽永福　磑磑即即師象山則嗚呼孝哉案撫戎國蠻夷竭歡象來致福兼臨是愛終無兵革皇皇鴻明蕩侯休德嘉承天和伊樂厥福在樂不荒惟

民之則　承帝明德師象山則雲施稱民承受厥福　淮南子精神訓吾安知夫刺灸而欲生者之非惑也又安知夫絞經而求死者之非福也或者生乃徭役也而死乃休息也　主術訓儼然玄默而吉祥受福　詮言訓不求得不辭福從天之則不求所無不失所得內無旁禍外無旁福禍福不生安有人賊　文子同　故祭祀思親不求福饗賓修敬不思德　說山訓務偷待之而求福土龍待之而得食　人間訓故福之爲禍禍之爲福化不可極深不可測也　修務訓籌策得失以觀禍福設儀立度可以爲法則　要略使人知禍之爲福亡之爲得聖人無憂和以德也狂者無憂不知禍福也　知公道而不知人間則無以應禍福知人間而不知修務則無以使學者勸力　文子道德篇強大有道不戰而克小弱有道不爭而得衆事有道功成得福　鶡冠子度萬篇驅馳索禍開門逃福賢良爲笑愚者爲國　說苑敬慎篇至治之極禍反爲福　權謀篇聖人轉禍爲福報怨以德　談叢篇暴虐不得

反受其賊怨生不報禍生于福　辨物篇去則有災見則
有福覽九州觀八極備文武正王國嚴照四方仁聖皆伏
列女傳周主忠妾頌使妾奉進僵以除賊凶全其主終
蒙其福　易林乾之蒙君子是則長受嘉福　之恆東山
西岳會合俱會百家送從以成恩福　坤之蠱賊仁傷德
天怒不福斬刈宗社失其邦國　之觀合和建德常受天
福　屯之家人溫仁正直主布恩德閔哀不已蒙受大福
之艮年常蒙慶今歲受福三伏采芑出車有得訟之
觀欽明之德坐前王會必保嘉善長受安福　之无妄合
體比翼喜耦相得與君同好使我有福　之大過啞啞笑
言與喜飲食長樂行觴千秋起舞拜受大福　之漸明神
達德君受大福　之中孚謝恩拜德東歸吳國舞蹈歡躍
恣樂受福　師之觀虜敵之德發憤忿食虜豹禽說為王
求福以成主德　之賁伯寧子福惠我邦國　之剝鑿公
按雄賊亂邦國生離忠孝敗困不福　比之晉昊天白日
照臨我國萬民康樂咸賴嘉福　履之中孚大頭明月載

受嘉福三省飛來與禱相得　泰之解坤厚地載庶物蕃
息平康正直以綏百福　之鼎退止我足無出國域乃得
全完賴其生福　之小過桃李華實纍纍日息長大成熟
甘美可食為我利福　否之益東西受福與母相得　之
震賴我仁德獲為我福　大有之解賀喜從福日利蕃息
歡樂有得　蠱之益牡犧孔博日新其德文君出獵姜氏
受福　觀之大過黃鵠白日照我四國元首昭明民賴其
福　賁之觀易為功力因懼受福　无妄之隨破亡之國
天所不福難以止息　之未濟龍與之德周武成福長女
宜家與君相得　頤之明夷五嶽四瀆潤洽為德行不失
理民賴恩福　之解箕仁入室政衰弊極抱其彝器奔於
他國因禍受福　大過之鼎履行素德卒蒙祐福與堯侑
坐君子有息　坎之小畜堯舜仁德養賢致福衆英積聚
國無寇賊　咸之恆南行求福與喜相得封受上賞鼎足
輔國　恆之剝牝雞之晨為我利福請求弗得　之睽日
莫閉目隨陽休息箕子以之乃受其福　遯之无妄大人

受福童蒙憂惑利無所得。晉之歸妹春耕有息秋入利
福　明夷之解見伏字下　家人之需主有聖德上配太
極皇靈建中授我以福　睽之屯改柯易葉飯溫不含豪
雄爭強先者受福　蹇之大畜蓄利積福日新其德之
頤張羅百日鳥不得北縮頸掛翼困於窘國君子治德獲
譽受福　之大壯虐政爲賊大人失福　解之大有覆手
舉牘易爲功力月正元日承平致福之豫高飛有德君
子獲福　之蠱道理和得人不相賊君子往之樂有利福　萃
之明夷跲跋躓心不作慝君明臣忠民賴其福
蒙慶受福有所獲得不利出城疾人困極　之艮三世爲
德天祚以國封建少昊魯侯之福　升之歸妹游戲仁德
日益有福凶言不至妖孽滅息　困之咸比目四翼安我
邦國上下無患爲吾嘉福　井之噬嗑鷄鳴大國姜氏受
福　之明夷藏戟之室封豕受福光澤肥腯子孫蕃息
革之師買利求福莫如南國　艮之困南行出城世得大
福王姬歸齊賴其所欲以安邦國　漸之遯子長忠直李

氏爲賊禍及無嗣司馬失福　之大壯節慶之德不涉亂
國雖味無災民受大福　歸妹之咸文君之德養人致福
之恒合歡之國喜爲我福　之渙生我喜福國無殘賊
旅之否輔相之好無有休息時行雲集所在遇福　之
鼎文君燎獵呂尚獲福號稱太師封建齊國　之震征將
止惡鼓鞞除賊慶仲奔莒子般獲福　巽之屯仁政之德
參參日息成都就邑日受厥福　之大壯乘車七百以明
文德踐土葵丘齊晉受福　兌之蹇我得利福不離兵革
之中孚茀屋結廣崇我文德三辰旂旗家受行福　渙
之明夷比目附翼相待爲福姜氏季女與君合德　節之
履長寧履福安我百國　之井宣勞就力爲王主國安土
成稷天下蒙福　既濟之否六喜三福南至歡國與喜同
樂嘉我潔德　未濟之晉鳥鴟搏翼以避陰賊盜伺二女
賴厥生福旱災爲疾君無黍稷　太玄經永次五三綱得
于中極天永厥福　勤測勤力忘會大人德也往之蹇蹇
遠乎福也　玄攡斂也得失亡福彊善不倦劇惡不息

揚雄甘泉賦煇炎眩燿降厥福兮子子孫孫長無極兮
元后誄分繭理絲女工是勅遐邇蒙祉中外禔福自京遠
海靡不仰德　越絕書敘外傳記故空社易爲福危民易
爲德　子之復仇臣之討賊至誠感天矯枉過直乳狗咋
虎不計禍福　吳越春秋越王上吳王壽辭於乎休哉傳
德無極上感太陽降瑞翼翼大王延壽萬歲長保吳國四
海咸承諸侯賓服觴酒既升永受萬福　大夫種祝辭皇
天祐助我王受福良臣集謀我王之德宗廟輔政鬼神承
翼君不忘臣臣盡其力上天一蒼不可掩塞觴酒二升萬
福無極　班固明堂詩普天率土各以其職猗與緝熙允
懷多福　幽通賦見下　崔駰仲山甫鼎銘鼎耳華其行
塞雉膏不食方雨虧悔終吉有福　張衡東京賦於南則
前殿雲臺和歡安福謻門曲榭邪阻城洫奇樹珍果鉤盾
所職西登少華亭候修勑九龍之內寔曰嘉德西南其戶
匪雕匪刻我后好約乃宴斯息　鄧耽郊祀賦穆穆皇王
克明厥德應符蹈運旋章厥福　胡廣笥銘帝命所賚用

來令德保之　自陳服以自勅忠肅恭懿鮮不為則靡悔靡
忝神人致福　印衣銘宣慈惠和柔嘉維則克厭帝心膺
茲多福登位歷壽子孫千億　王延壽桐柏廟碑辭惟前
廢弛匪恭匪力災眚以興陰陽以忒防彼高闕椽茲廟側
肅肅其敬靈祇降福雍雍其和民用悅服懷懷其慶年穀
豐殖　樊毅修華嶽廟辭亦說煌煌受茲介福京夏密
清殊俗賓服令問不違可謂至德　蕭郁修堯廟碑文官
位宮學宮不可測乎子孫孫必蒙大聖休烈之福以勸後
進合纖無極　又壽元千廟碑文於穆肅雍上下蒙福長
言利貞與天無極　武都太守李翕西狹頌瑞降豐稔民
以貨植威恩並隆遠人賓服鐉山浚瀆路以安直繼禹之
迹亦世賴福　蔡邕京兆尹樊陵碑辭多士時貢綠從永
息道路兀夷民清險棘同體諸雋兆萌蒙福惠墅無疆守
以罔極　郎掾史張玄祠堂碑辭仁惠周洽行惟模則萬
壓餘慶貽此燕翼邈矣遺孫永懷多福刊名金石流于罔
極　慎令劉修碑辭於惟君德忠孝正直至行通洞高明

柔克鬼神富謙受茲介福　後漢書張玄傳事行則爲福不行則爲賊　晉書天文志進退如度姦邪息變色亂行主無福　宋書天文志同　禮志皇帝冠祝文令月吉日始加元服皇帝穆穆思弘衮職欽若昊天六合是式率遵祖考永永無極眉壽惟祺介茲景福　宋書禮志同　閔鴻親蠶賦洪恩美而周普配春天之景福揚龢䶵之奇藻播朱紫之艷色　南齊書禮志南郡王昭業冠祝文並曰筮賓肇加元服棄爾幼志從厥成德親賢使能克隆景福　宋史輿服志徽宗崇寧五年有以玉印獻者文曰承天福延萬億永無極　按福字在漢以上唯淮南子說林訓無鄉之社易爲黍肉無國之稷易爲求福佀入後人屋韻然篇中不韻者固多自晉桓玄王孝伯誄始以福韻牧郁與育陸竹同用宋范曄後漢書劉趙淳于傳贊以福與祿竹逐同用劉袁呂傳贊以牧福與逐覆同用

上聲則方以反　詩楚茨首章四章並見億字下　大田見異字下　旱麓四章清酒既載騂牡既備以享以祀以

介景福　潛有鱣有鮪鰷鱨鰋鯉以享以祀以介景福
去聲則音富　詩行葦四章黃耇台背以引以翼壽考維
祺以介景福　莊子徐無鬼篇其欲干酒肉之味邪其寡
人亦有社稷之福邪　淮南子氾論訓故長弘知天道而
不知人事蘇秦知權謀而不知禍福　要略時則者所以
上因天時下盡地力據度行當合諸人則刑十二節以爲
法式終而復始轉於無極因循倣依以知禍福操舍開塞
各有龍忌發號施令以時教期使君人者知所以從事
易林家人之比更旦初歲振除禍敗新衣元服拜受利福
睽之未濟見極字下　說苑見式字下　吳越春秋大
夫種祝辭大王德壽無疆無極乾坤受靈神祇輔翼我王
厚之祉祐在側德銷百殃利受其福去彼吳庭來歸越國
觴酒既升請稱萬歲　禮記郊特牲富也者福也　祭統
福者備也備者百順之名也　詩何神不富傳富福也
維筥之富不如時箋富福也　易謙彖傳鬼神害盈而福
謙京房本作富後漢劉修碑引此同　釋名福富也其中

多品如富者也　漢口州從事尹宙碑位不副德作位不福德

幅

古音同上　詩采菽傳幅偪也所以自偪束也　左傳桓二年帶裳幅舄幅音逼　禮記內則偪屨著綦偪本又作幅　晉書羊祜傳幅巾窮巷　唐彬傳幅巾相見姚襄載記幅巾以待之幅並音方逼反　今此字兩收於一屋二十四職部中

去聲則音富　左傳襄二十八年且夫富如布帛之有幅焉

蝠

古音同上　魏陳思王蝙蝠賦吁何姦氣生茲蝙蝠形殊性詭每變常式行不由足飛不假翼

葍

古音同上

去聲則音富　詩我行其野三章我行其野言采其葍不思舊姻求爾新特成不以富亦祇以異　爾雅釋艸葍䔰疏葍一名䔰

楅

古音同上　詩夏而楅衡音義楅音福逼也　今此字兩收於一屋二十四職部中

偪

古音同上　春秋襄十年遂滅偪陽偪徐音甫目反又彼力反　今此字兩收於一屋二十四職部中

去聲則彼二反　荀子見塞字下

輻

古音同上　詩伐檀三章坎坎伐輻兮寘之河之側兮河水清且直猗不稼不穡胡取禾三百億兮不狩不獵胡瞻爾庭有縣特兮彼君子兮不素食兮　荀子法行篇詩曰涓涓源水不雝不塞轂已破碎乃大其輻事以敗矣乃重太息　易小畜九三爻辭輿說輻依子夏傳馬融鄭玄虞翻竝作輹按輻字不得與目字爲韻

去聲則音富　詩正月十章無棄爾輔員于爾輻屢顧爾僕不輸爾載終踰絕險曾是不意　今此字兩收於四十九宥一屋部中

伏　房六切

古音蒲北反　易雜卦傳兌見而巽伏也隨无故也蠱則飭也　禮記儒行儒有澡身而浴德陳言而伏　老子禍

兮福所倚福兮禍所伏孰知其極　列子天瑞篇君子息
焉小人伏焉　仁者息焉不仁者伏焉　管子樞言篇能
戒乎能敕乎能隱而伏乎能而稷乎能而麥乎春不生而
夏無得乎　四稱篇固其武臣宣用其力聖人在前貞廉
在側競稱於義上下皆飾形正明察四時不貸民亦不憂
五穀蕃殖外內均和諸侯臣伏國家安寧不用兵革受其
幣帛以懷其德昭受其令以爲法式　四時篇所求必得
所惡必伏　晏子夫古之有死也令後世賢者得之以息
不肖者得之以伏　呂氏春秋制樂篇故禍兮福之所倚
福兮禍之所伏聖人所獨見衆人焉知其極　六韜發啓
篇鷙鳥將擊卑飛斂翼猛獸將搏弭耳俯伏聖人將動必
有愚色　逸周書時訓解苦菜不秀賢人潛伏靡艸不死
國縱盜賊小暑不至是謂陰慝　素問調經論適人必革
精氣自伏邪氣散亂無所休息氣泄腠理眞氣乃相得
靈樞經五亂篇故氣亂于心則煩心密嘿俛首靜伏　動
腧篇氣之過于寸口也上十焉息下八焉伏何道從還不

知其極　刺節眞邪篇輕重不得傾側宛伏不知東西不知南北　漢賈誼鵩賦禍兮福所倚福兮禍所伏憂喜聚門兮吉凶同域　賈誼新書大政下篇故賢人得焉不肖者伏焉　東方朔七諫處玄舍之幽門兮穴巖石而窟伏從水蛟而爲徒兮與神龍乎休息　淮南子原道訓施之以德海外賓伏四夷納職合諸侯於塗山執玉帛者萬國

亢倉子賢道篇時之陽兮信義昌時之默兮信義伏

鶡冠子世兵篇禍乎福之所倚福乎禍之所伏禍與福如糾纆　韓詩外傳大人出小子匿聖者起賢者伏　鹽鐵論孔子曰詩人疾之不能默丘疾之不能伏　漢書李廣傳登車不式遭喪不服振旅撫師以征不服率三軍之心同戰士之力故怒形則千里悚威振則萬物伏是以名聲暴於夷貉威靈憚乎鄰國　李尋傳日將旦清風發羣陰伏君以臨朝不牽於色　易林小畜之姤蒼龍隱伏麟鳳遠匿寇賊同處未得安息　隨之歸妹明德隱伏麟鳳遠匿周室傾側不知所息　大畜之坎天地閉塞仁智隱伏

喬旅不行利深難得　坎之歸妹南至之日陽消不息北
風烈寒萬物藏伏　離之渙日入明匿陽晶隱伏小人心
勞求事不得　恆之履北陸陽伏不知黑白　明夷之解
亾玉失鹿不知所伏利以避危全我生福甘雨時降年歲
有得　家人之泰仁德優洽恩及異域澤被殊方禍災隱
伏作蠶不織寒無所得　鼎之渙虎饑欲食見蝟而伏
說苑見上　揚雄長楊賦皆稽顙樹頷匍匐蠖伏二十餘
年尚不敢惕息　太玄賦觀大易之損益兮覽老氏之倚
伏省憂喜之共門兮察吉凶之同域　上林苑令箴東原
汙藪禽獸攸伏魚鼈以時芻蕘咸殖　白虎通不周風至
蟄蟲匿廣莫風至則萬物伏　班固幽通賦畔回穴其若
兹兮北叜頗識其倚伏單治裏而外凋兮張修襮而内逼
聿中龢爲庶幾兮顔與冉又不得　崔駰北征頌人事協
兮皇恩得金精揚兮水靈伏順天機兮把刑德戈所指兮
罔不克　杜篤論都賦於是同穴裘褐之域共川鼻飲之
國莫不袒跣稽顙失氣虜伏　朱穆絕交詩北山有鴟不

潔其翼飛不正向寢不定息饑則木攬飽則泥伏鷖鶖貪汙臭腐是食　中常侍樊安碑辭肅肅我君帝躬是翼王事多難我君是力秉此小心以亮皇職惟帝念功庸以輿服大命傾賈魂神僊伏龜艾追遷用光其德藹藹遺稱作呈作式勒銘慈石坐示罔極動名不刻永昭千億　漢書律歷志太陰者北方北伏也　白虎通北方者伏方也萬物伏藏也　釋名匐伏也伏地行也　考工記輈人不伏其轅必縊其牛故書伏作偪杜子春云偪當作伏　左傳昭十三年懷錦奉壺飲冰以蒲伏焉伏蒲北反本又作匍

二十一年扶伏而擊之扶音蒲伏蒲北反　史記范雎傳膝行蒲伏淮陰矦傳俛出袴下蒲伏漢書匈奴傳扶伏稱臣說苑靈公扶伏氣息不續越絕書越王爲吾蒲伏約辭皆匍匐之異文　家語引詩匍匐救之作扶伏

去聲則音備　詩靈臺二章經始勿亟庶民子來王在靈囿麀鹿攸伏　管子侈靡篇其臣者予而奪之使而輟之徒以而富之父繫而伏之奪輟竝去聲　素問四氣調神

大論使志若伏若匿若有私意若已有得　淮南子兵略訓審錔規慮設蔚施伏隱匿其形出於不意敵人之兵無所適備　揚雄上林苑令箴麀麀攸伏不如德至衡臣司虞敢告執指　禮記樂記羽者嫗伏伏扶又反史記正義音房富反　內則註雛鼈伏乳者伏扶又反　左傳莊十年懼有伏焉伏如字舊音扶又反　莊子庚桑楚篇越鷄不能伏鵠卵伏音扶又反　漢書五行志丞相府史家雌雞伏子師古曰伏音房富反按又音肆富方二反竝當音備　今此字兩收於四十九宥一屋部中

服

古音同上　詩關雎二章求之不得寤寐思服悠哉悠哉輾轉反側　有狐三章有狐綏綏在彼淇側心之憂矣之子無服　葛屨首章要之襋之好人服之　蜉蝣二章蜉蝣之翼采采衣服心之憂矣於我歸息　候人二章維鵜

在梁不濡其翼彼其之子不稱其服　采薇五章四牡翼翼象弭魚服豈不日戒玁狁孔棘　六月首章六月棲棲戎車既飭四牡騤騤載是常服玁狁孔熾我是用急王于出征以匡王國　二章比物四驪閑之維則維此六月既成我服　三章有嚴有翼共武之服共武之服以定王國

采芑見革字下　文王四章商之孫子其麗不億上帝既命侯于周服　下武四章媚兹一人應侯順德永言孝思昭哉嗣服　文王有聲六章自南自北無思不服　蕩二章曾是彊禦曾是掊克曾是在位曾是在服天降滔德女興是力　泮水見馘字下　易豫彖傳天地以順動故日月不過而四時不忒聖人以順動則刑罰清而民服　觀彖傳觀天之神道而四時不忒聖人以神道設教而天下服矣　謙象傳見下　儀禮士冠禮始加祝辭再加祝辭並見上　三加祝辭以歲之正以月之令咸加爾服兄弟具在以成厥德　禮記禮運故禮行於郊而百神受職焉禮行於社而百貨可極焉禮行於祖廟而孝慈服焉禮

行於五祀而正法則焉　祭義因物之精制爲之極明命鬼神以爲黔首則百衆以畏萬民以服　爾雅釋訓藹藹萋萋臣盡力也雝雝喈喈民協服也　楚辭離騷謇吾法夫前修兮非世俗之所服雖不周於今之人兮願依彭咸之遺則　步余馬於蘭皋兮馳椒丘且焉止息進不入以離尤兮退將復修吾初服　瞻前而顧後兮相觀民之計極夫孰非義而可用兮孰非善而可服　天問彼王紂之躬孰使亂惑何惡輔弼讒諂是服　九章惜誦令五帝以折中兮戒六神與嚮服俾山川以備御兮命咎繇使聽直　橘頌后皇嘉樹橘徠服兮受命不遷生南國兮　大戴禮武王踐阼篇劒之銘曰帶之以爲服動必行德　誥志篇不賞不罰如民咸盡力車不建戈遠邇咸服亂使來往地賓畢極無怨無惡率惟懿德　公符篇秉集萬福之休靈始加昭明之元服推遠穉免之幼志崇積文武之寵德　鄭語宣王之時有童謠曰檿弧箕服實亡周國　史記周紀同　晉語仁置德武置服　老子治人事天莫若嗇

夫惟嗇是謂早服早服是謂重積德重積德則無不克無不克則莫知其極莫知其極可以有國　管子牧民篇君好之則臣服之君惡之則臣匿之　侈靡篇有革而不能革不可服　心術下篇充不美則心不得行不正則民不服　白心篇見上　故曰何道之近而莫之與能服也弃近而就遠何以費力也　水地篇故人皆服之而管子則之　四時篇大寒乃極國家乃昌四方乃服此謂歲德　内正篇正之服之勝之飾之必嚴其令而民則之曰政　内業篇一言得而天下服一言定而天下聽　氣意得而天下服心意定而天下聽　度地篇四時以得四害皆服　弟子職篇先生施教弟子是則溫恭自虛所受是極見善從之聞義則服溫柔孝弟毋驕恃力志毋虛邪行必正直游居有常必就有德顏色整齊中心必式夙興夜寐衣帶必飭朝益暮習小心翼翼一此不解是謂學則　晏子吳越受令荊楚惽憂莫不賓服勤于周室天子加德　布帛不可窮窮不可飾牛馬不可窮窮不可服　說苑同　莊

子天地篇記曰通於一而萬事畢無心得而鬼神服　天下篇今墨子獨生不歌死無服桐棺三寸而無槨以爲法式　使後世之墨者多以裘褐爲衣以跂蹻爲服日夜不休以自苦爲極曰不能如此非禹之道也不足謂墨　戰國策蘇秦說秦惠王辯言偉服戰攻不息　顏斶對齊宣王東西南北莫敢不來服　吳子應變篇從之無息雖衆可服　墨子尚賢篇湯舉伊尹於庖廚之中授之政其謀得文王舉閎夭泰顛於罝罔之中授之政西土服　備蛾傅篇以衣爲服以號相得　荀子王霸篇如是則不戰而勝不攻而得用兵不勞而天下服　議兵篇故近者親其善遠方慕其德兵不血刃遠邇來服德盛於此施及四極　成相篇禹勞心力堯有德干戈不用三苗服舉舜甽畝任之天下身休息得后稷五穀殖夔爲樂正鳥獸服契爲司徒民知孝弟尊有德　守其職足衣食厚薄有等明爵服利往卬上莫得擅與孰私得　韓非子愛臣篇見上聲等字下　用人篇故至治之國有賞罰而無喜怒故聖人

極有刑法而死無螫毒故姦人服　呂氏春秋先識篇妲
已爲政賞罰無方不用法式殺三不辜民大不服守法之
臣出奔周國　審時篇得時之麥稠長而頸黑二七以爲
行而服薄糕而赤色稱之重食之致香以息使人肌澤且
有力　司馬法嚴位篇人禁不息不可以分食方其疑惑
可師可服　六韜守土篇順者任之以德逆者絕之以力
敬之勿疑天下和服　戰騎篇變易衣服其軍可克　逸
周書武稱解百姓咸服偃兵興德　寶典解八溫直是謂
明德喜怒不郄主人乃服　時訓解鴻鴈不來小民不服
爵不入大水失時之極菊無黃華土不稼穡　周祝解見
下　武紀解太上敬而服其次欲而得其次奪而得其次
爭而克其下動而上資其力　素問移精變氣論標本已
得邪氣乃服　靈樞經病傳篇畢將服之神自得之　官
能篇用鍼之服必有法則　史記秦始皇紀泰山刻石文
皇帝臨位作制明法臣下修飭二十有六年初并天下罔
不賓服　刻碣石門文遂興師旅誅戮無道爲逆滅息武

殄纍逆文復無罪庶心咸服惠論功勞賞及牛馬恩肥土
域　樂書天馬歌天馬徠兮從西極經萬里兮歸有德承
靈威兮降外國涉流沙兮四夷服　李斯傳三者逆德天
下不服身殆傾危社稷不血食　鷄策傳見上　漢書高
帝紀明其爲賊敵乃可服　武帝紀詩云四牡翼翼以征
不服親省邊垂用事所極　禮樂志郊祀歌西顥篇姦僞
不萌祆孽伏息隅辟越遠四貉咸服既畏兹威惟慕純德
附而不驕正心翊翊　鐃歌上之回篇游石關望諸國月
支臣匈奴服令從百官疾驅馳千秋萬歲樂無極　李廣
傳見上　敘傳孝元翼翼高明柔克賓禮故老優繇亮直
外割禁囿内損御服　長孺剛直義形於色下折淮南上
正元服莊之推賢於兹爲德　三略官人得則士卒服
將有一則敎不服有二則軍無式有三則下奔北有四則
禍及國　淮南子俶眞訓是故仁義不布而萬物蕃殖賞
罰不施而天下賓服　時則訓殺伐既得仇敵乃克矩止
不失百誅乃服　精神訓精神澹然無極不與物散而天

下自服　兵略訓上下有隙將吏不相得所持不直卒心積不服　文子自然篇四時修正於境內而遠方懷德制勝於未戰而諸侯賓服也　韓詩外傳關雎之事大矣哉馮馮翊翊自東自西自南自北無思不服　易林屯之睽見下　蒙之觀黃玉溫德君子所服　泰之需四垃秉用君子所服南征述職與福同德　謙之離羔羊皮革君子朝服輔政扶德以合萬國　賁之益旃裘若闔慕德獻服邊鄙不聳以安王國　剝之晉鳥飛鼓翼喜樂堯德虞夏著功要荒賓服　之益憂多橫賊主不能服崑崙之玉取求必得　咸之明夷申酉脫服牛馬休息　大壯之同人管子治國侯伯來服乘輿八百尊我桓德　之蠱德被八表蠻夷率服蠶賊不作道無苛慝　損之井秦失其鹿高足先得勇夫慕義君子率服　困之中孚絲紵布帛人所衣服摻摻女手紡績善織南國饒足取之有息　井之小畜東行述職征討不服　豐之坎兩狗鬬室相齩爭食枉矢西流射我纍國高宗伐鬼三年乃服　王褒四子講德

論於是二客辭于仁義飽于盛德終日仰歎怡懌而悅服
韋玄成戒子孫詩慎爾會同戒爾車服無媠爾儀以保
爾域　說苑君道篇既成威德民親以服清白上通巧佞
下塞　君好之則臣服之君嗜之則臣食之　談叢篇鏡
以精明美惡自服衡平無私輕重自得　太玄經傒測宮
庸之爵不可空得也傒福貞貞正可服也　飾次二無質
飾先文後失服　揚雄逐貧賦余乃避席辭謝不直請不
貳過聞義則服長與爾居終無厭極貧遂不去與我游息
家語冠頌篇令月吉日王始加元服去王幼志心是袞
職欽若昊天六合是式率爾祖考永永無極　越絕書敘
外傳記故曰衆者傳目多者信德自此之時天下大服
吳越春秋見上　春秋漢含孳有人握卯金刀在軫北字
季天下服　班固荅賓戲今吾子幸游帝王之世躬帶紱
冕之服浮英華湛道德　馮衍席前右銘修爾容貌飾爾
衣服文之以辭實之以德　張衡思玄賦共夙昔而不貳
兮固終始之所服也夕惕若厲以省諐兮懼余身之未勑

也　觀舞賦於是飲者皆醉日亦既昃美人興而將舞乃修容而改服襲羅縠之襍錔申綢繆以自飾　崔瑗司隸校尉箴煌煌古制分劃五服翼翼封畿四方之極牧監匡設是謂王國　胡廣印衣銘明明上皇旌以命服紆朱懷金爲光爲飾藹褳其澤撫寧四國　李尤冠幘銘冠爲元服幘爲首服君子敬慎自強不忒　徐幹冠賦纖麗細纓輕配蟬翼尊曰元飾貴爲首服君子敬慎自強不忒　樊毅修華嶽廟碑辭見上　王延壽桐柏廟碑辭見上　武都太守李翕西狹頌見上　中常侍樊安碑辭見上　郎中鄭固碑辭見特字下　魏文帝瑪瑙勒賦嘉鏤錫之盛美感戎馬之首飾圖兹物之攸宜信君子之所服　倉舒誄永思長懷哀爾罔極貽爾良妃襚爾素服　繁欽定情詩與我期何所乃期西山側日夕兮不來躑躅長歎息遠望涼風至俯仰正衣服　何晏瑞頌鹿之麌麌載素其色雉之朝雊亦白其服　阮籍樂論故延年造傾城之歌而孝武思靡曼之色雍門作松柏之音愍王念未寒之服

吴韋昭鼓吹曲承天命篇超龍升襲帝服窮淯懿體玄默夙興臨朝勞謙日昃易簡以崇仁放遠讒與慝　楊泉蠶賦以爲衣裳冠冕服飾禮神納賓各有分職以洽百禮罔不斯服　晉鞞舞歌大晉篇西蜀猾夏僭號方域命將致討委國稽服　晉書禮志皇帝冠祝文見上　傅玄吏部尚書箴明明王範制爲九服君執常道臣有定職各有攸司乂用不慝　潘尼釋奠頌釋玄衣御春服弛齋禁反故式　南齊書禮志南郡王昭業冠祝文見上　陳第曰服字詩易及秦漢古辭無有不讀匐者故儀禮載冠辭曰令月吉日始加元服棄爾幼志順爾成德此其當世之音毫無所假借者唐賈公彥疏曰服叶蒲北反失之矣豈古人命冠數語不能以正音而必待於叶邪以此見唐人之不知古音也　按禮記檀弓及漢書谷永傳引詩凡民有喪匍匐救之竝作扶服史記蘇秦傳委蛇蒲服戰國策坐行蒲服漢書霍光傳扶服叩頭王莽傳扶服振救揚雄長楊賦扶服蛾伏解嘲范睢扶服入橐吴越春秋吾是以蒲服

就君又禮記問喪故匍匐而哭之註匍匐或作扶服李善長楊賦註扶服與匍匐音義同是古匐字通作服也史記扁鵲傳因噓唏服臆索隱曰服音皮力反　今一屋韻中亦收匐字亦讀爲房六反卽此可證其爲俗音　按漢劉向九歎卻騏驥以轉運兮騰驢贏以馳逐蔡女黜而出帷兮戎婦入而綵繡服揚雄冀州牧箴洋洋冀州鴻原大陸岳陽是都島夷皮服始以服字讀房六反

去聲則蒲昧反　詩采薇見棘字下　大東四章東人之子職勞不來西人之子粲粲衣服　宋玉高唐賦王將欲往見之必先齋戒差時擇日簡輿玄服建雲旆蜺爲旌翠爲蓋風起雨止千里而逝蓋發蒙往自會思萬方憂國害開賢聖輔不逮九竅通鬱精神察滯延年益壽千萬歲　史記秦始皇紀之罘山刻石文見式字下　淮南子覽冥訓近者獻其智遠者懷其德拱揖指麾而四海賓服春秋冬夏皆獻其貢職天下混而爲一子孫相代　齊俗訓萬物之情旣矣四夷九州服矣　漢郎中鄭固碑辭見特字

下　古服字亦作犕易繫辭傳服牛乘馬說文引之作犕牛乘馬左傳王使伯服如鄭請滑史記鄭世家作伯犕漢書皇甫嵩傳義眞犕未乎註犕古服字北史魏收嘲山沐之義眞服未正作服字　按今人謂馬上鞍曰犕古人只用服字說文乃作犕後世字愈多而不師古如漢書外戚傳北宅郎牽以被其馬後漢書彭寵傳被馬六匹南史袁粲傳命左右被馬則轉而爲被說文鞁車駕具也通鑑燕高陽王隆自爲鞁乘厓杜甫詩我曹鞴馬聽晨雞則又轉而爲鞁鞴四字皆服字之異文自去入部分遂不知其爲同一字矣

鵩

古音同上　漢班固幽通賦三變同于一體兮雖移易而不忒洞參差其紛錯兮斯衆兆之所惑周賈盪而貢憤兮齊死生與禍福抗爽言以矯情兮信畏犧而忌鵩

蘜
古音同上　說見上　今此字兩收於六至一屋部中

𥴦
古音同上　漢書天文志川塞谿垘孟康曰垘音𥴦今垘字在二十五德部

畐
古音同上　今此字兩收於一屋二十四職部中
去聲則音富　說文富从宀畐聲

絥

䩉

古音竝同上　今此二字兩收於六至一屋部中

菔

古音同上　方言蘆菔郭璞註音匐　說文菔从艸服聲爾雅葖蘆菔後漢書劉盆子傳掘庭中蘆菔根今人呼作蘆蔔　今此字兩收於一屋二十五德部中

匐

古音同上　說見上　今此字兩收於一屋二十五德部中

𩭾

古音方墨反
去聲則音富

蔔

古音同上

去聲同上　今此二字兩收於四十九宥一屋部中

郁

於六切

古音於極反　史記五帝紀其色郁郁其德嶷嶷　大戴禮同　漢司馬相如上林賦便姍嫳屑與世殊服芬芳漚鬱酷烈淑郁　淮南子高誘注減音郁　按此字當與域字同音後人誤幷爲於六反晉劉琨荅盧諶詩橫厲糾紛羣妖競逐火燎神州洪流華域郭璞山海經騊駼贊騊駼野駿產自北域交頸相摩分背翹陸孫承嘉遯賦游無方之內居無形之域詠休遯之貞亨察天心而觀復委性命於玄芒任吉凶而靡錄則并域字亦轉爲於六反又左傳襄十四年至于棫林十六年次于棫林徐竝音于目反

上聲則於紀反　說文郁从邑有聲

戫　古音同上　說文戫从有𢧢聲𢧢于逼切

彧　古音同上．詩信南山三章疆場翼翼黍稷彧彧曾孫之穡以爲酒食　張弨曰本作𢧢乃从川而或聲後人併省作彧又因川而譌彡遂溷作戫註文采義乃交互之謬也

⿰金彧

⿰黑彧　古音竝同上　今此二字兩收於一屋二十四職部中

栯

古音同上

上聲則音有　今此字兩收於四十四有一屋部中

牧

莫六切

古音墨　易謙象傳謙謙君子卑以自牧也鳴謙貞吉中心得也勞謙君子萬民服也无不利撝謙不違則也利用侵伐征不服也鳴謙志未得也可用行師征邑國也楚辭天問伯昌號衰秉鞭作牧何令徹彼岐社命有殷國逸周書周祝解故海之大也而魚何為可得山之深也虎豹貔貅何為可服人智之邃也奚為可測跂動噦息而奚為可牧　文子道原篇中能得之則外能牧之　易林屯之睽伯蹇叔盲莫與守牧失我衣裘代已除服　魏阮籍大人先生傳惟法是修惟禮是克手執圭璧足履繩墨行欲為目前檢言欲為無窮則少稱鄉閭長聞邦國上欲圖

三公下不失爲九州牧　論語撝輔象力牧作力墨
去聲則音味　詩出車首章我出我車于彼牧矣自天子
所謂我來矣召彼僕夫謂之載矣王事多難維其棘矣

坶

古音同上
上聲則音母　書牧誓說文作坶字林音母母滿以反
于六切

囿

古音郁
去聲則于忌反　見四十九宥韻
以上字當改入職德韻轉去聲則當入泰卦怪夬隊代廢
韻

二沃

此韻當分爲二

沃

烏酷切

去聲則烏告反　詩唐揚之水首章揚之水白石鑿鑿素衣朱襮從子于沃既見君子云何不樂　隰桑二章隰桑有阿其葉有沃既見君子云何不樂　韓詩外傳桀羣臣歌樂兮樂兮四牡驕兮六轡沃兮去不善兮善何不樂兮新序略同　張弨曰說文浂从水芺聲今俗省作沃

鱟

去聲則胡救反　今此字兩收於五十候二沃部中

毒

徒沃切

平聲則徒雷反　詩邶谷風見鞫字下

去聲則徒到反　詩桑柔見迪字下　莊子見孰字下　淮南子修務訓令民知所避就當此之時一日而遇七十毒　晉陸機愍懷太子誄見下　郭璞山海經鼣鼠贊小鼠曰鼣實有螫毒乃倉郊牛不恭是告厥譴惟明徵乎其覺

纛

去聲同上　周禮鄉師及葬執纛音桃報反劉音毒　漢書高帝紀黃屋左纛師古曰纛音毒又徒到反　詩值其鷺翿爾雅作纛　今此字兩收於三十七号二沃部中

篤　冬毒切

去聲則冬料反　詩椒聊二章椒聊之實蕃衍盈匊彼其之子碩大且篤匊音究　維天之命假以溢我我其收之

駿惠我文王曾孫篤之　按老子致虛極守靜篤萬物竝作吾以觀其復復音扶究反楚辭天問稷維元子帝何篤之投之于冰上鳥何燠之燠音奧太玄經親陽方仁愛全眞敵篤物咸親睦睦音謬惟椒聊之詩篤從匊而采綠之詩匊又從綠局沐佀爲可疑然鞠字已轉爲鴝則匊字亦當同音采綠之匊乃別爲曰字耳椒聊傳吕氏曰古量二升曰匊爾雅匊二升二匊爲豆與采綠兩手捧物之義或不同也　書曰篤不忘左傳作謂督不忘

督

同上

酷

苦沃切

去聲則音嚳　漢揚雄執金吾箴秦政暴戾播其威虐亾其仁義而思其殘酷虐女淖反　晉陸機愍懷太子誄顯

加放流潛卧鴆毒痛矣太子乃離斯酷謂大益高訴哀靡告鞠躬引分顧景摧剝剝字誤　郭璞元帝哀策文見戚字下　說文酷从酉告聲

硞　同上　說文硞从石告聲

焅　同上　說文焅从火告聲

嚳　同上　風俗通嚳者考也

鵠　胡沃切

去聲則音皓〻詩唐揚之水見去聲繡字下　王嘉拾遺記憑空虛躍曹家白鵠　周禮司裘註鵠之言較較者直也儀禮大射禮註同　呂氏春秋下賢篇鵠乎其羞用智慮也註鵠讀如浩浩昊天之浩　漢書地理志鵠澤孟康音告　說文鵠从鳥告聲

梏　古沃切

去聲則音誥　禮記緇衣引詩有覺德行作有梏德行

說文梏从木告聲

牿

同上　易大畜六四童牛之牿說文及九家本皆作告

說文牿从牛告聲

穛

平聲則音羔　說文穛从禾羔聲

告

去聲則音誥　杜氏左傳集解序赴告策書古毒反一音古報反　漢書高祖紀嘗告歸之田服虔曰告音如皋呼之嘷孟康曰又音嚳師古曰二音竝無別義當依本字讀之

郜

同上　春秋隱十年取郜音古報反字林工筑反　說文郜从邑告聲　今告郜二字兩收於三十七号二沃部中

祰

上聲則音考　今此字兩收於三十二晧二沃部中

皓

去聲則音誥　說文皓从白告聲

瑁

莫沃切

去聲則音冒　說文瑁从玉冒聲

⿰木冒

同上　說文⿰木冒从木冒聲　今此字兩收於三十七號

沃部中

媢

同上　說文媢从女冒聲　今此字三收於六至三十七号二沃部中

歊　火酷切

平聲則音嚻　說文歊从欠高聲　今此字兩收於三蕭二沃部中

襮　博沃切

去聲則音豹　詩唐揚之水見上　說文襮从衣暴聲

以上字轉去聲則入效号韻

僕　蒲沃切

已見一屋部按詩正月三章僕從祿屋旣醉七章僕從祿則當與屋字同轉

耨　內沃切

去聲則奴故反 今此字兩收於五十候二沃部中

傉

同上、晉書載記禿髮傉檀傉音耨又奴谷反

以上字轉去聲則入御遇暮韻

唐韻正入聲卷之十四終

唐韻正入聲卷之十五

三燭

燭　之欲切

平聲則音朱　漢張衡東京賦德寓天覆輝烈炎燭狹三王之趢趗軼五帝之長驅踵二皇之遐武誰謂駕遲而不能屬五臣本作爥音同　後魏渴燭渾氏亦作可足渾氏又作可朱渾氏

去聲則音注　漢書武帝紀地祇見炎集于靈壇一夜三燭服虔曰燭音炷

囑

去聲同上　今此字四收於四十九宥五十候三燭四覺部中詳見宥韻

蠋

上聲則音主 詩東山肙肙者蠋烝在桑野敦彼獨宿亦在車下 韓奕傳厄烏蠋也沈音晝晝古音注

玉

魚欲切

上聲則魚語反 禮記玉藻見上聲夏字下

去聲則音御 詩小戎見屋字下 文子上德篇故與弱者金玉不如與之尺素 易林訟之蠱見絡字下 太玄經見穀字下

獄

上聲同上 詩小宛見穀字下 漢書葢寬饒傳以刑餘爲周召荀悅漢紀作刑獄獄字轉爲餘

頊

許玉切

平聲則音吁　五經通義顓頊者頊猶愉也　史記匈奴傳有義渠大荔烏氏朐衍之戎徐廣曰朐音項鄭氏音吁

㬥

居玉切

去聲則音倨　說文㬥从木昃聲

纍

同上　說文纍从糸昃聲

韅

同上　說文韅从車昃聲

局

渠玉切

去聲則音昊　禮記曲禮行前朱鳥而後玄武左青龍而右白虎招搖在上急繕其怒進退有度左右有局各司其局　管子白心篇知時以爲度大者寬小者局物有所餘有所不足　詩正義句者局也　釋名窶數猶局促也

按局字當从句說文以爲从尺在口下姑從之

襡

市玉切

去聲則音樹　今此字四收於四十五厚五十候一屋三燭部中

屬

之欲市玉二切

之欲切去聲則音注　儀禮士昏禮酌玄酒三屬于尊注屬注也　考工記函人爲甲犀甲七屬兕甲六屬合甲五屬註屬讀如灌注之注　匠人水屬不理孫註屬讀爲注　左傳定十四年屬劒於頸師屬之目屬之欲反又之住

反

市玉切平聲則音儒　漢張衡東京賦見上

去聲則音樹　詩角弓見木字下　楚辭離騷前望舒使先驅兮後飛廉使奔屬鸞皇爲余前戒兮雷師告余以未具　天問九天之際安放安屬隅隈多有誰知其數　靈樞經衛氣失常篇夫百病變化不可勝數然皮有部肉有柱血氣有輸骨有屬　爾雅釋言孺屬也　詩常棣和樂且孺孺屬也　蔡邕獨斷大夫曰孺人孺之言屬也

觸

尺玉切

去聲則尺御反　淮南子齊俗訓故諺曰鳥窮則喝獸窮則觸人窮則詐詐則故反觸古觸字新序作觸　兵略訓故良將之卒若虎之牙若兕之角若鳥之羽若蚿之足可以行可以舉可以噬可以觸　說山訓介蟲之動以固貞蟲之動以毒螫熊羆之動以攫搏兕牛之動以觝觸搏音布　漢揚雄羽獵賦亶觀夫票禽之紲踰犀兕之抵觸熊

羆之犂攫虎豹之淩遽　張衡西京賦百禽㥄遽騤瞿奔觸壺精亾魂失歸忘趨投輪關輻不邀自遇

而蜀切

辱

去聲則而注反　禮記儒行可殺而不可辱也其居處不淫其飲食不溽其過失可微辨而不可面數也　荀子正論篇明見侮之不辱使人不鬬　然則鬬與不鬬邪亾於辱之與不辱也乃在於惡之與不惡也

溽

同上　禮記儒行見上　歸藏易需作溽荅平聲則轉爲儒與需音相近

書玉切

束

去聲則音恕　荀子見去聲構字下　淮南子兵略訓極其變而束之盡其節而仕之　鶡冠子近迭篇主道所高

莫貴約束得地失信聖王弗據倍言負約各將有故　太玄經周測出我入我不可不懼也帶其鉤鞶自約束也　漢蔡邕筆賦惟其翰之所生於季冬之狡兔性精亟以標悍體遄迅以騁步削文竹以爲管加漆絲之纏束　公羊隱元年傳詛命相誓以盟約束也束一音戍　周禮司約註約言語之約束束劉音詩樹反

欲　余讀切

上聲則余矩反　素問血氣形志篇凡治病必先去其血乃去其所苦伺之所欲然後寫有餘補不足　淮南子詮言訓見後字下

去聲則音裕　書大禹謨罔違道以干百姓之譽罔咈百姓以從己之欲　呂氏春秋論人篇適耳目節嗜欲釋智謀去巧故　淮南子原道訓去其誘慕除其嗜欲損其思慮　文子同　主術訓必先計歲而收量民積聚知饑饉有餘不足之數然後取車輿衣食供養其欲　繆稱訓欲

知天道察其數欲知地理物其樹欲知人道從其欲說林訓見鐸字下　鶡冠子世兵篇衆人域域迫於嗜欲小知立趨好惡自懼　漢王襃四子講德論見去聲寇字下　揚雄羽獵賦若夫壯士忼慨殊鄉別趣東西南北騁嗜奔欲　張衡東京賦見去聲奏字下　晉潘岳西征賦紅鮮紛其初載賓旅竦而遲御既饜服而屬厭泊恬靜以無欲迴小人之腹爲君子之慮　支遁詠禪思道人詩中有沖希子端坐摹太素自強敏天行弱志口無欲

䳑

平聲則音臾　說文䳑或作雓从隹从臾

谷

平聲同上　楊慎曰漢書藝文志鬼谷區三篇師古曰即鬼臾區也今本誤作鬼容區

上聲則音與　詩桑柔見上聲垢字下
去聲則音裕　詩葛覃見裕字下　漢馬融廣成頌見廓字下　說文裕从衣谷聲　按山谷之谷廣韻雖有余蜀古祿二切其實欲乃正音易井九二井谷射鮒陸德明音義一音浴書堯典宅嵎夷曰暘谷一音欲左傳僖三十二年註此道在二殽之間南谷中一音欲史記樊噲傳破豨胡騎橫谷正義曰谷音欲貨殖傳畜至用谷量馬牛索隱曰谷音欲漢苦縣老子銘書谷神不从作浴神是也轉去聲則音裕今人讀谷爲穀而加山作峪乃音裕非矣　楊愼曰順天府有平谷縣今或添山作峪非也宋蘇軾詩入谷鶩密蒙自註谷音裕

慾

去聲同上　呂氏春秋大樂篇成樂有具必節嗜慾嗜慾不辟樂乃可務　淮南子精神訓使耳目精明玄達而無

誘慕氣志虛靜恬愉而省嗜慾繆稱訓見去聲耨字下
漢張衡東京賦達餘萌于暮春昭誠心以遠諭進明德
而崇業滌饕餮之貪慾仁風行而外流誼聲激而遐鶩
詩叙斯箋凡物有陰陽情慾者褚詮之音論

鋊

同上　漢書食貨志姦或盜摩錢質而取鋊師古曰鋊音
浴

浴

上聲則音与　素問至眞要大論上之下之摩之浴之
康海武功志曰關西人讀浴若于

躅

直錄切

去聲則直慮反　史記淮陰侯傳騏驥之跼躅不如駑馬
之安步

蠋

上聲則音汝　詩東山首章蜎蜎者蠋烝在桑野敦彼獨宿亦在車下

●

錄

力玉切

去聲則音慮　漢書雋不疑傳錄囚徒師古曰省錄之知其情狀有寃滯與不也今云慮囚本錄聲之去者耳音力具反而近俗不曉其意訛其文遂爲思慮之慮何武傳行部錄囚徒　宋黃朝英緗素雜記曰太玄經躋于狴獄三歲見錄集韻錄音良倨反寬省也唐時術襲舊史以錄爲慮故劉餗嘉話稱高祖平京師李靖見收太宗慮囚見靖引與語奇之又王涯說通作慮

綠

上聲則力主反　禮記喪大記君大夫鬈爪實于綠中註綠或爲簍

去聲則音慮　漢枚乘七發連廊四注臺城層構紛紜玄綠輦道邪交隍池紆曲

丘玉切

曲

平聲則音區　詩小戎見屋字下　春秋桓十二年公會紀侯莒子盟于曲池公羊傳作毆蛇汲冢書作區蛇

上聲則丘羽反　漢書高帝紀又戰曲遇東蘓林曰曲音齲師古曰齲音丘羽反曹參周勃樊噲傳註竝同

去聲則丘具反　漢枚乘七發見上　淮南子時則訓見去聲赦字下　晉左思魏都賦雜糅紛錯兼該泛博鞮鞻所掌之音韎昧任禁之曲以娛四夷之君以睦八荒之俗錯音措博音布　漢書陳平傳曲逆無音五臣註ヶ選陸機漢高祖功臣頌云曲音紀句反

斸 陟玉切

平聲則音朱　釋名钃誅也主以誅除物根株也钃卽斸字

足 卽玉切

平聲則卽餘反　老子天之道損有餘而補不足人之道則不然損不足以奉有餘孰能有餘以奉天下唯有道者是以聖人爲而不恃功成而不處

上聲則卽汝反　莊子達生篇夫忿滀之氣散而不反則爲不足上而不下則使人善怒　素問見上　淮南子見祿字下　易林恒之兌猗吠非主齧傷我足

去聲則卽樹反　管子見上　淮南子兵略訓見上　論語足恭足音子樹反　左傳襄十一年註分以足成三軍足將住反又如字　二十五年言以足志文以足言足將住反又如字　二十六年釁於勇嗇於禍以足其性足子

住反又如字　周禮大司徒註禮物不備相給足也足劉音子喻反　漢書五行志不待臣音復調而足師古曰足音子喻反　後漢書馮魴傳特詔以它縣租稅足石令如舊限足音即喻反　今此字兩收於十遇三燭部中十遇部註云本音入聲

贖　神蜀切

去聲則音樹　晉潘岳西征賦感市閭之菆井歎尸韓之舊處丞屬號而守闕人百身以納贖豈生命之易投誠惠愛之洽著訐望之議未直亦余心之所惡　書舜典金作贖刑徐邈音常句反　詩黃鳥如可贖兮人百其身贖食蜀反又音樹　書傳會選贖神蜀反陸云徐仙民音樹沈存中云經典釋文如熊安生輩多用北音陸德明多從吳音鄭康成齊人多從東音如贖音樹此北音也至今河朔人謂贖爲樹

幞　房玉切

去聲則普故反　說文幞帊也

促　七玉切

去聲則音趣　周禮縣正趨其稼事而賞罰之趨本又作趣音促鄭長里宰趨其耕耨並同　朝士帥其屬而以鞭呼趨且辟趨本又作趣七須反劉音清欲反　考工記矢人註令趣鏃也趣七欲反一音促　禮記月令乃命有司趣民收斂趣本又作趨七住反又七綠反　乃趣獄刑趣音促又七住反　樂記衛音趨數煩志趨讀爲促　祭義其行也趨趨以數趨音促　管子強本趨耕趨讀爲促　莊子王命相者趨射之趨音促　脩上而趨下趨音促　史記項羽紀數使使趣齊兵欲與俱西正義曰趣音促　漢書高帝紀令趨銷印師古曰趨讀曰促凡史記漢書促

字皆作趣亦作趨、春秋說題辭促織言趨織也織興事遽故趨織鳴女作兼　廣韻七遇部趣下註云又親足切今三燭部中漏此字

趗

平聲則音趨　漢張衡東京賦見上

續　侶足切

平聲則侶俱反　詩小戎見屋字下

去聲則侶句反　詩小戎陰靷鋈續徐邈音辭屢反　禮記深衣續衽鉤邊註續或爲裕　玉篇續侶錄侶屢二切

粟　相玉切

去聲則音褎　詩小宛見穀字下

亍

丑玉切

去聲則音住　今此字兩收於十遇三燭部中

此韻轉去聲則入御遇暮韻

旭

許玉切

上聲則許九反　詩旭日始旦林音呼老反　韻補引說文旭从日九聲太玄經從次二方出旭旭朋從爾醜

勖

同上　說文勖从力冒聲　禮記坊記引詩先君之思㠯勖寡人作以畜寡人　張弨曰俗㫚破體又譌从助非

以上二字當改入沃韻轉去聲則入救幼韻

四覺

此韻當分爲二

覺 古岳切 一 當作古樂

平聲則古爻反 詩兔爰見平聲罦字下 左傳哀二十一年齊人歌魯人之皋數年不覺使我高蹈唯其儒書以爲二國憂

去聲則古效反 漢司馬遷悲士不遇賦好生惡死才之鄙也好貴夷賤哲之亂也炤炤洞達胷中割也昏昏罔覺內生毒也覺與毒爲韻 蔡邕太傅胡公碑文靜而不滯動而不躁總天地之中和覽生民之上操聰明膚敏兼資斗覺涉觀憲法契闊文學睹皋陶之闈闥揆孔子之房奧 晉左思吳都賦暨其幽遐獨邃寥廓閒奥耳目之所不該足趾之所不蹈倜儻之極異崫詭之殊事藏理於終古

而未寤於前覺也若吾子之所傳孟浪之遺言略舉其梗概而未得其要妙也　魏都賦金石絲竹之恒韻匏土革木之常調干戚羽旄之飾好清謳微吟之要妙世業之所日用耳目之所聞覺　成公綏嘯賦於是延友生集同好精性命之至機研道德之玄奧愍流俗之未悟獨超然而先覺狹世路之阨僻仰天衢而高蹈邈跨俗而遺身乃慷慨而長嘯　郭璞山海經菵草贊菵草赤莖實如蘡薁食之益智忽不自覺殆齊生知功奇於學　鼷鼠贊見毒宇下　抱朴子仁明篇故其恩褱弘於長育哀傷著於啁噍然赴阬穽而無猜入罻羅而不覺　魏書張寔傳涼州謠蛇利砲蛇利砲公頭墜地而不覺　釋名覺告也又曰自上勑下曰告告覺也　史記高祖紀高祖覺索隱曰包愷劉伯莊皆音古孝反　今此字兩收於三十六效四覺部中

較

去聲同上　詩淇奧三章寬兮綽兮倚重較兮善戲謔兮不爲虐兮　今此字兩收於三十六效四覺部中　說文作較从車爻聲

榷

同上　漢書武帝紀註如湻曰榷音較

樂

五角切　當作五覺

去聲則音效　詩關睢三章參差荇菜左右芼之窈窕淑女鍾鼓樂之　唐揚之水見沃字下　晨風見下　南有嘉魚首章南有嘉魚烝然罩罩君子有酒嘉賓式燕以樂　正月抑並見虐字下　九罭見鑿字下　新序見沃字下　太玄經樂陽始出輿舒疊得以和淖物咸喜樂　漢馮衍顯志賦游精神於大宅兮坑玄妙之常操處清靜以

養志兮實吾心之所樂　晉潘岳西征賦凡厥寮司既富而教咸帥貧惰同整楫棹收罟課獲引繳舉效鰥夫有室愁民以樂　陸機遂志賦見下　陶潛祭程氏妹文咨爾令妹有德有操靖恭鮮言聞善則樂能正能和惟友惟孝行止中閨可象可傚　梁昭明太子七契奇舞遞作名謳斯召綽約妍姿嬋嫣窈笑綺縠風吹珠璣星耀齊竽颺參差之響趙瑟奏鏗鏘之妙茲亦游讌之至娛子能偕此而爲樂乎　今此字兩收於三十六效四覺部中

灂

士角切　當作士覺

去聲則子肖反　考工記輈人良輈環灂註鄭司農云灂讀爲灂洒之灂音子肖反　弓人冰析灂灂子召反

⿰米焦

側角反　當作側覺

平聲則音焦　說文⿰米焦从米焦聲

箾　所角切　當作所覺

平聲則音蕭　左傳昭二十九年見舞韶箾者箾音簫

史記吳世家見舞象箾南籥者索隱曰箾音朔又蘓彫反

見舞招箾索隱曰韶簫二字體變耳今此字兩收於

三蕭四覺部中

揱　同上　考工記輪人欲其揱爾而纖也揱音簫又色交反

又音朔　今此字兩收於四宵四覺部中

倬　竹角切　當作竹覺

去聲則竹到反　爾雅釋詁箌大也音罩疏引韓詩云箌

彼圃田

菿

同上　說文菿从艸到聲　今此字兩收於三十七号四覺部中　按此字說文廣韻皆从艸爾雅从竹但訓云草大也則當以从艸者爲是

卓

同上　魏李興表諸葛忠武侯閭文遐哉邈矣厥規卓矣凡若吾子難可究已　說文鯙引詩烝然鯙鯙从魚卓聲今詩作罩罩　釋名超卓也舉腳有所卓越也　呂氏春秋齊淖齒作卓齒　又按說文悼淖掉踔皆以卓得聲

北角切　當作北覺

駁

去聲則北教反　淮南子修務訓若魚之躍若鵲之駁晉郭璞江賦若乃巴東之峽夏后疏鑿絕岸萬狀壁立赮駁　按躍鑿皆可讀去聲

趵

同上　今濟南趵突泉讀爲豹

爆

同上　說文爆从火暴聲　今此字三收於三十六效四覺十九鐸部中

嚗

同上　莊子嚗然投杖而笑嚗音剝又孚邈反又孚貌反

駁

同上　詩晨風二章山有苞櫟隰有六駁未見君子憂心靡樂　說文駁獸如馬倨牙食虎豹从馬交聲駁馬色不

純从馬爻聲二字轉去聲則補敎反與交爻協徐鉉乃曰爻非聲誤　趙宧光曰此字石經註疏竝从交用駮今公車內本从爻用駁傳家解梓榆皮俗之故名詳駮駁二字形聲義訓竝無兩說合之可也

邈

莫角切　當作莫覺

去聲則音貌　魏李興表諸葛忠武侯閭文見上　晉陸雲祖王羊二公詩見廸字下　說文邈从辵貌聲

懇

同上　說文懇从心貌聲

藐

上聲則音杪　左傳定五年殺公何藐藐亾角反一音彌小反

去聲同上　詩抑見虐字下　崧高四章旣成藐藐王錫申伯四牡蹻蹻鉤膺濯濯　莊子藐姑射之山藐音邈又妙紹反　說文藐从艸貌聲　今此字兩收於三十小四覺部中

眊

同上　說文眊从目毛聲　今此字兩收於三十七号四覺部中

皃

同上　今此字兩收於三十六效四覺部中

雹

蒲角反　當作蒲覺

去聲則蒲報反　說文雹从雨包聲　釋名雹砲也其所中物皆摧折如人所盛砲也

跑

平聲則音庖

匏

同上　今此二字兩收於五肴四覺部中

瓝

同上　說文瓝从瓜交聲

譽

去聲則音瀑　說文譽从言瀑省聲

鞄　匹角切　當作匹覺

去聲則防教反　考工記攻皮之工函鮑韗韋裘鮑故書或作鞄　說文鞄从革包聲　今此字三收於三十一巧三十六效四覺部中

颮

平聲則音庖　說文颮飆字飆或从包　文選班固西都賦颮颮紛紛李善音僄姚切　今此字兩收於五肴四覺部中

毃　克角切　當作克覺

平聲則口交反　說文毃从殳高聲　亦作敲左傳定二年奪之杖以敲之敲苦孝反又苦學反　今五肴部中有

㲉字　玉篇㲉口交口卓二切

墧

去聲則苦教反　說文作墧从土喬聲　玉篇墧口交口角二切

直角切　當作直覺

嬥

平聲則徒彫反　詩佻佻公子韓詩作嬥嬥　今此字兩收於三蕭四覺部中

濯

上聲則直佼反　詩靈臺三章麀鹿濯濯白鳥翯翯王在靈沼於牣魚躍

去聲則直教反　詩桑柔見削字下　崧高見上　素問靈蘭祕典論肖者濯濯孰知其要閔閔之當孰者爲良

晉陸機豪志賦蕭綢繆於豐沛故攀龍而先躍陳頓委於楚魏亦淩霄以自濯伍被刑而伏劒魏和戎而擁樂彼殊塗而竝致此同川而偏溺禍無景而易逢福有時而難學

唐張說和麗妃神道碑銘帝妃佐后實掌陰教八月選才千金聘貎禮獻絲繭詩修滌濯婦政可尊嬪風胥效

周禮守祧註故書祧作濯鄭司農濯讀爲祧　禮記喪大記濡濯棄於坎濯直孝反　漢書百官表輯濯師古曰濯音直孝反　司馬相如傳濯鷁牛首師古曰濯者所以刺船也音直孝反　劉屈氂傳發輯濯士師古曰濯本亦作櫂音直孝反　鄧通傳以濯船爲黃頭郎師古曰濯讀曰櫂音直孝反　元后傳輯濯越歌師古曰濯與櫂同　釋名櫂濯也濯於水中也且言使舟櫂進也　今此字兩收於三十六效四覺部中

箹　於角切　當作於覺

去聲則音要　說文箹从竹約聲　玉篇箹於卓一孝二切

廣韻三十六效部箹下註云又於角切今覺部漏此字

掉　女角切

去聲則徒弔反　今此字三收於二十九篠三十四嘯四覺部中

逴　敎角切　當竹敎覺

去聲則敎詔反　說文逴从辵卓聲讀若掉苕之掉　亦作趠玉篇趠丑孝丑角二切今趠字在三十六效部

踔　同上　史記司馬相如傳踔稀閒郭璞曰踔音託釣反

貨殖傳上谷至遼東地踔遠索隱曰劉氏踔音卓一音勑

教反　今此字兩收於三十六效四覺部中

犖　呂角切　當作呂覺

去聲則音勞　左傳莊三十二年圉人犖公羊作鄧扈樂
說文犖从牛勞省聲

學　胡覺切

去聲則音效　禮記禮運故宗祝在廟三公在朝三老在
學　漢書敘傳樂安褎褎古之文學　漢傅毅迪志詩先
人有訓我訊我誥訓我嘉務誨我博學　蔡邕大傅胡公
碑文見上　晉陸機遂志賦見上　郭璞山海經贊見上
說文即斆省　書說命惟斆學半或作學禮記學記作
學學半檀弓叔仲皮學子柳文王世子凡學世子及學士
必時春夏學干戈秋冬學羽籥小樂正學干籥師學戈並
音效　張弨曰斆學即一字二音因分讀

嗃

上聲則下巧反　今此字兩收於三十一巧四覺部中

翯

許角切　當作許覺

去聲則音號　詩靈臺見上　賈誼新書引此作白鳥嗃嗃　說文翯从羽高聲

滈

上聲則音皓　史記秦始皇本紀爲吾遺滈池君正義曰滈胡老反　今此字兩收於三十二晧四覺部中

以上字轉去聲則當入嘯笑效號韻

考工記輪人則轂雖敝不藃藃胑音好角反今藃字在平聲四宵五肴去聲三十七号部

轂 古岳切

古音穀 今此字兩收於一屋四覺部中

角

古音祿 詩麟之趾三章麟之角振振公族 行露二章誰謂雀無角何以穿我屋誰謂女無家何以速我獄雖速我獄室家不足 良耜殺時犉牡有捄其角以似以續 呂氏春秋明理篇馬有生角雄雞五足 史記刺客傳其稱太子丹之命天雨粟馬生角也 漢書五行志雞生角時主獨 董仲舒傳予之齒者去其角傅其翼者兩其足 東方朔傳臣以爲龍又無角謂之爲蛇又有足 枚乘七發逐馬鳴鑣魚跨麋角履游麕兔蹈踐麖鹿 董仲舒士不遇賦心之憂歟不期祿矣皇皇匪寧秖增辱矣努力觸藩徒摧角矣 淮南子覽冥訓晚世之時七國異族諸

戾制法各殊習俗從横間之衆兵而相角　兵略訓擊之
如雷霆斬之若艸木耀之若火電欲疾以遬人不及步銷
車不及轉轂兵如植木弩如羊角人雖衆多勢莫敢格
說山訓故梧桐斷角馬氂截玉　易林屯之屯蒼龍單獨
與石相觸摧折兩角室家不足　屯之損跨牛失角下山
傷軸失其利祿過在誰欤　家人之震黄牛驛犢東行折
角　艮之屯蹇牛折角不能載粟災害不避年歲無穀
節之明夷羽動角甘雨續艸木茂年歲歉　太玄經傒次
四詘其角直其足維以係轂　格上九郭其目觡其角不
庳其體撲　遇次七振其角若父遇辱　上九觝其角遇
下毁足　翕上九擽其角維用抵族　難次八觸石決木
維折角　玄棿嘖以牙者童其角擽以翼者兩其足　京
房易傳臣易上政不順厥妖馬角茲謂賢士不足　崔駰
杖頌用以爲杖飾以犀角王母扶持永保百祿　風俗通
燕太子丹天爲雨粟烏白頭馬生角廚人生害足井上株
木跳度瀆　傅毅舞賦嘉關雎之不淫兮哀蟋蟀之局促

啟泰眞之否隔兮超遺物而度俗揚激徵騁清角贊舞操
奏均曲　張衡南都賦緑碧紫英青雘丹粟太一餘糧中
黃穀玉松子神陂赤靈解角耕父揚光於清泠之淵游女
弄珠於漢皋之曲　仲長統述志詩飛鳥遺跡蟬蛻亡殼
騰蛇棄鱗神龍喪角至人能變達士拔俗乘雲無轡騁風
無足垂露成幃張霄成幄流瀣當餐九陽代燭恒星豔珠
朝霞潤玉六合之內恣心所欲人事可遺何爲局促　李
尤彈銘管之造彈起意弦木以丸爲矢合竹爲樸漆飾以
露不用筋角丸彈之利以弋鳧鶩　漢蘇伯玉妻盤中詩
家居長安身在蜀何惜馬蹄歸不數羊肉千斤酒百斛令
君馬肥麥與粟今時人知四足與其書不能讀當從中央
周四角　魏嵇康琴賦爾乃理正聲奏妙曲揚白雪發清
角紛淋浪以流離渙淫衍而優渥粲奕奕而高逝馳岌岌
以相屬　吳薛綜麒麟頌政平覿景否則戢足德以衛身
不布牙角屏營唐日帝堯保祿　萬震犀贊獸曰玄犀處
自林麓食惟棘刺體兼五肉或有神異表露以角含精吐

然望如華燭置之荒野禽獸莫觸　晉左思蜀都賦拔象齒戾犀角鳥鎩翮獸廢足　陸機七徵激長歌於丹脣發鏗鏘乎柔木合清商以絕節揮流徵而赴曲奏南荊之高歎詠易水之清角　郭璞山海經其工贊其工赫怒不周是觸地虧與維天缺乾角　拗閣䮂馬獨俗贊有獸如豹厥文惟縟闊善躍嶮䮂馬一角虎狀馬尾號曰獨俗　海錄白蓮水邊有車覆栗車腳淪泥犢牛折角收之不盡相呼其啄　後魏張淵觀象賦左則天紀槍棓攝提大角二咸防奢七公理獄庫樓烱烱以灼明騎官騰驤而奮足天市建肆於房心帝座磔落而電燭　龍雨謠安陽大角十牛九犢　北齊書楊愔傳童謠白羊頭尾禿羖䍽頭生角

禮記喪大記君大夫鬊爪實于綠中註綠當爲角聲之誤也　左傳桓二年正義引韓詩說四升曰角角觸也漢書律歷志角觸也物觸地而出戴芒角也　風俗通同

又見上聲斗字下　鶡冠子泰鴻篇北方者萬物録臧馬故調以角　史記李斯傳方作觳抵優俳之觀應劭曰

戰國時稍增講武之禮以爲戲樂秦更名曰角抵　唐李濟翁資暇録曰漢四皓其一號角里先生角音禄今多以覺音呼誤也是以魏子及孔氏祕記荀氏漢紀慮將來之誤直書禄里可得而明也按玉篇等字書皆云東方爲角音禄或作觮字亦音禄魏子祕記漢紀不書觮而作禄者以其字僻又慮誤音故也今人讀角爲覺而角里先生之音禄者輒改作甪益爲可嗤矣　李因篤曰杜甫赤霄行孔雀未知牛有角渴飲寒泉逢觝觸唐人亦作禄音用　說文斛从斗角聲　今此字兩收於一屋四覺部中去聲則音慮　尉繚子兵談篇兵如總木弩如羊角人人無不騰陵張膽絶乎疑慮堂堂決而去　淮南子氾論訓夫雌雄相接陰陽相薄羽者爲雛鷇毛者爲駒犢柔者爲皮肉堅者爲齒角　兵略訓見觸字下

桷

古音同上　易漸六四鴻漸于木或得其桷　晉夏矦湛玄鳥賦爾乃銜泥搆巢營居傅桷積一喙而不已終累泥而成屋拾柔艸以自藉採懦毛以爲蓐吐清惠之冷音永吟鳴而自足　抱朴子嘉遯篇茅茨豔於丹楹采椽珍於刻桷登嵩峰爲臺榭庇巖霤爲華屋積篇章爲敖庾寶玄談爲金玉棄細人之近戀捐庸隸之所欲游九皋以含歡遺智惠以絶俗同屈尺蠖藏光守樸表拙示訥知止常足

龣

同上　魏書江式傳宮商龣徵羽　龣即角字從彔得聲

今此字兩收於一屋四覺部中

嶽

五角切

古音嶽　漢書禮樂志郊祀歌玄冥篇易亂除邪革正異俗兆民反本抱素懷樸條理信義望禮五嶽籍斂之時掩

收嘉穀　朱雲傳五鹿嶽嶽朱雲折其角　太玄經從陽躍于淵于澤于田于嶽物企其足　法言川有瀆山有嶽

揚雄太玄賦豈若師由聃兮執玄靜於中谷納傿祿於江淮兮揖松喬於華嶽升崑崙以散髮兮踞弱水以濯足

馬融廣成頌於是周阹環瀆右矕三塗左概嵩嶽面據衡陰箕背王屋　王逸九思川谷兮淵淵山阜兮硌硌叢林兮崯崯林榛兮岳岳　酈炎見志詩大道夷且長窘路狹且促修翼無卑棲遠趾不步局舒吾陵霄羽奮此千里足超邁絕塵驅倏忽誰能逐賢愚豈常類稟性在清濁富貴有人籍貧賤無天錄通塞苟由已志士不相卜陳平敖里社韓信釣河曲終居天下宰食此萬鍾祿德音流千載功名重山嶽　蔡邕太尉李咸碑銘天垂三台地建五岳降生我公應鼎之足奕世載德名昭圖錄　古今樂錄怨詩行天道悠且長人命一何促百年未幾時奄若風吹燭嘉賓難再遇人命不可續齊度游四方各繫太山錄人間樂未央忽然歸東嶽當須盪中情游心恣所欲　魏文帝

杪獵賦列卒星陳戎車方轂凬廻雲轉埃連飈厲雷響震天地譟聲蕩山岳　陳思王上責躬詩願蒙矢石建旗東嶽庶立毫氂微功自贖　平陽懿公主誄配爾君子華宗貴族爵以列侯銀艾優渥成禮於宮靈輀交轂生雖異室殁同山嶽　魏公卿上尊號奏上公策祝燔燎械櫟告類上帝望秩五岳　嵇康散騎常侍阮籍碑辭峩峩先生天挺無欲玄虛恬淡混齊榮辱盪滌穢累婆娑山足胎胞造化韜蘊炎燭鼓棹滄浪彈冠嶠岳頤神太素簡邈世局澄之不清溷之不濁翱翔區外遺物庶俗隱處巨室反眞歸漠汪汪淵源邈跡圖錄　晉司馬彪贈山濤詩苕苕椅桐樹寄生於南岳上陵青雲霓下臨千仞谷處身孤且危於何託余足　陸機漢高帝功臣頌芒芒宇宙上墋下黷波振四海塵飛五嶽九服徘徊三靈改卜赫矣高祖肇載天祿　贈弟士龍詩行矣怨路長惄焉傷別促指途悲有餘臨觴歡不足我若西流水子爲東峙岳　陸雲吳丞相陸公誄厥初藏器棲蟠海岳披藻崑崙濯秀暘谷　贈奚世

都詩入贊崇華遂登帷幄時文聖宰天祚方穀朔風徽止
鴻漸于嶽　傅咸詩零露濬江海飛塵崇山嶽過謬佐台
輔安能任鼎餗　夏侯湛抵疑噏風飲露不食五穀登太
清游山嶽靡芝艸弄白玉不因而獨備無假而自足　傅
玄永寧太僕龐侯誄天假其年主優其祿等動伊呂比壽
東嶽　靈蛇銘嘉茲靈蛇斷而能續飛不須翼行不假足
上騰雲霄下游山嶽進此明珠預身龍族　郭璞鹽池賦
若乃煎海鑠泉或凍或漉所贍不過一鄉所營不過鍾斛
飴戎見珍於西鄰火井擅奇乎巴濮豈若茲池之所產帶
神邑之名嶽吸靈潤於河汾總膏液乎滄涑　湛方生游
園詠乘初霽之新景登北館以悠矚對荊門之孤阜傍魚
陽之秀岳　庾闡閒居賦若夫左瞻天宮右眄西嶽豈飛
形素嶺敷翠綠朝霞時清滄浪靡濁黃綺絜其雲棲漁父
欣其濯足　桓玄鶴賦練妙氣以遁化訖百年之易促稅
雲駕於三山升鸞皇於崑嶽　虞播阮籍銘鼓棹滄浪彈
冠嶠岳頤神太素閒嚬世局澄之不清混之不濁翱翔區

外遺物度俗隱處巨室反眞歸樸汪汪川源邁迹圖籙
豨綽太宰郁鑒碑文摛藻風雲策名帝錄肇階方尺遂隆
台岳　蔡洪圍棊賦命班倕之妙手制朝陽之柔木取埤
象於四方位將軍乎五岳　王讚三月二日應詔詩家賓
伊何且惟姻族如彼葛藟衍于樛木郁郁近侍巖巖台嶽
庶寮鱗次以崇天祿　鈕滔母孫氏箜篌賦思超梁甫顏
登華岳路嶮悲秦道難怨蜀遺逸悼行邁之離秋風哀年
時之速陵危柱以頡頏憑哀絃以躑躅　宋顏延之赭白
馬賦將使紫鸞騈衡綠虵衛轂纖驪接趾秀騏齊亍觀王
母於崑墟要帝臺於宣嶽跨中州之轍跡窮神行之軌躅
齊王巾頭陀寺碑文質判玄黃氣分清濁涉器千名含
靈萬族涾源上派澆風下黷變流成海情塵為岳　周王
褒上庸公陸騰勒功碑辭退觀命氏眇求世祿龍圖紀河
鴻漸于陸霸楚傳姓命吳啟族君子篤生降靈惟岳朝陽
擢彩荊山曜璞　唐玄宗紀泰山銘見平聲邦字下　李
白送魯郡劉長史詩魯縞如白煙五縑不成束臨別贈貧

交一尺重山嶽　諸書有作岳者音義並同總載於此

說文嶽从山獄聲

岳

見上

鸑

古音同上　說文鸑从鳥獄聲

浞

士角切

古音士祿反　說文浞从水足聲

鷟

古音同上　說文鷟从鳥族聲

捉

側角切

古音側祿反　釋名捉促也使相促及也　說文捉从手足聲

朔

所角切

古音所雒反　禮記禮運以炮以燔以亨以炙以爲醴酪治其麻絲以爲布帛以養生送死以事鬼神上帝皆從其朔　晉成公綏嘯賦逸氣奮涌繽紛交錯列列飈揚啾啾響作奏胡馬之長嘶廻寒風乎北朔又似鴻鴈之將雛羣鳴號乎沙漠

平聲則音蘇　白虎通朔之爲言蘇也明消更生故言朔也　釋名朔蘇也月死復蘇生也

去聲則音素　漢張衡西京賦南朔衡陽北棲雁門朔即

遡字　按愬遡皆從朔得聲

欶

古音同上　說文欶从欠束聲

嗽

見一屋韻

數

古音所祿反　管子侈靡篇猶疏則數之毋使人曲之
素問平人氣象論病脾脉來實而盈數如雞舉足　太玄
經昆次五穀不穀失疏數衆蘢毀玉　崔駰達旨譬猶衡
陽之林岱陰之麓伐尋抱不爲之稀萟拱把不爲之數

秦嘉贈婦詩浮雲起高山悲風激深谷良馬不迴鞍輕車不轉轂鍼藥可屢進愁思難爲數貞士篤終始恩義不可促　蘇伯玉妻詩見上　考工記梓人數目顧脰數劉音促　孟子數罟不入洿池數音促

上聲則色主反

去聲則色句反　考工記輪人施筋必數數音色角反李色住反　禮記王制註六者各以其服數來朝數色角反又所具反　莊子彼其於世未數數然也數音朔徐所祿反一音桑縷反簡文音所喻反　田子方侍坐於魏文侯數稱谿工數雙角反又所主反　又見一屋部速字下

今此字三收於九麌十遇四覺部中

斲　竹角切

古音豖　漢淮南王安屏風賦天啟我心遭遇徵祿中郎繕理收拾捐朴大匠攻之刻雕削斲表雖剝裂心實貞慤

等化器類庇蔭尊屋列在左右近君頭足賴蒙成濟其恩弘篤何思施遇分好沾渥不逢仁人永爲枯木

上聲則竹古反　漢揚雄解難是故鍾期死伯牙絕絃破琴而不肯與衆鼓獶人亡則匠石輟斤而不敢妄斲

去聲則竹故反　呂氏春秋貴公篇大匠不斲大庖不豆大勇不鬬大兵不寇　淮南子主術訓夫騰蛇游霧而動應龍乘雲而舉猨得木而捷魚得水而騖故古之爲車也漆者不畫鑿者不斲　說林訓大匠不斲大豆不具大勇不鬬　王褒四子講德論見去聲射字下　魏何晏景福殿賦離背別趣騈田胥附縱橫踰延各有攸注公輸荒其規矩匠石不知其所斲　按鬬字從斲得聲故呂氏春秋淮南子竝以韻斲

椓

古音同上　詩正月十三章佌佌彼有屋蔌蔌方有穀民今之無祿天夭是椓哿矣富人哀此惸獨

琢
古音同上　韓非子主道篇故曰君無見其所欲君見其所欲臣將自雕琢　魏陳琳神武賦爾乃總輯瓌珍茵氈幕幄瓌瓔帶佩不飾彫琢華璫玉瑤金麟牙琢文貝紫瑛縹碧玄綠

孎
古音同上　今此字兩收於三燭四覺部中

斀
古音同上　說文斀从攴蜀聲

剥
北角切

古音卜　魏劉楨魯都賦毛羣隕殰羽族殲剝塡崎塞畎不可勝録　晉潘岳馬汧督誄剔子雙龜貫以三木功存汧城身死汧獄凡爾同圍心焉摧剝扶老攜幼巷號街哭說文剝从刀彔聲

撲　蒲角切

古音僕　註云亦作撲說文撲从手菐聲　今撲字在一屋部

璞　匹角切

古音普木反　魏嵇康卜疑若先生者文明在中見素表璞內不愧心外不負俗交不爲利仕不謀祿鑒乎古今滌情蕩欲　晉司馬彪贈山濤詩感彼孔聖歎哀此年命促下和潛幽冥誰能證奇璞冀願神龍來揚光以見燭　陸雲吳丞相陸公誄叡鑒擢微玄輝鏡璞戒危膏粱收儁白屋　盧諶贈劉琨詩妙哉蔓葛得託樛木葉不雲布華不

星燭承倅卞和質非荊璞眷同尤良用乏驥騄　張協把刀銘奕奕名金昆吾遺璞裁爲把刀利亞切玉時文斯偃含精内燭威助雖化武不可黷　北齊魏收枕中篇逮於厥德不常喪其金璞馳騖人世鼓動流俗挾湯日而謂寒包溪壑而未足源不清而流濁表不端而影曲　周王褒上庸公陸騰碑見上　亦作朴史記范睢傳臣聞周有砥砨宋有結緑梁有縣藜楚有和朴

墣

古音同上　說文墣从土菐聲　今此字兩收於一屋四覺部中

樸

古音同上　老子敦兮其若樸曠兮其若谷渾兮其若濁此三者以爲文不足故令有所屬見素抱樸少私寡欲

知其榮守其辱爲天下谷爲天下谷常德乃足復歸於樸化而欲作吾將鎭之以無名之樸無名之樸亦將不欲我無欲而民自樸　莊子馬蹄篇同乎無欲是謂素樸　呂氏春秋士容篇故君子之容純乎其若鍾山之玉桔乎其若陵上之木淳淳乎愼謹畏化而不肯自足乾乾乎取舍不悅而心甚素樸　戰國策君子曰斶知足矣歸眞反樸則終身不辱　文子下德篇淡然無欲而民自樸　鶡冠子泰鴻篇幼少隨足以從師俗毋易天生毋散天樸自若則淸動之則濁　說苑談叢篇上淸而無欲則下正而民樸　漢書禮樂志見上　張衡東京賦見下　馬融長笛賦運裛滂浟岡連嶺屬林薄蔓荊森槮柞樸　李尤彈銘見上　魏陳思王武帝誄敦儉尚古不玩珠玉以身先下民以純樸　王粲七釋潛虛丈人違世遁俗恬淡淸玄渾沌淳樸薄禮愚學無爲無欲均同死生混齊榮辱　晉左思吳都賦赬丹明璣金華銀樸紫貝流黃縹碧素玉　虞播阮籍銘見上　抱朴子見上　梁江淹鐙賦非

銀非珠無藻無縟心不貴麗器竆於樸　通作朴　老子見下　漢淮南王安屏風賦見上　張衡髑髏賦與陰陽同其流與元氣合其朴以造化爲父母以天地爲牀蓐以雷電爲鼓扇以日月爲鐙燭以雲漢爲川池以星宿爲珠玉合體自然無情無欲澄之不清混之不濁不行而至不疾而速　魏陳琳馬腦勒賦太上去華尚素朴兮所貴在人匪金玉兮　卞蘭許昌宮賦樂戲閑游觀足登承光坐華幄論稽古反流俗返虛僞進敦朴寶賢良賤珠玉豈必世而後仁在時主之所欲　後魏李騫釋情賦承周任之有言攬老子之知足奉炯誡以周旋抱微猷而與厲每有偃於唯塵恒與言於寵辱思散髮以抽簪願全眞而守朴

說文樸从木菐聲

去聲則普故反　淮南子精神訓明白太素無爲復樸

今此字三收於一屋四覺部中

朴

古音同上　說文朴从木卜聲
去聲則普故反　漢司馬相如上林賦於是乎盧橘夏熟
黃甘橙榛枇杷橪柿楟柰厚朴

㱿　苦角切

古音苦谷反　漢仲長統述志詩見上　魏陳思王神龜
賦天道昧而未分神明幽而難燭黃氏沒於空澤松喬化
於株木蛇折鱗於平皋龍蛻骨於深谷亮物類之遷化疑
斯靈之解㱿
去聲則音庫　晉張協七命商山之果漢皋之榛析龍眼
之房剖椰子之㱿芳旨萬選承意代奏　說文㱿縠㲉皆
以㱿得聲縠下云讀若構

㲉

古音斛　管子地員篇淖而不肕𠼪而不𣪍不濘車輪不汙手足　今此字兩收於一屋四覺部中

慤

古音同上　荀子修身篇饒樂之事則佞兌而不曲辟違而不慤程役而不錄　非十二子篇利心無足而佯無欲者也行僞險穢而彊高言謹慤者也　漢淮南王安屏風賦見上　列女傳𧼯悼倡后頌𧼯悼倡后貪叨無足𣽷廢后適執詐不慤淫亂春平窮意所欲　張衡東京賦遵節儉尚素樸思仲尼之克己履老氏之常足將使心不亂其所在目不見其可欲賤犀象簡珠玉藏金於山抵璧於谷翡翠不裂瑇瑁不蔟所貴惟賢所寶惟穀民去末而反本咸懷忠而抱慤　風俗通頊者慤也

埆

古音同上　後漢書西南夷傳遠夷懷德歌荒服之外土地墝埆食肉衣皮不見鹽穀　抱朴子守塉篇余今讓天下之豐沃處玆邦之褊埆含安昌之膏腴取北郭之無欲誠萬物之可細亦何往而不足哉　釋名轂埆也體堅埆也

濁

直角切

古音直谷反　詩四月五章相彼泉水載清載濁我日構禍曷云能穀　孟子孺子歌滄浪之水濁兮可以濯我足楚辭漁父同　老子見上　戰國策蘇秦說秦惠王書策稠濁百姓不足　漢枚乘七發掄棄恬怠輸寫淟濁分決狐疑發皇耳目　史記魏其武安侯傳潁水清灌氏寧潁水濁灌氏族　春秋繁露其官人上士高清明而下重濁若身之貴目而賤足也　淮南子說山訓以清入濁必困辱以濁入清必覆傾　文子同　說林訓使景曲者形

也使響濁者聲也　鶡冠子見上　劉向九歎擾詬讒而匡邪兮切淟涊之流俗瀸濃淩之姦咎兮夷蠢蠢之溷濁　揚雄蜀都賦襲明衣表玄縠儷吉日異清濁　酈炎見志詩見上　張衡髑髏賦見上　獨鹿舞歌獨鹿獨鹿水深泥濁　魏陳思王巢父贊池主是讓以水爲濁嗟此三士清足厲俗　嵇康散騎常侍阮籍碑文見上　晉鞞舞歌明君篇邪臣多端變用心何委曲便辟從情指動隨君所欲偷安樂目前不問清與濁積僞罔時主養交以持祿言行恆相違難嗇甚谿谷昧从射乾沒覺露則滅族　張協雜詩秋夜涼風起清氣蕩暄濁蜻蛚吟階下飛蛾拂明燭　陸雲九愍將矯翼而塗險思振清而世濁羌釋策而評子諒不疑其何卜　裴頠女史箴爾形信直影亦不曲爾聲信清響亦不濁　庾闡閒居賦見上　潘尼瑠璃椀賦剛堅金石勁厲瓊玉磨之不磷涅之不濁　虞播阮籍銘見上　楊泉太元經內清外濁黻衣裘玉　晉書載記秦趙整琴歌谷關盟津河千里作一曲此水本自清是誰

攬令濁　宋謝靈運山居賦山川澗石洲岸艸木既標異於前經亦列同於後牘山匪砠而是岵川有清而無濁石傍林而插巖泉協澗而下谷　何尚之華林清暑殿賦卻倚危石前臨濬谷終始蕭森激清引濁湧泉灌於階戺遠風生於檻曲　齊王巾頭陀寺碑文見上　王融和南海王詠秋胡妻詩披帷愓有忘出門遲所欲彼美後來儀慙顏變欣矚蘭艾隔芳臭涇渭分清濁去去夫人子請殉川之曲　陳張君祖詠懷詩運形不標異澄懷恬無欲座可栖王侯門可迴金轂風來詠愈清鱗萃淵不濁斯乃玄中子所以矯逸足　史記律書濁者觸也言萬物皆觸死也　白虎通瀆者濁也　釋名濁瀆也汁滓演瀆也　說文濁从水蜀聲

鐲

古音蜀　說文鐲从金蜀聲　今此字三收於三燭四覺部中

渥

於角切

古音屋　易鼎九四鼎折足覆公餗其形渥　詩信南山二章益之以霢霂既優既渥既霑既足生我百穀　漢淮南王安屏風賦見上　易林臨之明夷春多膏澤夏潤優渥稼穡成熟畝獲百斛　蔡邕濟北相崔君夫人誄於赫崔君膺兹祉祿夫人有胤翼此清淑仁風溫潤義惠優渥推恩中外施浹踈族　後漢郃陽令曹全碑辭鄉明治惠沾渥吏樂政民給足君高升極鼎足　魏陳思王魏德論於穆聖王仁暢惠渥辭獻減膳以服鮮獨和氣致祥時雨滲漉野艸萌變化成嘉穀　平陽懿公主誄見上　嵇康琴賦見上　晉傅玄宴會詩日之既逝情亦既渥賓委餘歡主容不足樂飲今夕溫其如玉　陸機漢高帝功臣頌龍興泗濱虎嘯豐谷彤雲晝聚素靈夜哭金精仍頹朱光以渥萬邦宅心駿民效足　左思吳都賦剖判庶士商搉萬俗國有鬱鞅而顯敞邦有湫阨而踡跼伊兹都之函弘

傾神州而韞櫝仰南斗以斟酌兼二儀之優渥　潘岳寡婦賦伊女子之有行兮爰奉嬪於高族承慶雲之光覆兮荷君子之惠渥顧葛藟之蔓延兮託微莖於樛木懼身輕而施重兮若履冰而臨谷　鈕滔母孫氏悼艱賦伊三從而有歸爰奉嬪於他族仰慈姑之惠和荷仁澤之陶渥　宋鮑照芙蕖賦若乃當融風之暄盪承暑雨之平渥被瑶塘之周流繞金渠之屈曲排積霧而揚芬鏡洞泉而含綠　謝惠連祭古冢文射聲垒仁廣漢流渥祠骸府阿掩骼城曲仰羨古風爲君改卜輪移北隍穸窆東麓　說文渥从水屋聲

握

古音同上　晉陸雲逸民賦彼貪夫之殉權兮固遺生而要祿竦戰兢而履冰兮祗肅懷以臨谷亮據鼎之無慄兮存顛沛之必握　梁任昉答陸倕賦時坐睡而梁懸哉枝梧而継握既文過而意深又理勝而辭縟　易萃初六一

握爲笄鄭玄傳握當讀爲夫三爲屋之屋　周禮巾車翟車貝面組總有握劉音屋　說文握从手屋聲去聲則烏路反　儀禮士喪禮握手用玄纁裏劉音烏豆反旣夕禮設握裏親膚劉音烏豆反

楃

古音同上　說文楃从木屋聲

幄

古音同上　漢仲長統述志詩見上　王逸九思見下魏陳琳神武賦見上　下蘭許昌宮賦見上　晉陸機招隱詩朝采南澗藻夕息西山足輕條象雲構密葉承翠幄結風佇蘭林回芳薄秀木　陸雲贈汲郡太守詩見上張載七命若乃目厭常玩體倦帷幄攜公子而雙游時娛觀於林麓登翠阜臨丹谷華艸錦繁飛采星燭陽葉春青

陰條秋綠　宋謝惠連雪賦攜佳人兮披重幄援綺衾兮坐芳褥燎薰爐兮炳明燭酌桂酒兮揚清曲　梁任昉苔陸倕賦折高戴於后臺異鄒顏乎董幄采三詩於河間訪九師於淮曲　沈約桐賦合影陽崖標峰東陸俯結玄陰仰承翠幄作髣髴於行雨時徘徊於丹轂遠齊綵於碧林豈慙炎於若木　釋名幄屋也以帛衣版施之形如屋也

偓

古音同上　說文偓从人屋聲

喔

古音同上　漢王逸九思哀世兮睩睩諓諓兮嗌喔衆多兮阿媚骪靡兮成俗貪枉兮黨比貞良兮煢獨鵠竄兮枳棘鵜集兮帷幄　說文喔从口屋聲

鸐

古音同上　今此字兩收於一屋四覺部中

确

胡覺切

古音胡谷反　晉左思吴都賦由此而揆之西蜀之與東吴小大之相絕也亦猶棘林螢燿而與夫尋木龍燭也否泰之相背也亦猶帝之懸解而與夫桎梏疏屬也庸可共世而論巨細同年而議豐确乎　詩毛氏傳獄确也釋名獄确也言實确人情僞也

齺

側角切

古音側禄反　今此字兩收於一屋四覺部中　按此即下文齱字

婡

古音同上　說文婡从女束聲

齪

古音同上　唐玄宗紀泰山銘見平聲邦字下　亦作齱史記酈生傳酈生問其將皆握齱好苛禮索隱曰應劭云齱音若促

以上字轉去聲則當入御遇暮韻

唐韻正入聲卷之十五終

唐韻正入聲卷之十六

五質

質　之日切

平聲則音支　太玄經大測大不大以小作基也大其門郊實去名來也包荒以中督丸夷也大失小禍由微也奢迂自削能自非也豐牆之峭崩不遑也大終以蔑小爲大質也

去聲則音致　魏陳思王魏德論斑斑者鳩爰素其質昝翽殷郅今爲勳出朱目丹趾靈姿詭類載飛載鳴彰我皇懿　漢郤正釋譏吾子以高朗之才珪璋之質兼覽博闚圖心道術無遠不致無幽不悉挺身取命幹茲奧祕躊躇紫闥喉舌是職九考不移有入無出究古今之眞僞計時務之得失　宋謝莊舞馬賦月晷呈祥乾維效氣賦景河

房承靈天駟陵原郊而斬影躍采淵而泳質辭水穴而南傃去輪臺而東泊乘玉塞而歸寶奄芝庭而獻祕　梁江淹擬潘黃門述哀詩青春速天機素秋馳白日美人歸重泉悽愴無終畢殯宮已肅清松柏轉蕭瑟俯仰未能弭尋念非但一撫衿悼寂寞怳然若有失明月入綺窻髣髴想蕙質銷憂非萱艸永懷寄夢寐　擬盧郎中感交詩大廈須異材廊廟非庸器英俊著世功多士濟斯位眷顧成綢繆乃與時髦匹姻媾久不虧契闊豈但一逢戹既已同處危非所恤常慕先達槩觀古論得失馬服爲趙將疆場得淸謐信陵佩魏印秦兵不敢出慨無幄中策徒慙素絲質羇旅去舊鄉感遇踰琴瑟自顧非杞梓勉力在無逸更以畏友朋濫吹乖名實　徐勉萱艸花賦其葉四坐其跗六出亦曰宜男加名斯吉華而不豔雅而不質隨晦明而舒卷與風霜而榮悴笑杜蘅與揭車何衆彙之能匹　唐太宗頌先天不違靈物效質丹羽儀韶翠黃承繼甘露零艸蔣風應律嘉禾醴泉比馬自出　左傳襄三十年用兩珪

質于河質如字又音致　昭三年將奉質幣以無失時貢徐音之二反又如字　七年寡君將承質幣而見于蜀質徐音之二反又如字　十六年與蠻子之無質也質之實反或音致　傳遜左傳註解辯誤曰僖公二十三年傳策名委質註以爲形質之質拜而屈膝委之於地非也質即贄字管子令諸侯之子將委質者皆以雙虎之皮晉語臣委質於翟之鼓韋昭註質贄也士贄曰雉是凡言委質皆委贄也愚按孟子出疆必載質庶人不傳質爲臣皆是贄字　張弨曰按六書正譌質至也執禮物相見之意通用摯別作贄非尤爲明證　今此字兩收於六至五質部中

郅　同上　說文郅从邑至聲

晊

同上　爾雅註郭氏讀晊爲至

銍

同上　說文銍从金至聲

桎

同上　晉東皙玄居釋且歲不我與時若奔駟有來無反難得易失先生不知盱豫之誡悔遲而忘夫朋盍之義務疾亦豈登海湄而抑東流之水臨虞淵而招西歸之日徒以曲畏爲梏儒學自桎因大道於環堵苦形骸於蓬室

說文桎从木至聲

磸

同上　今此字兩收於六至五質部中

懫

同上　易損象傳君子以懲忿窒欲劉歆鄭玄本俱作懫云止也孟喜本作恎　今此字兩收於六至五質部中

蛭

同上　說文蛭从虫至聲

日

人質切

去聲則人至反　易林夬之无妄載笠獨宿晝不見日勤勞無妄長勞悲思　魏陳思王七啟麗艸交植殊品詭類綠葉朱榮熙天曜日　晉左思吳都賦於是樂只衎而歡飫無匱都輦殷而四奥來暨水浮陸行方舟結駟唱棹轉

轂昧旦永日開市朝而普納橫闤闠而流溢混品物而同
廛并都鄙而爲一士女佇眙工商駢坒紵衣絺服雜沓縱
萃輕輿按轡以經隧樓船舉颿而過肆果布輻湊而常然
致遠流離與珂珬　魏都賦見術字下　旼旼率土遷善
罔匱沐浴福應宅心醇粹餘糧栖畝而弗收頌聲載路而
洋溢河雒開奧符命用出翩翩黃鳥銜書來訊人謀所尊
鬼謀所秩劉宗委馭巽其神器窺玉策於金縢案圖籙於
石室考歷數之所在察五德之所莅量寸旬涓吉日陟中
壇即帝位　束晳玄居釋見上　且世以太虛爲輿玄鑪
爲肆神游莫競之林心存無營之室榮利不擾其覺殷憂
不干其寐捐夸者之所貪收躁者之所棄薙聖籍之荒蕪
總羣言之至一企素履於丘園背纓緌以長逸請子課吾
業於千載無聽吾言於今日也　皇甫謐釋勸論見結字
下　左貴嬪武元楊皇后誄乃議景行景行已溢乃考龜
筮龜筮襲吉爰定宅兆克成玄室魂之往矣于以令日仲
秋之晨啓明始出星陳夙駕靈輿結駟　涼武昭王述志

賦見下　宋謝莊孝武帝哀策文龍旌斷而青槐遠鸞筤亂而白楊翳觀初霜之變倏聽秋風之下帶橋山組雲蔽林蔚日輦道結寒松林晝密芝蓋迫怜上驥春戀　齊王融皇太子哀策文韋弁告期麻衣請日辦域展圖揚龜獻吉文物充階具僚在位總筤挽之哀凄視風煙之騷瑟和何徵君點詩踈酌候冬序閒琴改秋律如何將暮天復值西歸日搖落迎軒翩飛鳴亂繩華煙澀芙滨陰風篁雨蕭瑟虛堂無笑語懷君首如疾早輕北山賦晚愛東皐逸上德可潤身下澤有餘戀　梁江淹齊太祖高皇帝誄見下　擬潘黃門詩見上　後魏陽固疾嬖幸詩嗟爾中下其親其暱不謂其非不覺其失好之有年寵之有日我思古人心焉若疾　趙古則六書本義是从正日聲

實

神質切

去聲則神至反　易林謙之小過梅李冬實國多盜賊擾亂竝作王不得制　漢杜篤論都賦濱據南山帶以涇渭

號曰陸海蠢生萬類楩柟檀柘蔬果成實畎瀆潤於水泉雚潤漸澤成川粳稻陶遂 魏陳思王大司馬曹休誄於穆公侯魏之宗室明德繼踵奕世純粹闡弘汎愛仁以接物藝以爲華體兹亮實 晉皇甫謐釋勸論見結字下 梁江淹詩見上 禮記雜記上吾子之外私寡大夫某不祿使某實註實當爲至此讀周秦之人聲之誤也

秩

直一切

去聲則直至反 漢張衡東京賦見結字下 魏陳思王禹贊見下 何晏景福殿賦見衛字下 晉左思魏都賦見上 後魏張淵觀象賦右則少微軒轅皇后之位嬪御相次尊卑有秩御宮典儀女史執筆內平秉禮以伺邪天牢禁慾而察失 按詩賓之初筵首章賓之初筵左右秩秩隔二句與下旨偕設逸爲韻

悉

息七切

去聲則息二反　漢郤正釋譏見上

膝

同上　魏潘勗冊魏公九錫文王師首路威風先逝百城八郡交臂屈膝　梁江淹齊太祖高皇帝誄北楚倔強曾未屈膝雲屯被野魚麗亘日廟勇既消國圖方匱神冊天開雄略世出凶劒鱗沈醜戈羽逸隻騎不還蹄輪無匹

於悉切

一

去聲則於二反　魏陳思王黃帝三鼎贊鼎質文精古之神器黃帝是鑄以象太一　何晏景福殿賦見術字下　黃庭經五行相推反歸一三五合氣九九節可用隱地廻八術伏牛幽闕羅品列三明出于生死際洞房靈象斗日月父曰泥丸母雌一三炎煥照入子室能存玄真萬事畢一身精神不可失　晉左思吳都賦艸則藿蒳荳蔻薑彙

非一江離之屬海苔之類　又見上　東晳玄居釋見上

梁江淹詩竝見上

壹

同上　魏應瑒馳射賦爾乃結翻作齊倫匹良樂授馬孫臏調駟籌算克明班次均壹左攬繁弱右接湛衛控滿流睇應弦飛碎擔動鼓震譟聲雷潰　禮記中庸壹戎衣而有天下鄭玄註壹當作殪　說文曀撎殪壇饐䭇皆以壹得聲

玉篇有𡔍字倚秩於旣二切今廣韻但收於六至部

七

親吉切

去聲則親詈反　晉董京詩周道斁兮頌聲沒夏政衰兮五常汨便便君子顧望而逝洋洋乎滿目而作者七

漆

同上書顧命玄紛純漆仍几漆音七徐邈音七利反　後漢郡國志蘭陵有次室亭地道記曰故魯次室邑列女傳有漆室之女或作次室

匹　譬吉切

去聲則音譬　楚辭九章懷沙世旣莫吾知兮人心不可謂兮懷情抱質獨無匹兮　魏應瑒馳射賦見上　梁江淹齊太祖高皇帝誄見上　擬盧郎中詩見上　徐勉萱艸花賦見上

鵯

平聲則音卑　周禮羅氏註烏謂卑居鵶之屬卑音匹又如字　今此字兩收於五支五質部中

吉　居質切

去聲則音髻　易小畜象傳復自道其義吉也牽復在中亦不自失也夫妻反目不能正室也有孚惕出上合志也有孚攣如不獨富也既雨既處德積載也君子征凶有所疑也　魏陳思王黃帝三鼎贊見下　晉左貴嬪武元楊皇后誄見上　齊王融皇太子哀策文見上　梁徐勉萱艸花賦見上

昵

尼質切

上聲則尼禮反　書高宗肜日典祀無豐于昵音女乙反又乃禮反

逸

夷質切

平聲則音夷　詩賓之初筵見設字下

去聲則夷二反　漢韋孟諷諫詩我邦既絕厥政斯逸賞罰之行非由王室庶尹羣后靡扶靡衛五服崩離宗周以墜　晉東晳玄居釋見上　潘尼火賦衝風激揚炎炎奔

逸玄煙四合雲蒸霧萃山陵爲之崩阯川澤爲之涌沸去若風驅疾如電逝　齊王融詩見上　梁江淹齊太祖高皇帝誄見上　擬盧郎中詩見上

溢

去聲則夷二反　素問氣穴論孫絡三百六十五穴會亦以應一歲以溢奇邪以通榮衛榮衛稽留衛散榮溢　易林臨之咸泱泱沸溢水泉爲害使我無賴　晉左思吳都賦魏都賦並見上　左貴嬪武元楊皇后誄見上　梁王筠昭明太子哀策文軒緯掩精陰義弛位纏哀在疚殷憂銜恤孺泣無時蔬饘不溢禫遵踰月哀號未畢　詩維天之命假以溢我徐邈讀神至反

軼

同上　漢揚雄長楊賦乃命驃衛紛紜沸渭雲合電發猋騰波流機駭蠡軼　齊王儉詩見潔字下

跮　丑栗切

去聲則丑利反　今此字兩收於六至五質部中

栗　力質切

平聲則力題反　莊子犂然有當於人之心　司馬彪云犂然猶栗然

慄

去聲則力至反　宋玉風賦故其風中人狀直憯悽惏慄清涼增欷　說苑談叢篇戰戰慄慄日慎其事

[illegible]

同上　說文𩗗从風利聲讀若栗　今此字兩收於六至五質部中

漢司馬相如上林賦瀏莅芔吸徐廣曰莅音栗今廣韻不收此字

溧

同上亦音賴　金陵志古賴國城在今溧水州界案實錄吳廢帝亮崩于侯官道上晉太康中故少府卿戴顒上表迎𢇁歸葬賴鄉春秋傳昭公四年楚伐吳遂以諸侯滅賴楚子欲遷許于賴使鬬韋龜與公子棄疾城之而還東國水不可以城彭生罷賴之師豈非即晉之賴鄉今之溧水乎故勝公廟記謂楚靈王與吳戰吳軍不利遂陷瀨渚伍子胥投金處正名瀨水戰國策范環對楚懷王亦言楚乘越亂南察瀨湖而野江東合前後觀之賴之爲溧水甚明吳音訛瀨爲溧自漢以來遂名溧水按古賴厲同音春秋昭四年遂滅賴公羊穀梁二傳並作厲

鷅

平聲則音棃　爾雅釋鳥鳥少美長醜爲鶹鷅詩流離之子傳曰流離鳥也少好長醜是毛公已讀離爲棃也

陟栗切

窒

去聲則音至　詩東山三章鸛鳴于垤婦歎于室洒埽穹窒我征聿至　呂氏春秋九月紀季秋行夏令則其國大水冬藏殃敗民多鼽窒今禮記月令作嚏　易訟彖辭有孚窒馬融本作咥云讀爲躓猶止也鄭玄云咥覺悔貌　說文窒从穴至聲　按東山詩垤室窒至在古通爲一音自韻書與而垤入十六屑室窒入五質至入六至去入之判遂逈乎不相涉矣

厔

同上　說文痤从疒至聲　今關中人讀盩痤爲周至

挃

同上　淮南子兵略訓夫五指之更彈不若捲手之一挃萬人之更進不如百人之倶至也　說文挃从手至聲

⿰齒至

同上　說文⿰齒至从齒至聲

疾

秦悉切

平聲則音齊　春秋哀十一年衛世叔齊出奔宋左傳作大叔疾

去聲則秦二反　詩抑首章庶人之愚亦職維疾哲人之愚亦維斯戾　漢司馬相如上林賦見下　易林无妄之

小畜鰌鰕去海游于枯里街巷迫狹不得自在南北四極渴餒成疾　睽之中孚王母旨痺偏枯心疾亂我家次　太玄經減次七減其疾損其邮厲不至　漢仲長統詩春雲爲馬秋風爲駟按之不遲勞之不疾　魏陳思王卞太后誄詳惟聖善岐嶷秀出德配姜嫄不忝先哲玄覽萬機兼材備藝汎納容衆含垢藏疾仰奉諸姑降接傅列陰處陽潛外明內察　晉東晳玄居釋見上　孫楚茱萸賦鶉火西徂白藏授節零露既凝鷹隼飄厲摯紫房於纖柯綴朱實之酷烈應神農之本艸療生民之疹疾　齊王融詩見上　後魏陽固詩見上

嫉

去聲同上　晉郭璞山海經類贊類之爲獸體一兼二近取諸身用不假器窈窕是佩不知妒嫉

失

式質切

平聲則音尸　白虎通尸之爲言失也
去聲則音試　易小畜象傳見上　漢王褒洞簫賦故貪
饕者聽之而廉隅兮很戾者聞之而不懟剛毅彊虣反仁
恩兮嘽唌逸豫戒其失鍾期牙曠悵然而愕立兮杞梁之
妻不能爲其氣師襄嚴春不敢竄其巧兮浸淫叔子遠其
類　說苑談叢篇有鄙心者不可授便勢有愚質者不可
授利器多易多敗多言多失　太玄經失測失其體不
可肆也失哇不嚼時數失也　夷測載幽執夷易其內也
陰夷冒困疏不失也　闘測圜方杌棿內相失也無間之
闘一其二也　郤正釋譏見上　狹屈氏之常醒濁漁父
之必醉溷柳季之卑辱褊夷叔之高懟合不以得違不以
失得不充詘失不慘悴不樂前以顧軒不就後以慮輊不
衒譽以干澤不辭愆以忌絀何責之釋何飧之卹　魏阮
籍通易論聚以處身異以成類乖離既解緩以爲失　黃
庭經見上　晉束皙玄居釋見上　應貞從武帝華林園
宴詩文武之道厥猷未墜在昔先王射御茲器示武懼荒

過亦爲失凡厥羣后無懈于位　杜恕體論引諺使口如鼻至老不失　梁江淹赤虹賦見上　後魏張淵觀象賦見上　陽固詩見上　張弨曰說文失从手乙聲自變楷隸形聲杳然今北方讀乙作平去故失音亦隨之轉也

室

去聲同上　詩東山見上　易小畜象傳見上　靈樞經見極字下　漢韋孟諷諫詩見上　易林大壯之豐遭離滿沸河川決潰幸得無恙復生歸室　詩汎曆樞昌受符厲倡孽期之十世權在室　王逸琴思楚歌歲月已盡去奄忽亾官失祿去家室思想君命幸復位久處無成卒放棄　中常侍樊君碑文世政促迫邑宰寡識慢賢役德被以勞事然後慷慨官手王室　魏陳思王大司馬曹休誄見上　黄庭經見上　晉左思蜀都賦外則軌躅八達里閈對出比屋連甍千廡萬室亦有甲第當衢向術壇宇顯敞高門納駟庭扣鐘磬堂撫琴瑟匪葛匪姜疇能是恤

魏都賦見術字下　又見上　其軍容弗犯信其果毅糾華綏戎以戴公室元勳配管敬之績歌鐘析邦君之肆束晳玄居釋見上　左貴嬪武元楊皇后誄見上　說文室从宀至聲

堲　資悉切

平聲則音資　說文堲古文垐从土即聲　按即字本當在此部中易鼎九二與實疾韻詩東門之墠與栗室韻東方之日與日室韻篤公劉與密韻今廣韻收入二十四職部稍遠

謐　彌畢切

去聲則彌祕反　梁江淹齊太祖高皇帝誄複林油雲重山減日御房清淒神路冥謐昭徙肅蘙幽祇竦躍攀炎灑慟臨泉澍泗璪座長嚴雕宮永閟寂帳寂兮寂已遠夜缸夜兮夜何邃　擬盧郎中詩見上　釋名寐謐也靜謐無

聲也

必

卑吉切

去聲則音閉　元周伯琦曰必弓檠也象形弓弛則檠而正之詩竹閉緄縢注云閉弓檠也儀禮作⿰韋必緄繩也蓋㠯竹爲閉而㠯繩約之於弛弓之裏檠弓體使正也考工記曰天子圭中必注謂組約其中也爲執之㠯備失墜猶弓之有必也可證詩注後人既借爲國必之必又加韋㠯別之非古義矣大抵古人制字多自事物始後之修辭者每借實字爲虛字用㠯達其意此其一也　莊子人籟則比竹是已李軌讀比爲扶必反　說文閟祕毖柲皆以必得聲

畢

同上　漢班固東都賦登降飫宴之禮既畢因相與嗟歎玄德讜言弘說咸含和而吐氣頌曰盛哉乎斯世　魏陳思王禹贊舜將崩殂告天禪位虞氏既沒三年禮畢避隱商山示不敢莅諸侯向已乃奉天秩　黃庭經見上　梁王筠昭明太子哀策文見上　江淹詩見上

蓽

同上　齊王融詩見上

韠

同上　呂氏春秋樂成篇麛裘而韠投之無戾　釋名韠蔽也所以蔽膝前也

蹕

同上 晉左思吳都賦於是弭節頓轡齊鑣駐蹕徘徊倘佯寓目幽蔚 潘岳籍田賦於是前驅魚麗屬車鱗萃閶闔洞啟參塗方駟常伯陪乘太僕執轡后妃獻穜稑之種司農撰播殖之器挈壺掌升降之節宮正設門閭之蹕 梁江淹齊太祖高皇帝誄見上 周禮宮正凡邦之事蹕 徐邈讀毗至反 亦作⿺走畢周禮大司寇凡邦之大事使其屬⿺走畢註云故書⿺走畢作避杜子春云避當爲辟謂辟除姦人也玄謂蹕止行也

觱

去聲則音背 說文觱从角𤰈聲𤰈古文詩字 亦作篳杜氏通典篳栗本名悲栗 張昭曰俗省譌作觱从咸非

邲

毗必切

上聲則毗鄙反 韓詩有斐君子作有邲 今此字兩收於六至五質部中

比

平聲則音毗

上聲則音妣

去聲則音鼻　禮記投壺比投不釋比毗志反徐音扶質反　史記田敬仲完世家田乞及常所以比犯二君索隱曰比如字又頻律反　按詩良耜其崇如墉其比如櫛崇與墉爲韻比與櫛爲韻後人用比作入聲祖此　今此字四收於六脂五旨六至五質部中

柲

去聲則音祕　考工記戈柲六尺有六寸柲音祕　左傳昭十二年君王命剝圭以爲鏚柲柲音祕　今此字三收於六至五質部中

毖

去聲則毗二反　晉左思吳都賦見上　今此字兩收於六至五質部中

泌

去聲則音祕　今此字三收於六至五質部中

玉篇有抋字引釋名曰推手前曰抋引手卻曰把卬琵琶字今廣韻未收

汩

于筆切

去聲則于至反　漢司馬相如上林賦沸乎暴怒洶涌滂湃滭沸滵汩偪側泌瀄橫流逆折轉騰潎洌滂濞沆溉穹隆雲橈宛潬膠盭踰波趨浥莅莅下瀨批巖衝擁奔揚滯沛臨坻注壑瀺灂霣墜沈沈隱隱砰磅訇磕潏潏淈淈湁

渫鼎沸馳波跳沫汨潏滭疾

率　所律切

去聲則所類反　漢崔駰太尉箴天官冢宰庶寮之率師錫有帝命虞作尉　左傳文十五年註華孫能率其屬率所類反又音律　昭十年使王黑以靈姑銔率率所律反徐音所類反　詩賓之初筵箋所以敗亂天下率如此也率音類又所律反　召旻箋米之率糲十粺九鑿八侍御七率音類又音律又所律反　周禮太宰註口率出泉徐劉音類戚音律一音所律反大司徒註其率之也載師註以十八分之十三率之遂人註以下劑爲率大宗伯註率五年而再殷祭巾車註率以功德出封職方氏註以此率徧知四海九州邦國多少之數考工記輈人註輪軹與軫轐大小之減率寸半也梓人註是取象率馬匠人註徹者通其率以什一爲正並音律又音類　禮記王制註通三

十年之率率音律又音類以一大國爲率率音律又音類　月令註夏小正曰農率均田率音所類反　喪大記註以差率而上之率音律又音類　祭義古之獻繭者其率用此與率音類又音律又所律反　易略例率相比而無應率音類　莊子治亂之率也率音色類反又色律反　史記封禪書後率二十歲復朔旦冬至正義曰率音律又音類又所律反三音竝通後皆倣此　漢書申屠嘉傳遷爲隊率師古曰率所類反　今此字兩收於六至五質部中

帥

同上　今此字兩收於六至五質部中

密

美畢切

去聲則美祕反　呂氏春秋君守篇既扃而又閉天之用密有准不以平有繩不以正天之大靜　宋謝莊孝武帝哀策文見上　梁江淹齊太祖高皇帝誄宋主凌遐紫殿遏密話言之詔貽在英粹寅亮大寶敷綸妙祕世識機鑒物宗淵懿無叟匪鍊靡奥不洎三階既馴五精惟至彭蠡九江地盡襟製亦有劉範本纓是絕躍馬山岫泛舟河溢縞鎬星流紅旗電結鴆翼競扇豺牙爭礪禍纏紫禁兵交丹衛琢祀若旂金扆如綴

弼　房密切

去聲則房媚反　易林蒙之坤左輔右弼金玉滿匱　涼武昭王述志賦䞣䞣干城翼翼上弼志馘奔鯨截彼醜類且灑游塵於當陽拯涼德於已墜間昌寓之駿乘暨襄城而按轡知去害之在茲體牧童之所述審幾動之至微思遺飧而忽寐表略韻於紈素託精誠於白日　書弼成五服說文引作卹成五服从卩比聲

乙　於筆切

去聲則於二反　魏陳思王黃帝三鼎贊鼎質之精古之神器黃帝是鑄以像太乙能輕能重知凶識吉世衰則隱世和則出　晉左思魏都賦見術字下

眲　魚乙切

上聲則吐猥反　今此字四收於十四賄五質十四黠部中

筆　鄙密切

去聲則鄙二反　爲魏張　見上

暨　居乙切

去聲則音既　周禮閭胥既比故書既作暨音其器反又斤乙反　說文暨从旦既聲　今此字四收於六至八未五質九迄部中

此韻轉去聲則入寘至志韻

六術

術 食聿切

去聲則音遂　禮記月令審端經術註術周禮作遂夫間有遂遂上有徑徑小溝也　學記術有序註術當爲遂聲之誤也　水經注引學記術有序作遂有序　春秋文十二年秦伯使術來聘公羊傳漢書五行志並作遂　管子度地篇故百家爲里里十爲術術十爲州術音遂　韓非子愛臣篇夫燕宋之所以弒其君者皆以類也故上比之殷周中比之燕宋莫不從此術也　素問疏五過論見式字下　公羊成八年傳註孔子曰皇象元逍遙術無文字

德明謠　漢馮衍顯志賦見鼎字下　郤正釋譏見質字下　魏何晏景福殿賦屯方列署三十有二星居宿陳綺鎝鱗比辛壬癸甲爲之名秩房室齊均堂庭如一出此入彼欲反忘術李善註廣雅曰術道也　黄庭經見一字下　晉左思蜀都賦見室字下　胡三省註通鑑袁術據術字公路當讀如月令審端經術之術然古人術遂二音通用　後漢馮衍顯志賦棣六枳而爲籬兮築蕙若而爲室播蘭芷於中庭兮列杜蘅於外術　晉左思魏都賦於後則椒鶴文石永巷閭術楸梓木蘭次舍甲乙西南其戶成之匪日丹青炳煥特有溫室　呂延濟註閭術謂宮門道也

述

同上　魏陳思王酒賦安沈湎而爲娛非往聖之所述闢酒誥之明戒同元凶於三季　涼武昭王述志賦見弼字下　史記魯世家東門遂索隱曰世本作述　詩定之方中音義引鄭志問曰山川能說何謂也荅曰兩讀或言說

說者說其形勢也或曰述述者述其故事也述讀如遂事
不誄之遂

誶

慈卹切

去聲則音粹　今此字三收於六至十八隊六術部中

潏

餘律切

去聲則音曳　晉木華海賦昔在帝嬀巨唐之世天綱浡潏爲凋爲瘵洪濤瀾汗萬里無際長波涾㴔迆延八裔

卒

子聿切

去聲則音倅　漢枚乘七發見啐字下　魏文帝倉舒誄朙爾夙夭十三而卒何辜于天景命不遂眾悲增傷侘傺失氣　晉左思吳都賦雕題之士鏤身之卒比飾虬龍蛟螭與對簡其華質則亂費錦繢料其虓勇則鵰悍狼戾

陳第曰周禮諸子掌國子之倅註故書倅爲卒鄭司農云卒讀如物有副倅之倅音七內反　禮記燕義庶子官職諸侯卿大夫士之庶子之卒國子存游卒竝音倅七對反又倉忽反　說文䜊卒也各卒其度量不至於亂也　又萃粹悴碎淬焠竝以卒得聲

啐

同上　今此字三收於十八隊六術部中

卹

辛聿切

恤

去聲則辛二反　太玄經減次七見疾字下　漢郃正釋譏見失字下

平聲則息玆反　詩小雅杕杜四章期逝不至而多爲恤按此章來疚至恤偕近邇同爲一韻　釋名私恤也有所恤念也

去聲同上　太玄經密次六大惡之比或益之恤　晉左思蜀都賦見室字下　梁王筠昭明太子哀策文見溢字下　江淹詩見質字下

珬

去聲同上　晉左思吳都賦見日字下

⿰祟鳥

同上　說文⿰祟鳥从鳥祟聲

律

呂卹切

上聲則音壘　淮南子說林訓異音者不可聽以一律異形者不可合於一體　釋名律累也累人心使不得放肆也　路史山海經云神荼鬱壘二神人主執惡鬼風俗通作鬱律故集韻中壘音爲律

去聲則音類　易林益之豐好戰亾國師不以律稱上隕墜齊侯很戾被其災祟　漢揚雄解嘲呂刑靡敝秦法酷烈聖漢權制而蕭何造律　張衡七辯鞞鼓協吹竽籟應律金石合奏妖冶邀會觀者交目衣解忘帶　晉成公綏天地賦三才殊性五行異位千變萬化繁育庶類授之以形禀之以氣色表文采聲有音律覆載無方流形品物　齊王融詩見日字下　唐太宗頌見質字下　本艸胡桐淚亦名胡桐律漢書西域傳註師古曰胡桐佀桐蟲食其樹而沫出下流者俗名爲胡桐淚言佀眼淚也可以汗金銀今工匠皆用之流俗語訛呼淚爲律

膟

同上　註云又作胐今胐字兩收於六至六術部中

黜　丑律切

去聲則丑吏反　抱朴子博喻篇商風肅則絺扇廢登危陟峻則輕舟棄干戈雲擾則文儒退喪亂既平則武夫黜　亦作絀漢郤正釋譏見失字下

怵　同上　史記漢興以來諸侯年表怵邪臣計謀索隱曰怵音誓

出　赤律切

平聲則赤知反　穆天子傳西王母謠白雲在天丘陵自出道里悠遠山川間之將子無死尚能復來

去聲則赤至反　詩雨無正五章哀哉不能言匪舌是出維躬是瘁　楚辭九章思美人解萹薄與雜菜兮備以爲交佩佩繽紛以繚轉兮遂萎絶而離異吾且儃佪以娛憂兮觀南人之變態竊快在其中心兮揚厥憑而不竢芳與澤其雜糅兮羌芳華自中出　素問氣穴論然余願聞夫子溢志盡言其處令解其意請藏之金匱不敢復出　靈樞經終始篇男内女外堅拒勿出謹守勿内是謂得氣　易林訟之大畜見脫字下　夬之中孚淵泉溢出爲邑之祟　漸之旅見節字下　漢王逸荔支賦仰歎麗表俯嘗嘉味口含甘液心受芳氣兼五滋而無常王不知百和之所出卓絶類而無儔超衆果而獨貴　郤正釋譏見質字下　魏陳思王魏德論見質字下　黃帝三鼎贊見乙字下　卞太后誄見疾字下　晉左思蜀都賦見室字下　魏都賦見日字下　左貴嬪武元楊皇后誄見日字下　梁江淹齊太祖高皇帝誄見膝字下　擬盧郎中詩見質字下　徐勉萱艸花賦見質字下　唐太宗頌見質字下

易離六五出涕沱若徐邈音尺遂反王嗣宗音勑類反　鼎初六利出否徐音尺遂反　繫辭傳河出圖洛出書陸德明音義如字又尺遂反　書堯典寅賓出日出音尺遂反又如字　益稷在治忽以出納五言出如字又尺遂反　微子我其發出狂出音尺遂反　顧命出綴衣于庭出如字徐音尺遂反　詩我出我車出如字沈音尺遂反　潸焉出涕出如字徐音尺遂反　俾出童羖出如字徐音尺遂反　出話不然出如字徐音尺遂反　禮記檀弓遇於一哀而出涕出如字徐音尺遂反　杜氏春秋左傳集解序河不出圖出如字又尺遂反　襄九年使皇鄖命校正出馬工正出車出如字徐音尺遂反　或食於心或食於咮以出內火出如字徐音尺遂反　十年郰人紇抉之以出門者出如字一音尺遂反　論語出納之吝出音尺遂反　今此字兩收於六至六術部中

此韻轉去聲則入寘至志韻

七櫛

櫛　阻瑟切

去聲則阻四反

瀄

同上　漢司馬相如上林賦見汩字下

瑟　所櫛切

去聲則所志反　易林小畜之旅陽火不憂二耕喜釜慶來降福爲我鼓瑟　漢禰衡鸚鵡賦若乃少昊司辰蓐收整轡嚴霜初降涼風蕭瑟長吟遠慕哀鳴感類音聲悽以激揚容貌慘以顦顇聞之者悲傷見之者隕淚放臣爲之

屢歎棄妻爲之歔欷　晉左思蜀都賦見室字下　齊王融皇太子哀策文及詩見日字下　梁江淹詩竝見質字下

此韻轉去聲則入寘至志韻

按此三韻自古迄齊梁皆與去聲通用自四聲之譜作而此三韻遂與去聲相隔然質率術出等字猶兩見於去入二聲可以知其通矣　又按魏文帝善哉行朝日樂相樂酣飲不知醉悲弦激新聲長笛吐清氣弦歌感人腸四坐皆懽悅寥寥高堂上涼風入我室持滿如不盈有德者能卒君子多苦心所愁不但一慊慊下白屋吐握不可失衆賓飽滿歸主人苦不悉比翼翔雲漢羅者安所羈沖靜得自然榮華何足爲此詩分爲五解每解四句然實是一篇其音有平去入實一韻也此亦古人四聲同用一貫之證但羈爲二字與古音不合

八物

物 文弗切

去聲則符沸反　易說卦傳故水火相逮雷風不相悖山澤通氣然後能變化旣成萬物也　淮南子齊俗訓故聖人財制物也猶工匠之斲削鑿枘也宰庖之切割分別也　太玄經玄棿人人物物各由厥彙　漢馬融長笛賦是故可以通靈感物寫神喩意致誠效志率作興事漑盥汙穢澡雪垢滓矣　魏陳思王大司馬曹休誄見實字下　阮籍東平賦及至分之國邑樹之表物四時儀其象陰陽暘其氣　晉成公綏天地賦見律字下　嘯賦是故聲不假器用不俗物近取諸身役心御氣　華陽國志見傑字下　抱朴子博喩篇㴎澮之流不能運大白之艘升合之器不能容千鍾之物熠燿不能竝表微之景常才不能別逸淪之器　梁江淹悼室人詩適見葉蕭條已復花菴鬱帳裏春風盪簷前還燕拂垂涕視去景摧心向徂物今悲輒流涕昔歡常飄忽幽情一不弭守歎誰能慰

又費字禮記中庸君子之道費而隱一音扶弗反失收

弗

分勿切

去聲則音沸　史記十二諸侯年表晉穆侯弗生世家作費生索隱曰或作潰生　鄭世家悼公潰鄒本一作弗一作沸左傳作費　說文沸費皆以弗得聲

紱

同上　漢張衡西京賦陰戒期門微行要屈降尊就卑懷璽藏紱便旋閭閻周觀郊遂若神龍之變化彰后皇之爲貴　蔡邕胡黃二公頌天生蒸人有則有類我胡我黃鍾厥純懿巍巍特進仍踐其位赫赫三事七佩其紱奕奕四牡沃若六轡衮職龍章其文有蔚　魏邯鄲淳受命述天子既踐帝位納璽要紱太常司燎升炮告類珪璋峩峩髦

士棣棣蹌蹌聖躬御策以莅　梁武帝清暑殿效柏梁體聯句帝云居中負扆寄纓紱而司徒左西屬江革和云鼎味參和臣多匱是讀紱字爲去聲　禮記註紱之言蔽也

紼

同上　白虎通紼者蔽也行以蔽背

黻

同上　晉陸雲漢高帝盛德頌區夏既混宇宙蒙乂肅肅帝居巍巍神器有皇于登是臨天位黼文于裳組華于黻　禮記玉藻註黻之言亦蔽也　張弨曰黻與市皆正文各義韍爲市之重文紱則韍之俗改芾又市之譌加艸也

芾

同上　詩候人首章彼候人兮何戈與祋彼其之子三百赤芾　孔叢子魯人誦麛裘而芾投之無戾　易豐九二豐其沛鄭康成作芾　漢蕩陰令張遷碑文蔽芾棠樹作蔽沛　今此字三收於八未十四泰八物部中

由

同上　說文畀从丌由聲又沸字詩觱沸檻泉沸音弗今此字在去聲八未部音方味切而此韻不收

鬱

紆物切

去聲則紆吠反　漢枚乘七發見律字下　劉向九歎覽屈氏之離騷兮心哀哀而怫鬱聲嗷嗷以寂寥兮顧僕夫之憔悴　梁江淹詩見上

尉

同上　說文㷉從上案下也从𡰥又又手也持火以尉申繒也臣鉉等曰今俗別作熨非是　楊愼曰秦置郡設守尉後世軍官曰校尉刑官曰廷尉皆取從上案下使平之義尉斗申繒亦使之平加火作熨贅矣王莽傳有威斗卽尉斗也威與尉音相近隋書李穆傳奉熨斗于高祖曰願公執威柄以尉安天下　今此字兩收於八未八物部中

熨

見上　今此字兩收於八未八物部中

蔚

同上　詩蓼莪二章蓼蓼者莪匪莪伊蔚哀哀父母生我勞瘁　漢蔡邕胡黃二公頌見上　晉夏侯湛抵疑進不

能拔羣出萃卻不能抗排當世志則乍顯乍昧文並乍幽乍蔚知之者則謂之欲遒遒以養生不知之者則謂之欲遑遑以求達此皆未足儗之所賢也　陸機鼓吹賦宮備衆聲體僚君器飾聲成文彫音作蔚響以形分曲以和綴放嘉樂於會通宣萬變於觸類　陸雲登遐頌生在清純放情玄味在物淵沈游虛攸遂清酒一壺百册具醉有命集止乘龍來萃載見君子言觀其蔚　宋謝靈運山居賦其竹則二箭殊葉四苦齊味水石別谷巨細各彙既修竦而便娟亦蕭森而蓊蔚露夕沾而悽陰風朝振而清氣後漢書文苑傳贊情志既動篇辭爲貴抽心呈貌非彫非蔚殊狀共體同聲異氣言觀麗澤永監淄費　易革上六傳其文蔚也陸德明音尉又紆弗反說文引作其文斐也

今此字兩收於八未八物部中

又禮記王制然後設罻羅罻音尉一音鬱今去聲八未部有罻字而此部不收

屈 區勿九勿二切

去聲則區未反　易林漸之旅見節字下　漢張衡西京賦見上　魏陳思王王陵贊從漢有功少文任氣高后封呂直而不屈

詘 同上　漢司馬相如子虛賦徼𨍏受詘殫覩衆物之變態

掘 具勿切

去聲則具未反　淮南子說林訓以瓦鉒者全以金鉒者跋以玉鉒者發是故所重者在外則內爲之掘

佛 符弗切

去聲則符沸反　史記太史公自序五家之文怫異索隱曰怫音悖又音扶物反　今此字兩收於八未八物部中

咈

同上　釋名紼咈也牽引咈戾以制馬也

上聲七尾韻蜚字註曰又扶沸切今入物部漏此字

䫻

王勿切

去聲則音胃　說文䫻从風胃聲　今此字兩收於八未八物部中

敷勿切

拂

去聲則音沸　詩皇矣八章臨衝茀茀崇墉仡仡是伐是肆是絶是忽四方以無拂　漢劉向九歎飄風蓬龍埃拂拂兮艸木搖落時槁悴兮　道藏馮夫人詩挺穎德音子神映乃高拂天嶽臨空構洞臺淡幽邃　梁江淹詩見上

禮記中庸君子之道費而隱費本又作拂

祓

同上　詩生民傳弗之言祓也祓音弗又音廢　左傳僖六年受其璧而祓之祓音方弗反又音廢　襄二十五年祝祓社祓方弗反徐音廢　二十九年祓殯而襚則布幣也祓音弗徐音廢　昭十八年祓禳於四方祓方佛反又音廢　定四年祓社釁鼓祓音弗徐音廢　史記周紀周公乃祓齋呂后紀呂后祓還外戚世家武帝祓霸上龜策傳常以日旦祓龜索隱竝曰祓音廢又音拂　漢書五行志高后八年三月祓霸上師古曰祓音廢　地理志琅邪郡祓師古曰音廢　郭璞解方言祓音廢　今此字兩收於二十廢八物部中

嶏

同上　說文𢊁从广配聲讀若費

茀

同上　詩皇矣見上　詩簟茀魚服箋茀之言蔽也　茀祿爾康矣徐云鄭音廢　周禮巾車注引詩翟茀以朝作翟蔽　史記齊世家反而鞭主屨者茀左傳作徒人費　漢書律歷志魯微公茀一作濆　亦與孛通史記天官書星茀于河戒齊世家茀星將出正義並音佩　今此字兩收於八未八物部中

髴

同上　素問八正神明論視之無形嘗之無味故謂冥冥若神髣髴　靈樞經官能篇麤之所不見良工之所貴莫知其形若神髣髴　宋玉神女賦曰色髣髴乍若有記　漢班固幽通賦見察字下　馮衍顯志賦夫莊周之釣魚

兮辭卿相之顯位於陵子之灌園兮侶至人之髣髴菽隱約而得道兮羌窮悟而入術離塵垢之窈冥兮配喬松之妙節 王延壽魯靈光殿賦胡人遙集於上楹儼雅跽而相對仡欺狸以鵰䀹䫜顤顟而睽睢狀若悲愁於危處憯嚬蹙而含悴神仙岳岳于棟間玉女闚窻而下視忽瞟眇以響像若鬼神之髣髴 吳薛瑩獻詩乾德博好文雅是貴追悼亾臣冀存遺類如何愚亂曾無髣髴 晉皇甫謐釋勸論若賓可謂習外觀之暐曄未覩幽人之髣髴也見俗人之不容未諭聖皇之兼愛也循方圓於規矩未知大形之無外也 潘岳哀永逝文悽切兮增欷俯仰兮揮淚想孤魂兮眷舊宇視倏忽兮若髣髴 郭璞山海經視肉贊聚肉有眼而無腸胃與彼馬勃頗相髣髴奇在不盡食入薄味 梁江淹傷愛子賦憶朱明之在節顧岐嶷之可貴睨鑪帳而多恨瞻戶牖而有慰奚在今之寂寞失音容之髣髴 今此字兩收於八未八物部中 亦作彿 晉潘岳景獻皇后哀策文襲龜筮之良辰啟幽房之潛隧整武

駕之隆牡結龍輈之縞駟望旂常而𥁞摧彼轀輬以增欷口嗚咽以失聲目横迸以灑淚遂雨絶於宮闈長無覿於彷彿　又作佛漢書敘傳學微術昧或見仿佛疑殆匪闕違衆迕世淺爲尤悔深作敵害

此韻轉去聲則入未韻　按物乃𢇍之入聲舊以爲文之入聲誤

九迄

迄　許訖切

去聲則許氣反　禮記哀公問君行此三者則愾乎天下矣愾音迄

仡　同上　詩皇矣見㧙字下

汔　同上　詩汔可小康鄭玄讀許氣反　爾雅釋詁幾汔也正義引孫炎云汔近也大雅汔可小康鄭箋云汔幾也昭二十年左傳亦引此詩杜預云汔期也史記稱漢高祖欲廢太子周昌曰臣口不能言然臣期知其不可陛下雖欲廢太子臣期不奉詔言斯者意亦與此同也　周禮士師凡刏珥則奉大牲羊人作祈珥犬人作幾珥

吃　居乞切

去聲則居氣反　管子樞言篇故有事事也毋事亦事也吾畏事不欲爲事吾畏言不欲爲言故行年六十而老吃也

乞　去訖切

去聲則音氣　說文本作气音氣　禮記少儀凡乞假於人乞如字又音氣　漢書朱買臣傳上計吏卒更乞匄之師古曰乞音氣　田延年傳今縣官出三千萬自乞之師古曰乞音氣　今此字兩收於八未九迄部中

此韻轉去聲則入未韻

十月

月　魚厥切

去聲則魚外反　詩生民見違字下　漢揚雄羽獵賦於是玄冬季月天地隆烈萬物權輿於內徂落於外　張超尼父頌巖巖孔聖異世稱傑量合乾坤明參日月德被八荒名充遐外終於獲麟遺歌魯衛　魏陳思王七啟時有聖宰翼帝霸世同量乾坤等曜日月玄化參神與靈合契越隆平於殷周踵羲農而齊泰　魏德論于時上富于春

秋聖德汪藏奇志妙思神鑒靈察方將審御陰陽增耀日月極禎祥於遐與飛仁風以樹惠　帝嚳贊祖自軒轅玄囂之裔生言其名木德帝世撫寧天地神聖靈察教彌四海明竝日月　黃庭經見一字下　晉左思蜀都賦見節字下　魏都賦見列字下　左貴嬪武元楊皇后誄見節字下　張載扇賦有翔雲之素烏體自然之至潔飄縞羽於清霄擬妙姿於白雪俯翟素於河漢仰晞光於日月雙趾蹶而騰虛六翮撫而風厲　孫楚尼父頌皇矣尼父聖哲之傑德比天地明齊日月周室陵遲大道蕪穢禮樂崩阻姦雄固世殆眷門徒廣延俊乂坐訓列國頌聲魯衛　王廙婦德箴團團明月息滿則缺亭亭陽暉曜過則逝天地猶有盈虧況華豔之浮脆　劉柔妻王氏春花賦或異色同形或齊芳殊制自然神香不可勝計爛若羅宿之坐光灼若隋珠之宵列爽若翡翠之羣翔練若珊瑚之映月　齊謝朓冬緒羇懷詩去國懷丘園入遠滯城闕寒鐙耿宵夢清鏡悲曉髮風艸不留霜冰池共如月寂寞此閒帷

琴尊仜所對客念生嬋媛年華稍菴蔓夙慕雲罨游芙奉荆臺續一聽春鶯喧再視秋虹沒疲驂良易返恩波不可越誰慕臨淄鼎常希茂陵渴依隱幸自從求心果無昧方軨歸與顧故山芝未歇　梁江淹齊太祖高皇帝誄見下

伐

房越切

去聲則房廢反　詩長發六章武王載旆有虔秉鉞如火烈烈則莫我敢曷苞有三櫱莫遂莫達九有有截韋顧既伐昆吾夏桀此章通旆字爲韻　六翰見割字下　列女傳栁下惠誄夫子之不伐兮夫子之不竭兮夫子之誠信而與人無害兮屈柔從俗不強察兮蒙恥救民德彌大兮雖遇三黜終不蔽兮豈弟君子永能厲兮嗟乎惜哉乃不世兮庶幾遐年今遂逝兮嗚呼哀哉魂神泄兮夫子之謚宜爲惠兮　魏徐幹西征賦奉明辟之渥德與游軨而西伐過京邑以釋駕觀帝居之舊制　晉左思魏都賦見列字下　陸雲南征賦于時玄冬首時陰風戒殺山澤含哀

天地肅乂閒夜冽以澄清中原曠而曖昧戎士肅而咸戒三軍紛而雜遝長角哀叫以命旅金鼓隱訇而啟伐景嫈冥而四播晉乘雲而上逝內選字誤　傳咸喜雨賦晉洪水滔天於唐堯之朝亢旱爲災於殷湯之世下民其咨莫能俾乂歷稔九七僅免斯害猶疇咨爲美談躬禱爲勳伐　曹攄圍碁賦見刈字下　周禮大司馬九伐之法劉音扶廢反　考工記熊旗六斿以象伐也劉音扶廢反

罰

同上　楚辭天問見悅字下　素問見殺字下　漢司馬相如上林賦出德號省刑罰改制度易服色色所界反　易林見折字下　晉左思蜀都賦見節字下　梁江淹齊

茷

高帝誄矜卑廣慈合賤兼愛綴機剟賊輕章削罰

去聲則扶廢反　詩泮水首章其旂茷茷鸞聲噦噦無小無大從公于邁　左傳僖二十八年使茅茷代之茷扶廢反　文九年傳公子茷茷扶廢反　成二年宛茷爲右茷扶廢反　十年晉侯使糴茷如楚茷扶廢反一音蒲發反又蒲艾反　十六年囚楚公子茷茷扶廢反　襄十五年與師茷師慧茷扶廢反徐音伐　定四年綪茷旃旌茷步貝反又音吠　哀二十六年宋樂茷音扶廢反　詩白旆央央旆本又作茷音義曰繼旐曰茷左傳云蒨茷是也一曰旆與茷古今字殊　今此字三收於十四泰二十廢十月部中

昁

去聲則音肺　今此字兩收於二十廢十月部中

越

于伐切

去聲則于茷反　呂氏春秋見埸字下　漢司馬相如上林賦徒事爭游戲之樂苑囿之大欲以奢侈相勝荒淫相越　魏陳思王上責躬詩危軀授命知足免戾甘赴江湘奮戈吳越　王仲宣誄感昝宴會志各高厲予戲夫子金石難敝人命靡常吉凶異制此驩之人誰先隕越何寤夫子果乃先逝　邯鄲淳魏受命述肅清宇內萬邦有截帥義翼漢奉禮不越旅力斆心茂亮洪烈樹深根以厚基播醲澤以釀味含炎而弗輝戢翼而弗發　郭遐叔贈嵇康詩思與君子窮年卒歲優哉逍遙幸無隕越如何君子超將遠邁我情顧闕我言願結心之憂矣良以怮怛　齊謝朓詩見上　釋名戉越也越故限也

鉞

同上　詩長發見上　漢張衡東京賦見鶡字下　梁江淹齊太祖高皇帝誄袁劉二戾猋馳煒發聯謀制外儲兵

襲內嫈潡瓊殿勢茐金闕志乘玄璽圖㢘祕鉞鴻妖逝星高祲薄月　說文引詩鸞聲噦噦作鉞鉞臣鉉等曰今俗作鐬以鉞作斧戉之戉非是

璏　去聲則徒例反　說文璏从玉彘聲　今此字兩收於十三祭十月部中

熭　去聲則音彗　漢書賈誼傳引黃帝曰日中必熭操刀必割　說文熭从火彗聲　亦作彗六韜守土篇日中必彗操刀必割執斧必伐　今此字兩收於十三祭十月部中

蹶　居月切

去聲則居衛反　詩蟋蟀二章蟋蟀在堂歲聿其逝今我不樂日月其邁無已太康職思其外好樂無荒良士蹶蹶板見泄字下　太玄經玄錯大也外而翕也內狩也進奐也退樂佚遏勤蹶蹶　魏陳思王寳刀銘造茲寳刀旣礱旣礪匪以尚武予身是衛麟角匪觸鸞距匪蹶　晉左思魏都賦劒閣雖嶛憑之者蹶非所以深根固帶也洞庭雖濬負之者北非所以愛人治國也蹶與帶為韻北與國為韻　禮記曲禮足毋蹶註蹶本又作蹷居衛反又求月反　孔子閒居子夏蹶然而起蹶居衛反徐音厥　史記滕公傳常蹶兩兒欲弃之索隱曰蹶音厥又音巨月反一音居衛反　亦作蹷　淮南子說林訓游者以足蹷以手抪不得其數愈蹷愈敗　班固西都賦見折字下　宋顏延之陶徵士誄念昔宴私舉觴相誨獨正者危至方則閡哲人卷舒布在前載取鑒不遠吾規子佩爾實愀然中言而發違眾速尤迕風先蹷身才非實榮聲有歇叡音往矣誰箴余闕　左傳襄十九年是謂蹷其本蹷求月反一音

居月反又居衛反　昭二十三年乃推而蹷之蹷其月反又音厥又居衛反　禮記緇衣註越之言蹷也蹷其月反又居衛反　今此字三收於十三祭十月十七薛部中

劂

同上　漢傅毅琴賦命離婁使布繩施公輸之剞劂遂雕琢而成器揆神農之初制盡聲變之奥妙抒心志之鬱滯

今此字兩收於十三祭十月部中

撅

同上　禮記內則不涉不撅音居衛反　逸周書周祝解故狐有牙而不敢以噬獂有蚤而不敢以撅

鱖

同上　今此字兩收於十二祭十月部中

噦　於月切

去聲則於會反　素問見泄字下　詩鸞聲噦噦噦噦其冥竝音呼會反　禮記內則不敢噦噫嚏咳音於月反

說文噦从口歲聲　今此字三收於十四泰十月十七薛部中

橛　其月切

去聲則其衛反　今此字兩收於十三祭十月部中　亦作嶡禮記明堂位俎用梡嶡註嶡之言蹷也音居衛反

闕　去月切

去聲則去衛反　呂氏春秋孝行篇見殺字下　君守篇故博聞之人彊識之士闕矣事耳目深思慮之務敗矣堅

台之察無厚之辯外矣　漢書敘傳見髢字下　魏程曉贈傅休奕詩三光飛景玉衡代邁龍集甲子四時成歲權輿授代徐陳蕩穢云服初嘉萬福咸會赫赫應門嚴嚴朱闕羣后揚揚庭燎晢晢　黃庭經肺部之宮似華蓋下有童子坐玉闕七元之子主調氣外應中嶽鼻齊位　晉左思魏都賦見傑字下　張協七命旣乃流綺星連浮彩豔發光如散電質如耀雪霜鍔水凝冰刃露潔形冠豪曹名珍巨闕指鄭則三軍白首摩晉則千里流血豈徒水截蛟鴻陸灑奔駟斷浮翮以爲工絕重甲而稱利云爾而已哉　宋顏延之陶徵士誄見上　齊謝朓詩見上　梁江淹齊太祖高皇帝誄見上

髮　方伐切

去聲則方沛反　晉左思魏都賦見傑字下穴字下　潘岳籍田賦於斯時也居靡都鄙人無華裔長幼襍遝以交集

士女頒斌而咸戾被褐振裾垂髫總髮躡踵側肩掎裳連襼黃塵爲之四合兮陽光爲之潛翳 衛恆隸勢見列字下 齊謝朓詩見上

發

同上 詩七月見烈字下 蓼莪五章南山烈烈飄風發發民莫不穀我獨何害 四月三章冬日烈烈飄風發發民莫不穀我獨何害 易坤象傳含章可貞以時發也或從王事知光大也括囊无咎慎不害也 素問見泄字下 淮南子齊俗訓夫一儀不可以百發一衣不可以出歲 說林訓見掘字下 太玄經應測龍翰之栗極懼墜也承天萌地陽始退也日彊其衰惡敗類也極陽徵陰應其發也元離之極不可遏止也 漢揚雄長楊賦見軼字下 張衡東京賦見鴞字下 桓驎七說騁不失蹤滿不虛發彈輕翼於高冥窮疾足於方外 楊戲關張二將軍贊

闞張𧻓𧻓出身匡世扶翼攜上雄壯虎烈藩屏左右翻飛電發魏陳思王潛志賦潛大道以游志希往昔之遐烈矯貞亮以作矢當苑囿乎呈藝驅仁義以爲禽必信忠而後發　邯鄲淳受命述見上　晉皇甫謐釋勸論見結字下　左思蜀都賦見結節二字下　張協七命見上　夏侯湛獵兔賦端、眺蒿萊擿盱榛穢落日揖慨傷窺翳薈視毚兔之所隱乃精望而審發弦絕箭激驚伏並斃　涼武昭王述志賦見列字下　宋顏延之陶徵士誄見上　梁江淹齊太祖高皇帝誄見上　詩壹發五豝獻爾發功徐邈皆讀如廢　左傳成十六年再發盡殪發如字徐音廢　哀十六年射三發發如字一音廢　史記貨殖傳子贛廢著鬻財漢書作發貯　說文廢从广發聲　荀子引詩武王載旆作載發

聲遂晦惟先明析

謁　於歇切

去聲則於介反　孔子去魯歌彼婦之謁可以外敗　漢揚雄廷尉箴無云何謂是刖是剕無云何害是剥是割惟虐惟殺人莫予柰殷以刑顛秦以酷敗獄臣司理敢告執謁　黄庭經常念三房相通達洞得視見無内外存漱五牙不饑渴神華執巾六丁謁急守精室勿妄泄閉而保之可長活起自形中初不闊王宮近在易隱括　晉夏侯湛抵疑外無微介内無請謁矯身擢手徑躡名位吾子亦何不慕賢以自厲希古以慷慨乎　梁武帝朝雲曲張樂陽臺歌上謁如寝如興芳晻曖容光既豔復還没　說文靄从雨謁聲

許竭切

歇

去聲則許例反　晉嵇康寒食散賦當吐利之困患兮守危殆而假氣喜乳哺之遂安兮信衆疾之日歇　宋顔延之陶徵士誄見上　齊謝朓詩見上

羯 居竭切

去聲則居例反　梁王筠詩非惟滅皇祠將欲湮天祭誰止劉氏羌於茲埽胡羯

揭

去聲則去例反　詩匏有苦葉首章深則厲淺則揭　蕩八章人亦有言顛沛之揭枝葉未有害本實先撥殷鑒不遠在夏后之世　爾雅釋水深則厲淺則揭揭者揭衣也註上二字音憩下丘竭切　史記匈奴傳定樓蘭烏孫呼揭揭音桀索隱音丘例反正義音其例反　南越傳揭陽令定韋昭曰揭音其逝反索隱曰揭音桀劉氏音求例反漢書地理志揭陽註同　今此字四收於十三祭十月十七薛部中

竭 其謁切

去聲則其例反　詩召旻六章池之竭矣不云自頻泉之竭矣不云自中溥斯害矣職兄斯弘不烖我躬二竭字與害爲韻　禮記月令仲冬行春令則蝗蟲爲敗水泉咸竭民多疥癘　管子内業篇飽不疾動氣不通於四末飢不廣思飽而不廢老不長慮困乃遬竭　莊子刻意篇故曰形勞而不休則獘精用而不已則勞勞則竭　天下篇其理不竭其來不蜕　素問生氣通天論四維相代陽氣乃竭　列女傳柳下惠誄見上　晉殷臣奇布賦惟造化之所陶理萬端而難察燎無爍而不焦在兹林而獨昵火焚木而弗枯木吐火而無竭　齊王儉褚淵碑文見缺字下

碣

同上　書禹貢夾石碣石入于河韋昭讀　漢梁竦悼騷賦歷蒼梧之崇丘兮宗虞氏之俊乂臨衆瀆之神林兮東勑職於蓬碣　漢三老袁良碑辭酌不揮凱以邁民被澤邦畿乂才本德曜其碣　齊王融游仙詩見節字下　梁

任昉述異記引伏滔銘堯碑禹碣歷古不昧　奉和登景陽山詩見哲字下

怫 拂伐切

去聲則音霈　詩白華念子懆懆韓詩及說文並作怫怫孚吠反又孚萬反又匹伐反　今此字四收於十四泰二十廢十月十三末部中

此韻轉去聲則入祭泰廢韻

十一沒

沒 莫勃切

去聲則音昧　漢賈誼旱雲賦懷怨心而不能已兮竊託咎於在位獨不聞唐虞之積烈兮與三代之風氣時俗殊而不還兮恐功久而壞敗何操行之不得兮政治失中而違節陰氣辟而留滯兮厭暴戾而沈沒　魏陳思王七啟

翻爾鴻翥濈然鳧沒縱輕體以迅赴景追形而不逮　甄后塘上行倍恩者苦枯蹶船常苦沒教君安息定愼莫致倉卒與君一別離何時復相對　晉董京詩見七字下　齊謝朓詩見月字下　梁武帝朝雲曲見謁字下　左傳襄二十四年何沒沒也沒一音妹　史記趙世家昧死以聞戰國策作沒死　後漢書皇甫規傳臣不勝至誠沒死自陳

汩

古忽切

去聲則古對反　晉董京詩見七字下

勃

蒲沒切

去聲則音佩　鶡冠子王鈇篇事從一二終古不勃　論語色勃如也說文引作孛蒲妹切　莊子庚桑楚篇六者

勃志也荀子修身篇不由禮則勃亂提慢淮南子氾論訓
豈不勃哉說山訓病而不就藥則勃矣人間訓其自養不
勃史記天官書熒惑爲勃亂殘賊疾喪饑兵後漢書吳漢
傳比勑公千條萬端何意臨事勃亂史弼傳二弟階龍終
用勃慢文苑傳禰衡勃虐無禮三國志註孫晧遺羣臣書
政教凶勃晉書劉元海載記董卓因之肆其猖勃石季龍
載記豺凶豎勃逆慕容暐載記公醉乎何言之勃也皇甫
眞傳挾其姦心凶勃未已苻生載記此兒狂勃慕容垂載
記因王師小失敢肆凶勃馮跋載記將勃亂失衆以至敗
亡梁書袁昂傳獨夫狂勃陳書侯安都傳勃戾不悛魏書
任城王澄傳纂勃忽起羊深傳聞弟猖勃北史魏扶風王
孚傳脫出狂勃翻歸舊巢隋書宇文智及傳抗表言其凶
勃並是悖字左傳莊十一年禹湯罪己其興也悖焉戰國
策秦王悖然而怒韓詩外傳景公悖然作色曰淮南子道
應訓桓公悖然作色而怒曰盧敖乃止駕止柸治悖若有
喪也三國志邴原傳註太子諮之於原原悖然對曰父也

宋書前廢帝記初踐阼受璽紱悖然無哀容並是勃字
宋庠國語補音曰梁武以佛有悖音乃改悖音爲背今按經典及諸儒悖字多音步內反罕從步沒者諸傳記亦未見梁武改悖爲背之說將作音者別有所據耶愚考左氏莊子荀子戰國策韓詩外傳淮南子鶡冠子史記諸史並以悖勃通用則知悖字本音從入亦可轉爲去聲今此韻中元有悖字宋氏之論未然　文選曹冏六代論豈不悖哉五臣本作勃　陸機五等諸侯論百度自悖五臣本作勃　舊唐書杜審權制詞淮夷猖狂干戈悖起是勃字　韓愈論淮西事宜狀狂勃侵掠是悖字　元稹行楊元卿制忠不見賞則勃者何誅杜牧原十六衛纂勃消削强傑愎勃並是悖字　于慎行筆麈曰萬曆丁丑愼行在講筵一日講官進講論語至色勃如也讀作入聲　上讀作悖字江陵輔臣從旁厲聲曰當作浡字讀　上爲之悚然而驚同列相顧失色及考註釋讀作去聲者是也蓋宮中內侍伴讀俱依註釋不敢更易而儒臣取平日順口字面以

爲無疑不及詳考故反差耳　釋名肺勃也言其氣勃鬱也

悖

見上　書畢命實悖天道音蒲昧蒲沒二反　禮記學記其施之也悖其求之也佛漢書五行志京房易傳君臣故弼兹謂悖並讀作入聲　唐元稹縛戎人樂府老者儻盡少者壯生長蕃中佀蕃悖不知祖父皆漢民便恐爲蕃心矻矻宋石介慶曆聖德詩契丹忘義檮杌饕餮敢侮大國其辭慢悖加作入聲用　今此字兩收於十八隊十一沒部中

浡

同上　晉左思吳都賦歊霧漨浡雲蒸昬昧

詩

同上　今此字三收於十八隊十一沒部中

孛

同上春秋文十四年有星孛入于北斗孛音佩嵇康音勃　漢書高帝紀有星孛于大角師古曰孛音步內反今此字兩收於十八隊十一沒部中

玉篇有哱字防晦蒲沒二切晉左思吳都賦宵露霮䨴旭日晻哱今廣韻十八隊十一沒部皆失收

⿰忄隶

他骨切

去聲則他外反　說文⿰忄隶从心隶聲　今此字兩收於十八隊十一沒部中

突　陀骨切

去聲則陀對反　漢枚乘七發見下　馬融長笛賦見穴字下　魏應瑒弈勢挑誘旣戰見欺敵對紛拏相救不量進退辱聚俱隕力行唐突瞋目恚憤覆局崩潰項將之咎楚懷之悖也　十四泰部兌字註云突也

忽　呼骨切

去聲則呼內反　詩皇矣見拂字下　宋玉神女賦精神怳忽若有所喜　漢王逸琴思楚歌見室字下　梁江淹悼室人詩見物字下

兀　五忽切

去聲則五內反　說文虺从虫兀聲

哱 普沒切

去聲則布內反　禮記緇衣口費而煩註費或爲哱哱本亦爲悖竝布內反

朏

玉篇滂佩切向晴也而月部又有朏字註云方尾普乃普骨二切今廣韻此部中不收朏字

硉 勒沒切

去聲則勒對反　漢枚乘七發觀其兩傍則滂渤怫鬱闇漠感突上擊下硉有似壯勇之卒突怒而無畏

窟 苦骨切

平聲則苦雷反　杜氏通典窟礧子亦曰魁礧子樂書曰窟礧子本喪家樂蓋出於偃師獻穆王之伎高麗亦有之

漢末用之嘉會今通作傀𠷎
去聲則苦對反　宋謝靈運辭禄賦雖鑣轡之有名恆游
獎而匪滯解龜紐於城邑反褐衣於丘窟判人事於一朝
與世物乎長絕

顝

平聲則苦雷反　說文顝从頁骨聲讀若魁

圣

去聲則苦對反　說文怪从心圣聲

卒

倉没臧没二切

去聲則音淬　魏甄后塘上行見上

捽　昨没切

去聲則子晦反　莊子齊人之井飲者相捽也捽一音子晦反

崪

去聲則音萃　漢司馬相如子虛賦傲儻瑰瑋異方殊類珍怪鳥獸萬端鱗崪

滑　戶骨切

去聲則戶對反　釋名全羽爲旟旟猶滑也順滑之貌也

倅　臧没切

去聲則音淬　周禮射人令有爵者乘王之倅車倅音七內反劉倉憂反　戎僕掌王倅車之政倅音七內反劉倉

褱反　諸子見六術部卒字下　今此字兩收於十八隊
十一沒部中
此韻轉去聲則入隊韻　按沒乃霾之入聲舊以爲門之
入聲誤

十二曷

曷　胡葛切

去聲則音害　詩長發見伐字下　書大誥王害不違卜
害讀爲曷　詩葛覃害澣害否害讀爲曷　泉水二子乘
舟不瑕有害蓼莪四月我獨何害鄭箋並讀爲曷　孟子
引書時日曷喪作害喪　漢書翟義傳莽依周書作大誥
凡曷字皆作害　說文曷从曰匃聲

褐

同上　詩七月見烈字下

鶡

同上　漢張衡東京賦奉引既畢先輅乃發鸞旗皮軒通帛綪旆雲罕九斿闟戟轇轕聲髦被繡虎夫戴鶡駙承華之蒲梢飛流蘇之騷殺總輕武於後陳奏嚴鼓之嘈囐戎士介而揚揮載金鉦而建黃鉞　魏陳思王孟冬篇見軌字下

餲

去聲則於介反　今此字四收於十三祭十七夬十二曷部中

喝

許葛切

去聲則於戒反　漢司馬相如子虛賦浮文鷁揚旌枻張翠帷建羽蓋罔毒冒釣紫貝摐金鼓吹鳴籟榜人歌聲流喝水蟲駭波鴻沸涌泉起奔揚會礧石相擊琅琅礚礚若雷霆之聲聞乎數百里之外　魏陳思王孟冬篇見軋字下　晉書五行志王恭鎮京口舉兵百姓謠云喉嚨喝復喝京口敗復敗後漢書竇憲傳陰喝不得對喝音一介反　張酺傳音聲流喝喝音一介反　今此字兩收於十七夬十二曷部中

怛　當割切

去聲則當害反　魏郭遐叔贈嵇康詩見越字下　晉左思魏都賦見穴字下　怛字本作㤞漢書王吉傳引詩中心㤞兮師古曰㤞古怛字

闥　他達切

去聲則音太　魏陳思王王仲宣誄我王建國百司俊乂君以顯舉秉機省闥戴蟬珥貂朱衣皓帶入侍帷幄出擁華蓋榮耀當世芳風晻藹　晉阮籍通易論車騎中門劍戟在闥雖寘叢棘凶已三歲　漢書地理志太末孟康曰太音如闥　宋歐陽修集古錄北齊石浮圖記題名有馮黑太者予謂太亦音撻隋末有劉黑闥吳黑闥皆以此爲名太闥轉寫不同爾

獺

同上　魏書宇文黑獺後周書北史並同　梁書蘭欽王僧辯侯景傳並作黑泰　說文獺从犬賴聲

⿰魚賴

去聲則音賴　今此字兩收於十四泰十二曷部中

汏

去聲則音太　今此字兩收於十四泰十二曷部中　左傳宣四年伯棼射王汏輈昭二十六年繇朐汏輈汏竝音他達反　唐白居易詩汏風吹不動汏音闥　說文泰从廾从水大聲他蓋切臣鉉等曰本音他達切今左氏傳作汏輈非是

噧

去聲則許介反　今此字兩收於十六怪十二曷部中

遏

烏葛切

去聲則烏蓋反　漢桂陽太守周憬碑書壅遏作壅藹

靄

同上　今此字兩收於十四泰十二曷部中

堨

同上　文選班固西都賦軼埃堨之混濁李善作壒引許愼淮南子註云堨埃也與壒同

剌

盧達切

去聲則音賴　宋王楙野客叢書曰勢有不順謂之乖剌乖剌者乖戾也如東方朔謂吾強乖剌而無當杜欽謂陛下無乖剌之心是也今人言作事不順猶有此語剌呼爲賴聲之轉也

癩

同上　今此字兩收於十四泰十二曷部中

糲

同上　今此字三收於十三祭十四泰十二曷部中　舊唐書歸融傳文宗問融蔬糲字有賴音何也融以義類對之　玉篇有糲字亦力制力達二切廣韻不收

渴

苦曷切

去聲則苦靄反　詩車舝見舝字下　黃庭經見謁字下　晉時七日夜女郎歌春離隔寒暑明秋暫一會兩歎別日長雙情若饑渴　齊謝朓詩見月字下　說文⿱艹渴从艸渴聲　詩雲漢箋時旱渴雨故宣王夜仰視天河望其候焉渴一作愒音苦葢反

嵑

同上　漢班固封燕然山銘鑠王師兮征荒裔勦凶虐兮截海外夐其邈兮亘地界封神丘兮建隆嵑熙帝載兮振萬世　張衡南都賦見上

鶡

同上　今此字兩收於十四泰十二曷部中

磕

同上　易林賁之損泱泱霈霈淡淡磕磕使我無賴　文選成公綏嘯賦訇磕聊嘈磕音苦代反　今此字兩收於十四泰十二曷部中　亦作礚宋玉高唐賦礫磥磥而相摩兮巆震天之礚礚巨石溺溺之瀺灂兮沫潼潼而高厲

漢司馬相如子虛賦見上　揚雄甘泉賦登長平兮雷鼓磕天聲起兮勇士厲雲飛揚兮雨霧霈于胥德兮麗萬世　羽獵賦見下　晉潘岳籍田賦五路鳴鑾九旗揚旆瓊鈒入蘂雲罕晻藹簫管嘲哳以啾嘈兮鼓鞞硡隱以砰磕筍虡嶷以軒翥兮洪鐘越乎區外　又作溘漢枚乘七發訇隱匈溘軋盤涌裔文選李善本作磕　魏阮籍大人先生傳建長星以為旗兮擊雷霆之𥕢磕開不周而出車兮步九野之夷泰坐中州而一顧兮望崇山而迴邁

達

他達唐割二切

他達切去聲則吐外反　詩生民二章誕彌厥月先生如達不坼不副無災無害　說文達小羊也从羊大聲

唐割切去聲則徒對反　詩長發見代字下　易林小畜之睽芽櫱生達陽昌於外　漢崔瑗張平子碑文盈科而逝成章乃達　黃庭經見謁字下　晉左思蜀都賦見室字下　魏都賦廓三市而開廛籍平逵之九達班列肆以

兼羅設闤闠以襟帶濟有無之常徧距日中而畢會抗旗亭之嶢嵲侈所眺之博大　夏侯湛抵疑見蔚字下　潘尼益州刺史楊恭侯碑文夫其器膺弘濟知能周達窮不怨否顯不矜泰履行則爲模楷吐言則成隱括德實充於内而炎華發乎外也　南齊張融海賦不動動是使山岳相崩不聲聲故能天地交泰行藏虛於用舍應感亮於圓會仁者見之謂之仁達者見之謂之達咕者幾於上善吾信㫖其爲大矣　説文達或从大作达

巀　才割切　去聲則才外反　漢張衡東京賦見上

嶭　五割切　見十七辥韻

葛　古達切

去聲則音匃　莊子葛天氏羅泌音蓋　說文譪从言葛聲

割　同上　老子是以聖人方而不割廉而不劌　六韜漢書竝見彗字下　太玄經達次七達于砭割前亾後賴　揚雄廷尉箴見謁字下　禮記緇衣註割申勸寧王之德割之言蓋也　說文割从刀害聲　釋名害割也如割削物也

轕　同上　漢揚雄羽獵賦舉烽烈火轡者施技方馳千駟狡騎萬帥虓虎之陳從橫膠轕猋拉雷厲驞駍駖磕　於是

天清日晏逢蒙列眥羿氏控弦皇車幽輵光純天地望舒彌轡　蜀都賦方轅齊轂隱軫幽輵埃敎塵拂萬端異類

亦作轕漢張衡東京賦見上

駒

同上　說文駒从馬句聲

匃

同上　左傳昭十六年毋或匃奪匃古害反又姑末反

今此字兩收於十四泰十二曷部中

𥽿

桑割切

去聲則所介反　註引若𥽿蔡叔是也左傳昭元年周公殺管叔而蔡蔡叔定四年王於是乎殺管叔而蔡蔡叔釋

文上蔡字素葛反說文作槃下祭字如字

縩

七葛切

去聲則音蔡　今此字兩收於十四泰十二曷部中此韻轉去聲則入泰怪夬韻　按曷乃孩之入聲舊以爲寒之入聲誤

唐韻正入聲卷之十六終

唐韻正入聲卷之十七

十三末

末　莫撥切

去聲則莫佩反　易咸象傳貞吉悔亡未感害也憧憧往來未光大也咸其脢志末也咸其輔頰舌滕口說也說音始銳反　楚辭九歌湘君桂櫂兮蘭枻斲冰兮積雪采薜荔兮水中搴芙蓉兮木末心不同兮媒勞恩不甚兮輕絕　管子見竭字下　晉夏侯湛抵疑令吾子舉其飛騰之勢挂其羽翼之末猶奮迅於雲霄之際騰驤於四極之外　傅選槐賦華葉扶疎參林蕭蔘鬆蘿寄生綿連標末延袤千畝蓊鬱晻藹　宋謝莊月賦若夫氣霽地表雲斂天末洞庭始波木葉微脫菊散芳於山椒鴈流哀於江瀨升清質之悠悠降澄暉之藹藹　春秋昭十五年吳子夷末

辛公羊傳作夷昧史記吳世家作餘昧刺客傳作夷昧

眛

同上本註引易豐九三日中見沬陸德明音義字林作味云斗杓後星王肅音妹鄭作昧服虔云日中而昏也子夏傳云昧星之小者馬同薛云輔星也漢書王商王莽傳引亦並作昧　公羊傳襄二十七年昧雉彼視昧音末又音蔑史記天官書楚唐昧正義曰昧莫葛反楚世家韓公子昧爲齊相正義曰眛莫葛反　樂毅傳南敗楚相唐眛於重丘索隱曰昧莫葛反　大宛傳宛貴人昧蔡索隱曰眛音末　戰國策秦爲發使公孫昧入韓昧音莫葛反　漢書高帝紀漢軍方圍鍾離眛於滎陽東師古曰眛莫葛反其字從本末之末　李廣利傳立昧蔡爲宛王師古曰眛音本末之末　今考古書眛字有讀去聲者有讀入聲者具列於左

老子明道若昧夷道若類進道若退　淮南子見泄字下
漢書敘傳見鬅字下　漢傅毅迪志詩懼我世烈自兹
以墜誰能革濁清我濯溉誰能昭闇啟我童昧　馬融廣
成頌日月爲之籠光列宿爲之翳昧僄狡課才勁勇程氣
狗馬角逐鷹鸇競鷙驍騎旁佐輕車橫厲　晉左思吳都
賦見浡字下　陸雲南征賦見伐字下　晉故散騎常侍
陸府君誄天降純嘏誕育俊乂才雄九貞德鍾王懿應運
繼期顯微闡昧特惔大猷雍化熙世昊天不弔奄忽零墜
登遐頌見蔚字下　夏侯湛抵疑見蔚字下　摯虞愍
騷蓋明哲之處身固度時以進退泰則攄志於宇宙否則
澄神於幽昧擠之莫究其外函之罔識其內順陰陽以潛
躍豈凝滯於一槩　宋謝靈運武帝誄弘危濟險弭難釋
殆虎騎驚隱舟師漲海傾穴尋巢窮幽測昧　慧遠法師
誄乃修什公宗望交泰乃延禪衆親承三昧衆美合流可
上可太穆穆道德超於利害　齊謝朓七夕賦斯乃嚮像
恍惚彷彿幽曖耳之無聞目之無續故鍾鼓聞而延予隱

白日沈而季後對豈形氣之所求亦理將其如昧　冬緒
羈懷詩見月字下　以上竝讀去聲
老子其上不皦其下不昧繩繩不可名復歸於無物　宋
鮑照君子有所思行西上登雀臺東下望雲闕層閣肅天
居馳道直如髪繡甍結飛霞璇題納行月築山擬蓬壺穿
池類溟渤選色徧齊代徵聲匝邛越陳鍾陪夕讌笙歌待
明發年貌不可還身意會盈歇蟻壤漏山阿絲淚毀金骨
器惡含滿欹物忌厚生沒智哉衆多士服理辨昭昧　唐
梁肅祭孟尚書文某自宦學則翺明哲邦憲府庭再參下
列周旋惠好以日繼月不慮不圖有存有歿皇恩軫悼寵
光昭晰邦人怨思祖奠悽噎談笑如昨音徽永昧臨岐一
觴以抒慘怛　以上竝讀入聲　今此字兩收於十八隊
十三末部中
亦作昒楊愼曰昒卽昧字史記昧爽作昒爽莊子云冉求
問於仲尼曰昔吾昭然今昒然何也曰昔之昭然神者
先受之今之昒然且爲不神者求也是昒卽昧之證也今

昒字在八物十一沒部註竝云尚冥也

昒

去聲則莫拜反　今此字兩收於十六怪十三末部中

秣

去聲則莫佩反　詩鴛鴦三章乘馬在廐摧之秣之君子萬年福祿艾之

韎

同上　左傳成十六年有韎韋之跗注韎莫拜反又音妹徐莫蓋反　周禮韎師戚音莫拜反劉李音妹　儀禮聘禮註韎韋之弁韎音昧又亡拜反

眛

同上　說文眛从目末聲　今此字三收於十四泰十八隊十三末部中　玉篇眛眛二字各出並云目不明

休

同上　漢司馬相如哀二世賦敻邈絶而不齊兮彌久遠而愈休精罔閬而飛揚兮拾九天而永逝　班固東都賦傑休兜離李善音莫芥切

妹

同上　白虎通妹者末也　莊子鼠壤有餘蔬而棄妹不仁也音義云妹謂末學不誘納而棄之是不仁也　今此字兩收於十八隊十三末部中

沫

平聲則莫杯反　楚辭離騷惟兹佩之可貴兮委厥美而歷兹芳菲菲而難虧兮芬至今猶未沫

去聲同上　楚辭招魂朕幼清以廉潔兮身服義而未沫主此盛德兮牽於俗而蕪穢　漢司馬相如上林賦見汨字下　封禪文見晢字下　魏陳思王應詔詩玄駟藹藹揚鑣漂沫流風翼衡輕雲承蓋　七啟於是駴鐘鳴鼓收旌弛旆頓綱縱網罷獠廻邁駿騄齊驤揚鑾飛沫俯倚金較仰撫翠蓋雍容暇豫娛志方外　梁陶弘景水仙賦崩沙轉石驚湍兖沫絕壁飛流萬丈懸瀨奔激苾碭之間馳騖壺口之外　江淹爲蕭太傅東耕祝文見下　文選左思蜀都賦演以潛沫李善音武蓋切　今此字兩收於十四泰十三末部中　按味昧妹沫四字相傳上畫有長短之分从午未之未則音瘔从本末之末則音秣今以易傳春秋楚辭考之則本末之末已轉爲瘔音竊疑凡昧妹等

字竝从本末之末而其音可去可入無有从午未之未者

獨味字乃从午未之未故自入八未而下列沫字乃短畫

註曰水名此另是一字非詩沬鄉沬北沬東之沬也又

按說文有沫沬二字沬洒面也从水未聲荒內切沬水出

蜀西徼外東南入江从水末聲莫割切其見於史者史記

河渠書鑿離碓辟沬水之害索隱曰沬音末引說文沬水

云云司馬相如傳西至沬若水此从本末之末者也漢書

律歷志引書王乃洮額永作洮沬水淮南厲王傳蒙霜露

沬風雨師古曰沬亦額字也音胡內反字从午未之未司

馬遷傳沬血飲泣孟康曰沬音額李夫人傳弟子增欷洿

沬悵兮孟康曰洿沬湧洟也晉灼曰音米沬面之沬揚雄

傳滂沚流沬李善文選註音呼憒切此从午未之未者也

禮樂志郊祀歌霑赤汗沬流赭應劭曰大宛馬汗血霑濡

流沬如赭李奇曰沬音靧面之靧晉灼曰沬古靧字師古

曰沬沬兩通沬者言被面如靧也字从水旁午未之未音

呼內反沬者言汗流沫出也字从水旁本末之末音亦如

之今廣韻十八隊部中有䫈頪二字無沬字而玉篇則曰沬亡活莫葢二切水名又水流沬也又曰沬同頪又莫貝切水名則此二字之音前人已不能辯矣　又按史記曹沬字當音䫈面之䫈索隱曰左氏穀梁竝作曹劌沬劌聲相近而字異耳　又按檀弓瓦不成味註味當作沬沬䫈也

撥

北末切

去聲則北佩反　詩蕩見揭字下　考工記梓人則於眡必撥爾而怒故書撥作廢

括

古活切

去聲則古話反　詩車舝見舝字下　太玄經馴次六囊失括泄珍器　黃庭經見謁字下　古今樂錄隔谷歌兄在城中弟在外弓無弦箭無括食糧之盡若爲活　晉潘尼益州刺史楊恭侯碑文見達字下　釋名矢末曰括括

會也與弦會也

檜

同上　詩檜楫松舟檜音古活反又古會反正義曰爾雅釋木云檜柏葉松身書作栝禹貢杶榦栝柏註云柏葉松身曰栝與此一也　今此字兩收於十四泰十三末部中

劊

同上　說文劊从刀會聲　今此字兩收於十四泰十三末部中

左傳桓五年旝動而鼓旝古外反又古活反今旝字在去聲十四泰部而此韻不收　莊子顏色腫噲噲古外反徐古活反今噲字在去聲十四泰部而此韻不收

闊　苦栝切

去聲則苦外反　漢班固荅賓戲是以仲尼抗浮雲之志孟軻養浩然之氣彼豈樂爲迂闊哉道不可以貳也　黄庭經見謁字下　晉成公綏天地賦何陰陽之難測偉二儀之參闊坤厚德以載物乾資始而至大俯盡鑒於有形仰蔽視於所益游萬物而極思故一言於天外

活　户括切

去聲則音話　黄庭經見謁字下　古辭隔谷歌見上　莊子會撮指天會古外反徐古活反向音活

髻

去聲則古外反　儀禮旣夕禮其母之喪則内御者浴髻無笄髻音古外反　今此字兩收於十四泰十三末部中

奪

徒活切

去聲則音兌 管子見伏字下 六韜國務篇利而勿害成而勿敗生而勿殺予而勿奪 說苑同 吳越春秋同 三略見結字下 禮記檀弓齊莊公襲莒于奪註隧奪聲相近或爲兌音徒外反左傳作夜入且于之隧

敚

同上 說文敚从攴兌聲

捝

同上 說文捝从手兌聲 儀禮鄉飲酒禮興加于俎坐

痥

捝手捝音始兌切

言上　說文𤸷从疒兌聲

豁　呼括切

去聲則呼害反　晉夏侯湛東方朔畫贊夫其明濟開豁包含弘大陵轢卿相嘲哂豪傑籠罩靡前跆藉貴勢出不休顯賤不憂慼戲萬乘若寮友視儔列如艸芥雄節邁倫高氣蓋世可謂拔乎其萃游方之外者也內懸字出韻

亦作𧮯說文𧮯从谷害聲

濊

去聲則呼會反　淮南子齊俗訓故日月欲明浮雲蓋之河水欲清沙石濊之人性欲平嗜欲害之　泰族訓樹一物而生萬葉所樹不足以爲利而所生足以爲濊　說文作㵺从水薉聲詩曰施罛㵺㵺　漢書禮樂志澤汪濊師

古曰濊音於廢反又音烏外反　地理志皆朝鮮濊貉句驪蠻夷師古曰濊音穢　司馬相如傳湛恩汪濊師古曰濊音於廢反　李尋傳防絕萌牙以盪滌濁濊　蕭望之傳以行汙濊不進師古曰濊與穢同　今此字三收於十四泰十三末部中　亦作穢晉書東夷傳印文稱穢王之印國中有古穢城本穢貊之城也穢音於肺乙劣二反

奯 同上　說文奯从大歲聲

噲 烏括切　去聲則烏外反　今此字兩收於十四泰十三末部中

抪 普活切

去聲則普外反　淮南子說林訓見覽字下

侻　他括切

去聲則吐外反　文選宋玉神女賦嫷被服侻薄裝侻音他外反

脫　同上　詩野有死麕三章舒而脫脫兮無感我帨兮無使尨也吠　易林訟之大畜憒憒不悅憂從中出喪我寶貝亡妾失位　宋謝莊月賦見上　齊孔稚珪北山移文若其亭亭物表皎皎霞外芥千金而不盼屣萬乘其如脫聞鳳吹於洛浦值薪歌於延瀨　左傳襄十八年乃脫歸脫他括反一音他外反　史記酈商傳以將軍從擊荼戰龍脫趙世家作龍兌　文選陸機漢高帝功臣頌振威龍脫李善本作龍蛻　說文脫从肉兌聲　亦作說禮記檀弓

嶠固不說齊衰而入見說他活反徐音申銳反喪大記主人袒說髦說本又作稅他活反徐他外反亦作稅左傳莊九年及堂阜而稅之稅本又作說土活反一音失銳反襄二十八年稅服而如內宮稅吐活反又如字

十三祭部稅字註又他活切今十三末部漏此字

捋　郎括切

去聲則音酹　魏嵇康琴賦見洌字下

掇　丁括切

去聲則都芮反　易訟象傳見去聲竄字下

祋

同上詩候人見芾字下殺音都外反又都律反鄭註樂記引此作荷戈與綴　史記孝景紀置南陵及內史祋祤爲縣索隱曰鄭誕生祋音都會反又音丁活反　今此字兩收於十四泰十三末部中

撮　倉括切

去聲則音最　說文撮从手最聲

跋　蒲撥切

去聲則蒲內反　淮南子說林訓見掘字下

軷　同上詩生民見烈字下　梁江淹爲蕭太傅東耕祝文神之行兮氣爲軷神之坐兮煙爲蓋使嘉穀與玄鬯永爭

炎而無沫　沈約三日曲水宴應制詩宴鎬鏘玉鑾遊汾舉仙軷縈光泛彩旌修風動芝蓋淑氣婉登晨天行聳雲旆　韻補軷蒲昧切　周禮受祭祀軷杜子春讀爲別異之別別亦蒲昧切　今此字兩收於十四泰十三末部中

⿰角發

去聲則音廢　今此字兩收於二十廢十三末部中

坺

去聲則音旆　說文引詩武王載旆作載坺

茇

同上　詩甘棠召伯所茇徐音扶蓋反　周禮大司馬仲夏教茇舍註茇讀如萊沛之沛　爾雅釋艸白華茇芳音

沛　史記河渠書瓠子歌搴長茭兮沈美玉索隱曰茭一作茇音廢鄒氏又音紼

胈

同上　莊子股無胈脛無毛李軌音扶蓋反

此韻轉去聲則入泰廢韻　按末乃枚之入聲舊以爲墁之入聲誤

十四黠

黠　胡八切

去聲則胡介反　晉仲長敖覈性賦天地之間兆族羅列同禀氣質無有區別裸蟲三百人最爲劣爪牙皮毛不足自衛唯賴詐僞迭相嚙齧總而言之少堯多桀但見商鞅不聞稷契父子兄弟殊情異計君臣朋友志乖怨結鄰國

鄉黨務相吞噬臺隸僮豎唯盜唯竊面從背違意與口戾言如飴蜜心如蠻厲未知勝負便相陵蔑正路莫踐竟赴邪轍利害交爭豈顧憲制懷仁抱義祗受其獘周孔徒勞名教虛設蠢爾一槩智不相絕推此而談孰癡孰黠法術之士能不噤齘仰則扼腕俯則攘袂

拔　蒲八切

去聲則蒲內反　詩緜八章柞棫拔矣行道兌矣昆夷駾矣惟其喙矣　皇矣三章帝省其山柞棫斯拔松柏斯兌帝作邦作對自太伯王季維此王季因心則友　靈樞經九針十二原篇刺雖久猶可拔也汙雖久猶可雪也結雖久猶可解也閉雖久猶可決也　三略見北字下　晉張

菝

華鮑文泰誄抱道沖虛執義貞厲栖遲無悶不營不拔

同上　本艸菝葜禮記月令註作萆薢

八　博拔切

去聲則補内反　入聲趨古則六書本義曰八异背分異也象分開相八形轉爲布拔切少陰數也

扒　同上　今此字兩收於十六怪十四黠部中

㕯　女滑切

去聲則女介反　正說文裔从衣㕯聲

察　初八切

去聲則初例反　易繫辭下傳上古結繩而治後世聖人易之以書契百官以治萬民以察　禮記喪服四制仁者可以觀其愛焉知者可以觀其理焉彊者可以觀其志焉禮以治之義以正之孝子弟弟貞婦皆可得而察焉　越語范蠡對王後無陰蔽先無陽察用人無藝　列女傳栁下惠誄見伐字下　淮南子泰族訓石秤丈量徑而寡失簡絲數米煩而不察故大較易爲智曲辯難爲慧　漢班固幽通賦覓煢煢與神交兮精誠發於宵寐夢登山而迥眺兮覿幽人之髣髴攬葛藟而授余兮眷峻谷曰勿墜昒昕寤而仰思兮心蒙蒙猶未察黃神邈而靡質兮儀遺讖以臆對　馬融長笛賦激朗清厲隨光之介也牢剌拂戾諸賁之氣也節解句斷管商之制也條決繽紛申韓之察也繁縟絡繹范蔡之說也務櫟銚櫨晳龍之惠也　魏陳思王下太后誄見疾字下　魏德論見月字下　帝嚳贊見月字下　晋潘岳西征賦見竊字下　殷臣奇布賦見堰字下　後魏張淵觀象賦見哲字下　尚書大傳祭之

爲言察也察者至也入事至然後察　又按漢書張騫傳宛貴人昧蔡師古曰昧音本末之末蔡千曷反是蔡可讀察也荀悅漢紀作妹察

瞭　同上　今此字三收於十二霽十三祭十四黠部中

扴　古黠切　去聲則音介　見下　說文扴从手介聲

忦　同上　說文忦从心介聲　今十六怪部中作𢚣引孟子孝子之心爲不若是𢚣

稭

平聲則音皆　說文稭从禾皆聲　今此字兩收於十四皆十四黠部中

砎

同上　易豫六二介于石古文作砎音古八反鄭玄云謂磨砎也馬融本作扴云觸小石聲　晉書桓溫傳砎如石馬伏滔傳夫王淩面縛得之於砎石音義並音介宋書謝晦傳非砎石之固淵　今此字三收於十六怪十四黠十五鎋部中

介字莊子介而離山介音戒又古黠反廣韻不收

於黠切

軋

去聲則於介反　莊子人間世篇德蕩乎名知出乎爭名也者相軋也知也者爭之器也　魏陳思王孟冬篇乘輿

啟行鸞鳴幽軋虎賁采騎飛象珥鶡鍾鼓鏗鏘簫管曹曷萬騎齊鑣千乘等蓋

契

去聲則音介　說文契从㓞大聲

偰

同上　說文偰从大契聲

殺

所八切

去聲則所介反　楚辭天問天命反側何罰何佑齊桓九合卒然身殺佑古音肄　管子版法篇喜無以賞怒無以殺喜以賞怒以殺怨乃起令乃廢驟令不行民心乃外晏子風雨之弗殺也太上之靡弊也　莊子大宗師篇以

刑爲體者綽乎其殺也以禮爲翼者所以行於世也以知爲時者不得已於事也　在宥篇見決字下　則陽篇陰陽相照相蓋相治四時相代相生相殺　呂氏春秋孝行篇曾子曰父母生之子弗敢殺父母置之子弗敢廢父母全之子弗敢闕　素問五常政大論故生而勿殺長而勿罰化而勿制收而勿害藏而勿抑是謂平氣　六韜見奪字下　揚雄廷尉箴見謁字下　漢書禮樂志郊祀歌西顥篇西顥沆碭秋氣肅殺含秀垂穎續舊不廢　敘傳開國承家有法有制家不臧甲國不專殺刑乃齊民作威作惠如台不匡禮法是謂　班固西都賦見折字下　崔駰太尉箴無曰我大輕戰好殺紂師百萬卒以不艾宰臣司馬敢告在際　張衡西京賦見烈字下　東京賦見鶡字下　宗均禮含文嘉註抗揚威武志在宿衛賜以鈇鉞使得專殺　晉陸雲南征賦見伐字下　唐符載收獲虎頌玄陰凝兮殺氣厲揚三軍兮順時殺鋋戟羅兮山谷崩飛走燀兮林莽壞有虎勃起兮萬夫駭闞呀夭矯兮雷霆喝

衍沈慮兮振明戒干一奮兮傾五害旋勝軍兮翻人旆空口藪兮樂幼艾勇殺之師無與對可誅不上截亢外　易繫辭傳古之聰明睿知神武而不殺者夫王肅鄭玄王書干寶俱音所戒反徐邈音所例反　禮記樂記其聲噍以殺殺色界反徐音所例反　考工記矢人茀矢參分註茀當爲殺音色黠反劉音色例反　左傳昭四年風不越而殺殺如字又色界反徐音色例反　莊子齊物論篇其殺如秋冬註色介反徐色例反　史記倉公傳望之殺然黃徐廣曰殺音蘇葛反正義曰殺蘇亥反　今此字兩收於十六怪十四黠部中

鎩

同上　漢張衡東京賦見霓字下　今此字三收於十三祭十六怪十四黠部中

蔱

同上　晉傅選槐賦見末字下　今此字兩收於十三祭十四黠部中

眏　莫八切　去聲則音祕　今此字兩收於六至十四黠部中

齂　去聲則許介反　說文齂从鼻隶聲　今此字兩收於十六怪十四黠部中　此韻轉去聲則入怪夬隊韻

十五鎋

鎋　胡瞎切

去聲則胡葢反

舝

同上　詩泉水三章載脂載舝還車言邁遄臻于衛不瑕有害　車舝首章閒關車之舝兮思孌季女逝兮匪飢匪渴德音來括

轄

同上　釋名轄害也車之禁害也　說文轄从車害聲今此字兩收於十四泰十五鎋部中

壡

同上　說文壡从土叡聲

唐韻正　卷十七　十五

刮　古頒切

去聲則音檜　周禮女祝掌以時招梗禬禳之事注除災害曰禬禬猶刮去也

咶　下刮切

去聲則火夬反　今此字兩收於十七夬十五鎋部中

錣　丁刮切

去聲則音綴　今此字兩收於十三祭十五鎋部中

哳　陟鎋切

去聲則音制　亦作晢晉潘岳笙賦見折字下

此韻轉去聲則入泰怪韻　按黠鎋乃懷回之入聲當以

爲還之入聲誤

十六屑

屑 先結切

去聲則音細　梁何遜日夕望江山贈魚司馬詩湓城帶湓水湓水縈如帶日夕望高城耿耿青雲外城中多宴賞絲竹常繁會管聲已流悅弦聲復悽切歌黛慘如愁舞腰疑欲絕仲秋黄葉下長風正騷屑早鴈出雲歸故燕辭簷別晝悲在異縣夜夢還洛汭

楔 同上　說文楔从木契聲

僁

同上　說文僁从人契聲

切　千結切

去聲則音砌　漢馬融長笛賦啾咋嘈啐佀華羽兮絞灼激以轉切震鬱怫以憑怒兮耾碭駭以奮肆氣噴勃以布覆兮乍跱蹠以狼戾靁叩鍛之岌峇兮正瀏漂以風冽薄湊會而淩節兮馳趣期而赴躓　晉潘岳笙賦見折字下　宋謝惠連夜集歎乖詩詩人詠踟躕搔首歌離別誠哉曩日歡展矣今夕切吾生赴遙令質明即行轍在貧故空言贈子係溫惠曷用書諸紳久要亮有誓　梁荀濟贈陰梁州詩已作金蘭契何言雲雨別咄嗟改容鬢俄頃彌年歲海曲窮地表江源表天際雲泥已殊路喧涼詎同節栖絮丞如絲梅花屢成雪月落桂陰遠風起萱條結鶴舞想

低昂鴟絃夢清切　何遜詩見上　韻補砌或作切張

西京賦設切厔𡾰李善曰古字通　今此字兩收於十二

霽十六屑部中

竊

同上　晉潘岳西征賦人之升降隨政隆替仗信則莫不用情無欲則賞之不竊雖智不能理明不能察信此心也庶免夫戾如其禮樂以俟來哲　仲長敖覈性賦見黠字下　梁王筠詩寶地恣憑陵神樂忽侵竊猛將窺舂擊勇夫貪搏噬

結

古屑切

去聲則音髻　詩正月八章心之憂矣如或結之今茲之正胡然厲矣燎之方揚寧或滅之赫赫宗周褒姒威之

三略將謀密則姦心閉士衆一則軍心結攻敵疾則備不
及設軍有此三者則計不奪　易林姤之小畜言無約結
不成券契　太玄經格測畢格禽正法位也膠漆釋信不
結也　漢張衡東京賦洪恩素蓄民心固結執義顧主夫
懷貞節忿姦慝之干命怨皇統之見替玄謀設而陰行合
二九而成譎登聖皇於天階章漢祚之有秩　魏應瑒文
質論今子棄五典之文闇禮智之大信管望之小尋老氏
之蔽所謂循軌常趨未能釋連環之結也　郭遐叔贈嵇
康詩見越字下　晉皇甫謐釋勸論是以春華發萼夏繁
其實秋風逐暑冬冰乃結人道以之應機乃發三才連利
明若符契　潘岳西征賦升曲沃而惆悵憎兆亂而兄替
枝末大而本披都耦國而禍結臧札飄其高厲委曹吳而
成節何莊武之無恥徒利開而義閉　左思蜀都賦若乃
大火流涼風厲白露凝微霜結紫梨津潤櫹栗罅發蒲桃
亂潰石榴競裂甘至自零芬芳酷烈　曹嘉贈石崇詩文
武應時用兼才在明哲嗟嗟我石生爲國之俊傑入侍於

皇闈出則登九列處檢肅青徐風發宣吳裔嶠㠯謬同位
情至過魯衛分離踰十載思遠心增結碩子鑿斯誠寒晉
不踰契　仲長敖覈性賦見黠字下　左貴嬪萬年公主
誄日月載馳白露凝結自主𢇁徂奄離時節吉凶乖違存
亡異制將遷幽都潛神永翳　宋孝武建平王宏墓誌含
榮幼耀膺和早慧徘徊天人優游經藝鴻滲纔流皇根中
絕體孝盡性懷追孝烈反我宸居毀綱吏結管機凝務端
朝贊契召輝才融士穎風折祕路長陰昭塗永滅　齊謝
朓芳樹篇早翫華池陰復影滄洲柵猗旎芳若斯葳蕤紛
可結霜下桂枝銷怨與飛蓬折不厠玉盤滋誰憐終委絕
王融法樂辭亭亭宵月流朏朏晨霜結川上不徘徊條
問亟淪滅靈知湛常然符應有盈缺感運復來儀且厭八
間世　梁邵陵王綸䌰言賦伊薄軀之固陋謬攝官於夏
汭知美錦之難裁處棼絲而易結　江淹齊太祖高皇帝
誄見密字撤字下　孫緬墓銘見喆字下　傷友人賦魂
綿昧其若絕泣縈盈其若結嗟妙賞之不惡悼知音之巳

逝金雖重而見鑄桂徒芳而被折百年一盡兮貴揚蕤於
後烈　丘遲思賢賦夫子長之託意甘執鞭於異世在慈
明之慕義聊暫馭而追悅況至德之可師無兼裘以共獎
有樂安之任子偉羣才而稱傑備百行之高致該九流之
洪藝諒可雜而非染迹每同而常別牆易入而難窺闈無
鍵而有閑思若神而泉涌翰如雲而積袂沈潛於懷抱之
間蕭散於天人之際日下愧其未雙關西慙於上哲紛吾
既有此固陋荷君子之渥惠塵非附而分深葉未移而好
結　荀濟詩見上　陳徐陵長相思篇長相思好春節夢
裏恒啼悲不洩帳中起牕前髻栁絮飛還聚游絲斷復結
欲見洛陽花如君隴頭雪　後魏李諧述身賦昝漢室之
中微皇統於是三絕暨孝昌之陵陂亦繼口而禍結將小
雅之詩廢復三綱之道滅思蹈蹐於時昏獨沈吟於運閉
遂還處於窮里不外交於人世及數反於中興驅時雄而
臺逝既藉取亂之權方乘轉圜之勢俄隙開而守廢遂冠
冕之毀裂彼膏原而塗野嗟衞朋與嵇血　史記張釋之

傳顧謂張廷尉爲我結襪索隱曰結音如字又音計漢書陸賈傳尉佗魋結箕踞師古曰結讀曰髻李陵傳兩人皆胡服椎結貨殖傳賈魋結民西南夷傳此皆椎結註同楚辭招魂激楚之結獨秀先些註結頭髻也亦作紒儀禮士冠禮將冠者采衣紒註紒結髮古文紒爲結紒音界　詩采薇傳所以解紒也紒音計又音結　周禮追師註若今假紒矣紒音計　弁師註沛國人謂反紒爲鬠紒音計　左傳襄四年註麻髮合結也結音計本義作髻又作紒音同　晉書東夷傳其男子科頭露紒音計

潔

同上　魏陳思王蟬賦詩歎鳴蜩聲嘒嘒兮盛陽則來太陰逝兮皎皎貞素侶夷節兮帝臣是戴尚其潔兮　晉張載扇賦見月字下　張協七命見闕字下　王彪之井賦於是杳黃壚之邃鮮潤下之潔澄瀾恬以清渟泓泠朗以

寥戾協太陰以化液體上善以流惠　齊王儉侍太子九日宴玄圃詩本茂條榮源澄流潔漢稱間平周云魯衞咨我藩華方軌前軼　梁周興白鶴羽扇賦騈瑤翦雪盈華寫潔通春佀介點首如翳　後魏孝文帝弔比干文翥衡嶽而顧步兮濯沅湘以自潔爵炎洲之八桂兮踐九疑而遙裔卽蒼梧而宗舜兮拂埃霧以就列採輕越而肅帶兮切寶畢以貫介訴滔風之淪覆兮話蕭韶之湮滅召熊狸而敎釋兮問重華之風槼

鍥

去聲則音契　說文鍥从金契聲

⿰契鳥

同上　說文⿰契鳥从鳥契聲

節　子結切

去聲則子髻反　漢賈誼旱雲賦見沒字下　淮南子天文訓故祭祀三飯以禮喪紀三踊以爲節兵重三罕以爲制　主術訓中局閉何事之不節外閉中局何事之不成　易林漸之旅不失常節萌芽律屈咸達生出各順上猶　太玄經內測見下　漢馮衍顯志賦見髴字下　張衡東京賦見上　郤正釋譏辭窮路單時反初節綜墳典之流芳尋孔氏之遺藝綴微辭以存道憲先軌而投制韙叔肸之優游美疏氏之遐逝收止足以言歸汎浩然以容裔　黃庭經見一字下　魏陳思王蟬賦見上　五霸贊壯氣口口挺身奮節所征必拔謀顯亟惠　晉左思蜀都賦羽爵執競絲竹乃發巴姬彈絃漢女擊節起西音於促柱歌江上之飄厲紆長袖而屢舞翩躚躚以裔裔台尊促席引滿相罰樂飲今夕一醉累月　潘岳西征賦見上　成公綏隸書體若乃八分璽法殊好異制分白賦黑棊

布星列翹首舉尾直刺邪擲纏綣結體剩彩奮節　孫楚茱萸賦見疾字下　木華海賦若乃雲錦散文於沙汭之際綾羅被光於螺蚌之節　左貴嬪武元楊皇后誄追惟我后寔聰寔哲通于性命達于儉節送終之禮比素上世縗無珍寶唅無明月潛輝梓宮永背昭晰臣妾哀號同此斷絕　萬年公主誄見上　齊王融游仙詩桃李不奢年桑榆多暮節常恐秋蓬根連翩因風雪習道徧槐眡追仙度瑤碣緑帙啟眞詞丹經流妙說長河且已縈曾山方可礪　劉祥連珠盍聞典教之道無尚必同拯俗之方理貴袪弊故揖讓之禮行乎堯舜之朝干戈之功盛於殷周之世清風以長物成春素霜以凋嚴戒節　梁祀黑帝歌辭德盛乎水玄冥紀節陰降陽騰氣凝象閉　江淹孫緬墓銘見喆字下　祭戰亡文見去聲近字下　王筠昭明太子哀策文首夏司開麥秋紀節容衛徒警菁華委絕書幌空張談筵罷設虛饋饛饛孤鐙翳翳　又詩嶢山多詭怪蒼嶺復迢遰神芝曜七明山蒲含九節　荀濟詩見上

陳徐陵詩見上

⿱咨木　平聲則音咨　說文⿱咨木从木咨聲

⿱髟截　去聲則子髻反　今此字三收於十二霽十三祭十六屑部中

血　呼決切

平聲則呼笄反　太玄經玄錯親附疏割犯血遇逢難裝倏時事自竭養自兹

去聲則呼計反　漢劉向九歎晉申生之離殃兮荆和氏之泣血吳子胥之抉眼兮王子比干之横廢　晉簡文帝

哀策文同軌畢至內外成列素旗宿縣輼輬首轍執祖行於前殿奉靈輿而遷逝悲神宇之長違痛睟儀之幽翳攀龍輴以號慕撫素膺以泣血　張協七命見闕字下　宋讀曲歌歡相憐題心共飲血流頭入黃泉分作兩死計

後魏李諧述身賦見上

沉

去聲同上　梁江淹擬謝靈運游山詩江海經邅廻山嶠備盈缺靈境信淹畱賞心非徒設平明登雲峰杳與廬霍絕碧嶂長周流金潭恆澄澈桐林帶晨霞石壁映初晰乳竇既滴瀝丹井復寥沉嵒崿轉奇秀岑崟還相蔽赤玉隱瑤溪雲錦被沙汭夜聞猩猩啼朝見鼯鼠逝南中氣候暖朱華凌白雪幸游建德鄉觀奇經禹穴身名竟誰辯圖史終磨滅且泛桂水潮映月游海澨攝生貴處順將爲智者說

闋　苦穴切

去聲則苦惠反　詩節南山五章昊天不惠降此大戾君子如屆俾民心闋君子如夷惡怒是違　魏陳思王洒賦敘嘉賓之歡會惟耽樂之既闋日晻曀於桑榆兮命僕夫而皆逝　說文闋从門癸聲

湀

上聲則音癸　今此字四收於十二齊五旨十六屑部中

缺

上聲則音頍　儀禮士冠禮緇布冠缺項註缺讀如有頍者弁之頍

去聲則苦惠反　易林大壯之萃空穿漏敝破桴殘缺

後漢書靈帝紀贊靈帝負乘委體宦孽徵亾備兆小雅盡

缺麋鹿霜露遂棲宮衞　張曹鄭傳贊富平之緒承家載世伯仁先歸釐我國祭玄定義乖褒修禮缺孔書遂明漢章中輟　晉王廙婦德箴見月字下　齊竟陵王子良經劉瓛墓下詩漢陵淹館蕪晉殄洙風缺五都聲論空三河文義絕興禮邁前英談玄踰往哲明情日夜湥徽音歲時滅垣井忽已平煙雲從容裔爾歎牛山悲我悼驚川逝王儉褚淵碑文嵩構云頹梁陰載缺德猷靡嗣儀形長遞怊悵餘徽鏘洋遺烈久而彌新用而不竭　王巾頭陀寺碑文法本不然今則無滅象正雖闌希夷未缺於昭有齊式揚洪烈釋網更維玄津重柵　王融法樂辭見上　梁張纘丁貴嬪哀策文玄紘莫修褘章早缺成物誰能芳猷有烈素魄貞明紫宮昭晰逮下靡傷思賢罔蔽　後魏高閭至德頌夏殷世傳周漢纂烈道風雖邈仍誕明哲爰暨三季下陵上替九服三分禮樂四缺　淨行頌紫實昧朱狂斯濫哲外逕揚鑣分源競柵麗景或幽澄舒每缺水激波生烟湥火滅情端徒總理向空徹不有明心誰驅聣𡾰

梁江淹孫緬墓銘見詰字下　擬謝靈運詩見上　任昉王貴嬪哀策文見哲字下　亦作缺老子大成若缺其用不弊大盈若沖其用不窮

玦　古穴切

去聲則古惠反　說文玦从玉夬聲

駃

去聲則音快　唐顏眞卿右武衛將軍臧懷恪碑銘鶚視騰彩龍騰作氣鋒淬霜稜妙窮金匱謀猷泉寫翰墨風駃儒勇是兼動靡以位　說文駃从馬夬聲臣鉉等曰今俗與快同用　今此字兩收於十七夬十六屑部中

決

去聲則古惠反　莊子在宥篇於是乎釿鋸制焉繩墨殺焉椎鑿決焉　靈樞經見祓字下　太玄經斷陽氣彊內而剛外動而能有斷決　漢班固奕旨或虛設豫置以自護衛蓋象庖犧罔罟之制隄防周起障塞漏決有似夏后治水之勢　易夬彖傳夬決也序卦傳夬者決也　莊子齊物論篇麋鹿見之決驟徐邈讀古惠反　釋名夬決也有所破壞決裂之也　詩決拾既佽古作夬　說文決从水夬聲

趹

同上　淮南子兵略訓有角者觸有齒者噬有毒者螫有蹏者趹喜而相戲怒而相害

蚗

同上　說文蚗从虫夬聲

鴂　同上　說文鴂从鳥夬聲　元戴侗六書故曰離騷恐鵜鴂之先鳴兮使夫百艸爲之不芳揚雄反離騷徒恐鷤鴂之將鳴兮顧先百艸爲不芳鷤鴂卽鶗鴂也後人名之爲秭歸亦作子規皆鴂聲之轉今鴂字收入十二霽部中

駃　平聲則音逵　今此字兩收於六脂十六屑部中

譎　去聲則古惠反　漢張衡東京賦見上

訣

同上　易林坎之隨天地際會不見內外祖辭遺送與世長訣　晉陸機愍思賦望崇丘以高訴背玄門而長訣物無往而不返哀殂來其焉綴　亦作決吳越春秋與父俱誅何名於世穿讐不除恥辱日大尚從是往我從是決

鈌

同上　說文鈌从金夬聲

⿱㲋夬

同上　說文⿱㲋夬从㲋夬聲

觖

去聲則羊瑞反　史記荊燕世家獨此尚觖望索隱曰觖音決又音窺睡反　盧綰傳爲羣臣觖望索隱曰觖音企

韋昭音冀　後漢書李通傳論汙滅親宗以歟一切之功註歟望也音丘瑞反　陰興傳令天下歟望歟音羌恚反臧洪傳歟望非冀歟音羌恚反　今此字兩收於五寘十六屑部中

抉

去聲則古惠反　說文抉从手夬聲

穴

胡決切

去聲則胡桂反　漢馬融長笛賦於是山水猥至渟涔障潰顛淡滂流碓投瀄穴爭湍苹縈汩活澎濞波瀾鱗淪窊隆詭戾灪瀑噴沫犇遯碭突　魏陳思王文帝誄悲夫大行忽焉光滅永棄萬國雲往雨絕承問荒忽惛懵哽咽紬鋒抽刃欲自僵斃追慕三良甘心同穴感彼南風惟以鬱滯終於偕沒指景自誓　七啟然主上猶以沈恩之未廣

懼聲教之未厲采英奇於側陋宣皇明於巖穴比窅予商歌之秋而呂望所以投綸而逝也吾予爲太和之民不欲仕陶唐之世乎　晉左思魏都賦榷惟庸蜀與鴝鵒同巢句吳與鼃黽同穴一自以爲禽鳥一自以爲魚鼈山阜猥積而崎嶇泉流迸集而吠咽隰壤瀸漏而沮洳林藪石溜而蕪穢窮岫泄雲日月恒翳宅土熇暑封疆障癘蔡莽螫剌昆蟲毒噬漢罪流禦秦餘徙帑宵貌蕞陋禀質遳脆巷無杼首里罕耇耋或魋結而左言或鏤膚而鑽髮或明發而嬥歌或浮泳而卒歲風俗以韰倮爲嫿人物以戕害爲藝威儀所不攝憲章所不綴由重山之東阸因長川之裾勢距遠關以闚闢時高樔而陛制薄戍緜冪無異蛛螫之網弱卒瑣甲無異螳蜋之衛與先代而常然雖信險而勦絕揆既往之前跡即將來之後轍成都迄已傾覆建業則亦顛沛顧非累卵於疊棊㝵至觀形而懷怛權假日以餘榮比筭筭而蕃譪覽㚇秀與黍離可作謠於吳會　潘尼西道賦旋射還勾羊角互扆蒄窟連投十數億計石了之

澗坎埳之穴支體爲之危冰形骸爲之瘦曳此亦行者之艱難羈旅之困敝　梁江淹詩見上

徒結切

姪

去聲則徒至反　說文姪从女至聲

迭

同上　梁王筠詩緣巖蔓芳杜廻崖掩綠蕙嘉禾挺皋蘇奇香發迭迭　左傳昭十七年三呼皆迭對迭待結反又音弟　禮記禮運五行之動迭相竭也迭大計反又田結反　樂記倡和清濁迭相爲經史記樂書作代

垤

同上　詩東山鸛鳴于垤下　說文垤从土至聲

耊　同上　晉左思魏都賦見上　說文耊从老省至聲　亦作𢧁儀禮少牢饋食禮勿替引之註古文替為袂袂或為𢧁𢧁替聲相近

咥　木註又火至丑栗二切今案至韻失收此字　詩邶谷風咥其笑矣音許意反又火結反　說文咥从口至聲

絰　去聲則徒至反　說文絰从糸至聲

窒

蛈

本註又音治今七志韻失收此字　詩山有樞傳樞荎也荎音田節反沈音直黎反　爾雅釋艸蒤荎藸音直其切

他結切

去聲則音替　玉篇蛈他結他計二切

頡

胡結切

去聲則胡計反　晉衛恆字勢黃帝之史沮誦倉頡眺彼鳥跡始作書契紀綱萬事垂法立制帝典用宣質文著世爰曁暴秦滔天作戾大道既泯古文亦滅

䠟

同上　今此字兩收於十二霽十六屑部中

涅 奴結切

去聲則奴髻反　梁簡文帝八關齋夜更賦四城門詩俗幻生影空憂繞心塵噎於兹排四纏去矣求三涅

截 昨結切

去聲則昨髻反　詩長發見伐字下　魏邯鄲淳受命述見越字下　晉成公綏正旦大會行禮歌炎炎景皇無競維烈匡時拯俗休功葢世宇宙既康九域有截天命降監啟祚明哲

齧 五結切

去聲則五髻反　晉仲長敖覈性賦見黠字下　釋名轡棿猶祕齧也在車軸上正輪之祕齧前卻也

覓

平聲則五兮反　今此字三收於十二齊十二霽十六屑部中　梁書王筠傳沈約製郊居賦構思積年猶未都畢乃要筠示其艸筠讀至雌霓連蜷約撫掌欣忭曰僕嘗恐人呼為霓蓋謂字讀入聲恐人呼為平聲也按約賦云駕雌霓之連蜷泛天江之悠永讀平讀入皆通約特以前切後浮為諧合耳　禮部韻略載范忠文公鎮試學士院詩用彩霓字學士以沈約郊居賦雌霓連蜷讀霓為入聲謂鎮為失韻司馬文正公光曰約賦但取聲律便美非霓不可讀為平聲也當時學者皆為之憤鬱　考之釋名曰霓齧也其體斷絕見於非時此災氣也傷害於物如有所食齧也亦作蜺漢書天文志抱珥虹蜺註如淳曰蜺讀曰齧說文陧讀若虹蜺之蜺班固車騎將軍竇憲北征頌於是雷震九原電曜高闕金光鏡野武旗指蜺張衡東京賦爾乃九賓重臚人列崇牙張鏞鼓設郎將司階虎戟交鎩龍輅充庭雲旗拂霓夏正三朝庭燎晢晢南都賦其山則崆峣嶱嵑嵣㟍嵺刺岝崿嶵嵬嶮巇屹𡼏幽谷嶜岑夏含霜

雩或岩嶙而纚聯或豁爾而中絕鞠巍巍其隱天俯而覷乎雲霓傳毅舞賦體如游龍袖如素蜺瞭瞰而拜曲涉究畢遷延微笑退復次列觀者稱麗莫不怡悅晉鼓吹曲順天道篇久六閔鳴鐲振鼓鐸旌旗象虹霓則霓之讀爲入聲休文固有所本矣又考魏陳思王孔子廟頌於鑠尼父生民之傑性與天成該聖備藝德倫三五配皇作烈玄鏡獨鑑神明昭晰仁塞宇宙志陵雲霓學者三千莫不俊乂七啟皆飛仁揚義騰躍道藝游心無方抗志雲際堎轢諸侯馳驅當世揮袂則九野生風慷慨則氣成虹蜺何晏景福殿賦若乃高甍崔嵬飛宇承霓鮽蠻黮靄隨雲融泄鳥企山峙若翔若滯峨峨嶫嶫罔識所屆雖離朱之至精猶眩曜而不能昭晰也並讀去聲而莊子齊物論和之以天倪崔云或作霓音同則霓字未嘗不讀爲平聲此唐韻之所以兩收而不容執一也與　陳張正見神仙篇閶苑隔以蜺與谿迷泥鷄系韻後周庾信至老子廟詩寥廓本乘蜺與谿圭泥低啼迷西爲韻王褒山家詩太乙尋虹霓與

攜埤迷啼棲蹊齊爲韻隋盧思道神仙篇懸旌耀彩霓與雟梯雞蹊泥西迷爲韻唐李白明堂賦天窻赩翼而銜霓與梯低題躋迷爲韻李庾西都賦杳天外而紆蜺與題爲韻　平聲註曰又五結五擊二切而二十三錫韻不收此字晉人惟晉張協登北邙賦以霓字與翩蜺同用宋謝靈運山居賦以霓字與適隔石數同用與漢魏諸書不合宜删五擊一切

去聲則五計反　魏陳思王孔子廟頌見上　何晏景福殿賦見上

蜺

同上　漢班固北征頌傅毅舞賦作入聲魏陳思王七啟作去聲並見上、今此字兩收於十二齊十六屑部中

臬

去聲則五計反　漢張衡東京賦爾乃卒歲大儺毆除群癘方相秉鉞巫覡操茢侲子萬童丹首玄製桃弧棘矢所發無臬飛礫雨散剛癉必斃煌火馳而星流逐赤疫於四裔　魏王粲游海賦吐星出日天與水際其深不測其廣無臬尋之冥地不見涯洩章亥所不極盧敖所不届　何晏景福殿賦雖天地以開基並列宿而作制制無細而不協於規景作無微而或違於水臬　漢書司馬相如傳埶譩什埶讀與蓺同字亦作臬音魚列反　詩車攻傳裘纏質以爲槸槸魚列反又魚季反正義作闑今廣韻槸字在去聲十三祭部中其解不同　說文甈𥦘皆以臬得聲

⿰礻兒

平聲則五兮反　今此字三收於十二齊十一薺十六屑部中

躷

去聲則五計久　易困上六困于臲卼古文作倪仉　暌
六三其人天且劓王肅本作𪖙

蔑　莫結切

去聲則莫計反　太玄經大上九大終以蔑否出天外
晉仲長敖覈性賦見黠字下　春秋隱元年公及邾儀父
盟于蔑公羊穀梁傳竝作昧文七年晉先蔑奔秦公羊傳
作昧　荀子楚人兵殆於垂沙唐蔑死注史記楚懷王二
十八年秦與齊韓魏共攻楚殺楚將唐昧取我重丘而去
昧與蔑同今按呂氏春秋竝作唐蔑　賈誼新書宋
鄭無道欺昧諸侯昧即蔑字　宋書武帝紀臨朐有巨蔑
水水經注云巨洋水袁宏謂之巨昧王韶之以爲巨蔑亦
或曰朐瀰皆一水也後漢書耿弇傳追至鉅昧水上今此
水在青州府東土人呼昧字正作蔑計反

⿰目⿱必皿

平聲則音彌　今此字兩收於五支十六屑部中

彆　方結切

去聲則畀計反　玉篇彆畀結畀計二切

閉　同上　今此字兩收於十二霽十六屑部中　考工記弓人注引詩竹閉緄縢閉作䩉音祕又補結反今䩉字在六至部中

噎　烏結切

去聲則烏計反　晉左思吳都賦其居則有高門鼎貴魁岸豪傑虞魏之昆顧陸之裔岐嶷繼體老成奕世躍馬疊

跡朱輪累轍陳兵而歸蘭錡內設冠蓋雲蔭閭閻闐噎

窫

同上　今此字兩收於十二霽十六屑部中

咽

同上　呂氏春秋盡數篇飲必小咽端直無戾　魏陳思王文帝誄見上　晉左思魏都賦見上　陳沈炯歸魂賦彼孟冬之云季總官司而就紲詫馬首之西暮隨檻車而廻轍履峩峩之層冰而蹈蹈之巖雪去莫敖之所縊過臨江之軌折矧今古之悲涼泣欑心而霑袂渡狹嶺之欹危跨清津之幽咽鳥虛弓而自隕猿號子而腹裂

栔

苦結切

去聲則苦計反　今此字兩收於十二霽十六屑部中

挈

同上　莊子庚桑楚篇其妾之挈然仁者遠之一本作𢍰同苦計反　漢書溝洫志今內史稻田租挈重師古曰挈音苦計反　漢書敘傳旦算祀于挈龜師古曰挈音口計反詩大雅緜之篇曰爰挈我龜按今詩作契　漢魯相史晨碑孝經援神契契作挈魏受禪表書契所錄契作挈文選梁任昉到大司馬記室牋提挈之旨五臣本作契儀禮士喪禮註引周禮菙氏掌共燋契以待卜事作挈荀子猗契司詐詁契讀爲挈

⿰契頁

同上　今此字兩收於十二霽十六屑部中

契　同上　詩契契寤歎契音苦計反徐音苦結反　爰契我龜契音苦計反劉音苦絜反　今此字三收於十二霽九迄十六屑部中

恝字廣韻失收今孟子有此字音苦八反而山海經大荒南經恝恝之山註音如券契之契大荒西經名曰靈恝註同

易睽六三其牛掣說文作觢之世反云角一俯一仰子夏作契傳云一角仰也鄭玄作㸷云牛角皆踊曰㸷徐邈音市制反按爾雅釋畜皆踊觢觢㸷二字廣韻亦失收

撆　普蔑切

去聲則普計反　說文撆从手敝聲　亦作蔽史記刺客傳跪而蔽席索隱曰蔽音匹結反

瞥　同上　漢馬融廣成頌然後飛鋋電擊流矢雨墜各指所質不期俱殪竄伏扔輪發作梧轉䟦交狂擊頭陷顱碎獸不得𤞤禽不得瞥　說文瞥从目敝聲

鐅　同上　說文鐅从金敝聲

嫳　同上　說文嫳从女敝聲

蹩　蒲結切

𢪛

去聲則音敝　說文蹩从足敝聲　莊子敝躠譽無用之言敝本又作蹩徐音婢郭父結反李步計反

平聲則篇迷反　說文𢪛从手毘聲　亦作批左傳莊十二年遇仇牧于門批而殺之批普迷反又蒲穴反　莊子批大郤導大窾批備結反一音鋪迷反　史記孫臏傳批亢擣虛索隱音白結反　蔡澤傳批患折難索隱白批音白結反又豐雞反　刺客傳荼何以見陵之怨欲批其逆鱗哉正義音白結反　司馬相如傳批巖衝壄正義音白結反　漢書王莽傳阬谷批難師古曰批音步結反　後漢書寇榮傳爲專權之臣所見批抵音片支反　以上諸書或讀平聲或讀入聲總是一義　今批字在平聲十二齊部

綟

練結切

去聲則力計反　晉書衛瓘傳加綠綟綬賈充傳加袞冕之服綠綟綬綟並音戾　今此字兩收於十二霽十六屑部中

戾

同上　晉仲長敖覈性賦見黠字下　詩鳶飛戾天音力計呂結二反　今此字兩收於十二霽十六屑部中

捩

同上　今此字兩收於十二霽十六屑部中　亦作攦莊子攦工倕之指郭呂係反又力結反

盭

同上　晉書職官志其相國丞相皆袞冕綠盭綬盭音麗又盧結反　今此字兩收於十二霽十六屑部中

唳　同上　說文唳从口戾聲　今此字兩收於十二霽十六屑部中

此韻轉去聲則入霽韻

十七薛

薛　私列切

去聲則所例反

𨭉　去聲則音贄　說文𨭉从金埶聲　今此字三收於六至十七薛二十六緝部中

紲

去聲則所例反　陳沈炯歸魂賦見咽字下　釋名紲制也牽制之也　說文紲从糸世聲

㡜

同上　今此字三收於十三祭十七薛部中

褻

同上　說文褻从衣埶聲

泄

去聲則以制私制二反　詩十畝之閒二章十畝之外兮桑者泄泄兮行與子逝兮　板二章天之方蹶無然泄泄

管子侈靡篇辯國泣者國必敗疏貴戚者謀將泄　成
而無害疏戚而好外企以仁而謀泄賤寡而好大　內業
篇得道之人理丞而屯泄匈中無敗節欲之道萬物不害
素問三部九候論余願聞要道以屬子孫傳之後世著
之骨髓傳之肝肺歃血而受不敢妄泄　寶命全形論天
臨之味鹹者其氣令器津泄絃絕者其音嘶敗木敷者其
葉發病深者其聲噦　靈樞經九針十二原篇害中而不
去則精泄害中而去則致氣　外揣篇見極字下　淮南
子原道訓故夫形者非其所安也而處之則廢氣不當其
所充而用之則泄神非其所宜而行之則昧　時則訓流
而不滯易而不穢發通而有紀周密而不泄　說苑敬慎
篇一曰政外二曰女厲三曰謀泄四曰不敬卿士而國家
敗五曰不能治內而務外　列女傳柳下惠誄見伐字下
黃庭經見謁字下　魏何晏景福殿賦見寬字下　晉
成公綏正旦大會行禮歌化蕩蕩清風泄總英雄御俊傑
開宇宙埽四裔光緝熙美聖哲超百代揚休烈流景祚顯

萬世　釋名枻泄也　禮記雜記下泄柳之母死唐石經作世柳金履祥曰世泄古語四聲之轉也　公羊文六年傳註曰上言泄下曰漏泄息列反又以制反　定十年宋樂世心出奔曹世字亦作泄　莊子尾閭泄之泄息列反又以世反　運物之泄也泄息列反徐以世反　發泄乎清泄息列反徐以世反　韓非子內儲說上衛嗣君變世姬一作泄姬　文選王褒四子講德論句踐有種蠡泄五臣本作世庸　漢書嚴助傳歐泄霍亂之病師古曰泄音弋制反　亦作洩　魏王粲賦見臯字下　陳徐陵見緒字下　左傳隱元年姜出而賦大隧之外其樂也洩洩　襄十四年言語漏洩洩息列反徐音以世反　二十三年洩命重刑洩息列反又以制反　昭二十五年言洩臣不獲死洩息列反又以制反　哀十六年不洩人以求媚者洩息列反又以制反

渫

齧

同上　晉木華海賦羣山既略百川潛渫泱漭澹泞騰波赴勢　禮記曲禮葱渫處末渫音齧石經避唐諱作渫

同上亦作契　晉仲長敖覈性賦見黠字下

齛

同上　說文齛从齒世聲

列

良薛切

上聲則良底反　漢蔡邕濟于長夏承碑辭明明君德令問不已高山景行慕前賢列庶同如蘭意願未止中遭寃天不終其紀

去聲則音例　禮記禮運以日星爲紀故事可列也月以

爲量故功有勢也　易林遯之大壯陳力就列官職無曠

大玄經玄擬音律差列奇耦異氣　魏陳思王黃帝贊

少典之孫神明聖哲土德承火赤帝是滅服牛乘馬衣裳

是制氏雲名官功冠五列　卞太后誄見疾字下　應瑒

弈勢或飾遯僞旋卓轢軿列羸師延敵一乘虛絶歸不得

合兩見擒滅淮陰之謨拔旗之勢也　黃庭經見一字下

晉左思魏都賦均田畫疇蕃廬錯列薑芋充茂桃李蔭

翳家安其所而服美自悅邑屋相望而隔踰奕世　齊被

練而銛戈鬣偏綮以績列畢出征而中律執奇正以四伐

碩畫精通目無匪制推鋒積紀鋭氣彌鋭三接三捷既晝

亦月　衞恆隸勢其大徑尋細不容髮隨事從宜靡有常

制或穹隆恢廓或櫛比鍼列或砥平繩直或蜿蜒繆戾或

長邪角趣或規旋矩折修短相副異體同勢奮筆輕舉離

而不絶　曹嘉詩見結字下　成公綏隸書體見結字下

仲長敖覈性賦見黠字下　曹攄圍棊賦扉角象牙是

錯是礪內含光潤形亦應制於是二敵交行星羅宿列雲

會中區網布四裔合圍促陣更相侵伐　夏侯湛彈棊賦

爾乃延良人洽坐際隆局施輕棊列　劉柔妻王氏春花

賦見月字下　晉簡文帝哀策文見皿字下　涼武昭王

述志賦休矣時英茂哉儁哲庶罩網以遠籠豈徒射鉤與

斬袪或脫梏而纓蕤或後至而先列挺殊才於巖陸拔翹

彥於無際思留侯之神遇振高浪以蕩穢想孔明於州廬

運玄籌之罔滯洪操槃而慷慨起三軍以激銳詠羣豪之

高軌嘉關張之飄傑誓報曹而歸劉何義勇之超世據斷

橋而横矛亦雄姿之壯發　後魏衞操桓帝頌惟公經濟

存亡繼絕荒服是賴祚存不輟金龜簫鼓軺蓋殊制反及

二代莫與同列　孝文帝弔比干文見潔字下　北齊顏

之推觀我生賦見上　周禮稻人以列舍水列祿計反

司隸守王宮與野舍之厲禁註厲遮例也例本又作列同

禮記服問上附下附列也列徐音例本亦作例　書立

政以列用中罰蘇氏傳猶今之言例也　莊子非知巧果

敢之列列音例　說文例从人列聲

迾

鮤　竝同上　今此二字竝兩收於十三祭十七薛部中

冽　同上　漢王褒聖主得賢臣頌虎嘯而谷風冽龍興而致雲氣　馬融長笛賦見切字下　易井九五井冽寒泉食王肅音例　張弨曰說文仌部無冽字卽洌之俗改石經正作井洌寒泉與詩洌彼下泉同當合於洌下註作俗字

烈　同上　詩七月首章一之日觱發二之日栗烈無衣無褐何以卒歲　蓼莪四月竝見發字下　生民七章載謀載

惟取蕭祭脂取羝以軷載燔載烈以興嗣歲　長發見伐
字下　漢揚雄羽獵賦見月字下　解嘲見律字下　張
衡西京賦於是孟冬作陰寒風肅殺雨雪飄飄冰霜慘烈
百卉具零剛蟲搏摯　揚戲關張二將軍贊見發字下
魏陳思王潛志賦見發字下　孔子廟頌見覺字下　應
瑒文質論至乎應天順民撥亂夷世摛藻奮權赫奕丕烈
紀禪協律禮儀煥別覽墳丘於皇代建不刊之洪制顯宣
尼之典教探微言之所弊　邯鄲淳受命述見越字下
晉成公綏正旦大會行禮歌見上　又見截字下　左思
蜀都賦見結字下　魏都賦土壤不足以攝生山川不足
以周衛公孫國之而破諸葛家之而滅茲乃喪亂之丘墟
顛覆之軌轍安可以儷王公而著風烈也　孫楚茱萸賦
見疾字下　宋孝武建平王宏墓誌見結字下　齊王儉
褚淵碑文見缺字下　王巾頭陀寺碑文見缺字下　梁
江淹孫緬墓銘見下　傷友人賦見結字下　祭戰亡文
見去聲近字下　張纘丁貴嬪哀策文見缺字下　後魏

高閭至德頌見快字下　詩烈假不瑕鄭作厲力世反
禮記祭法是故厲山氏之有天下也註厲山氏炎帝也起
於厲山或曰烈山氏國語作列山左傳作烈山帝王世紀
神農氏起列山謂之列山氏今隨厲鄉是也水經注賜水
西逕厲鄉南水南有重山卽烈山也山下有一穴父老相
傳云是神農所生處也故禮謂之烈山氏　周禮山虞物
爲之厲而爲之守禁鄭司農云厲遮列守之　莊子厲風
濟則衆竅爲虛厲卽烈字

洌

同上　漢司馬相如上林賦見汨字下　魏嵇康琴賦或
摟攙櫟捋縹繚瀲洌輕行浮彈明嫿暩惠疾而不速留而
不滯翩緜飄邈微音迅逝　今此字兩收於十三祭十七
薛部中

裂

上聲則音厲　春秋隱二年紀裂繻來逆女公羊穀梁傳竝作履綸

去聲則音例　淮南子原道訓故兵強則滅木強則折革固則裂齒堅於舌而先之敝　文子同　晉左思蜀都賦見結字下　南齊張融海賦擬瀍則八紘摧隤鼓怒則九紐折裂搶長風以舉波漷天地而爲勢　後魏李諧述身賦見結字下　陳沈炯歸魂賦見咽字下　詩垂帶而厲箋云厲當作裂　春秋隱二年紀裂繻釋文裂音列或音厲　禮記內則註鞶小囊盛帨巾者男用韋女用繒有飾緣之則是鞶裂與詩云垂帶而厲春秋紀子帛名裂繻字雖今異意實同也正義曰古時厲裂通爲一字　按左傳桓二年鞶厲游纓字作厲　亦作裂國語舊音戎車待游車之裂音例

茢

去聲同上　漢張衡東京賦見梟字下　周禮槀人贊牛耳桃茢沈音例　掌染艸註紫茢劉音閭計反　巫祝註鄭司農云以桃厲執戈在下前茢字作厲　禮記檀弓以巫祝桃茢執戈徐音例　玉藻膳於君有葷桃茢茢音列又音例　左傳襄二十九年乃使巫以桃茢先祓殯茢音列徐音例

栵

同上　詩皇矣二章作之屏之其菑其翳修之平之其灌其栵　今此字兩收於十三祭十七薛部中

栵

同上　今此字兩收於十三祭十七薛部中

哲

陟列切

去聲則音制　魏陳思王黃帝贊見上　卞太后誄見疾
字下　晉傅玄祀景皇帝登歌執競景皇克明克哲翦作
穆穆惟祇惟畏　成公綏正旦大會行禮歌見上　人見
截字下　張華列文先生鮑玄泰誄允矣文明聰昭秀哲
啟冥演幽守文命世抱道沖虛執義貞厲栖遲無悶不營
不忮　潘岳西征賦見竊字下　曹嘉詩見結字下　左
貴嬪武元楊皇后誄見節字下　涼武昭王述志賦見上
齊竟陵王子良詩見缺字下　王融淨行頌見缺字下
梁任昉王貴嬪哀策文母以子貴義弘前哲中齊削以
從疑革麻縹之輕殺違副君之天至賦白華之無缺庶清
廟之微微悲壽原之永翳　奉和登景陽山詩物色感神
游升高悵有閡南望銅駝街北走長楸埒別苑閒滄溟踈
山駕瀛碣奔鯨吐華浪司南動輕檝日下重門照雲開九
華徹觀閣隆舊恩奉國愧前哲　丘遲思賢賦見結字下
後魏張淵觀象賦棃斬諫以星孛紂耽荒而致彗慍星
不見而周衰枉矢蛇行而秦滅諒人事之有由豈妖災之

虛設誠庸主之難悟故明君之所察克無爲而觀象況德非乎明哲初學記作宋張鏡 高閭至德頌見鈦字下

喆

同上 梁江淹尚書左丞孫緬墓銘光靈維周肇祀伊商炤分上代鏡華中世睿誕降明秀芳嗣烈學惟物範行實士節容與書林優游史藝素巾俄冠朱紱累轍來訪詩遵入詢禮缺麗名文質齊影儒喆慶履匪舒沴氣遽結殯帷兮既晦泉火兮巳閉暧遺波於遙緒颯流馨於遠歲

傑

渠列切

去聲則其例反 漢張超尼父頌見月字下 魏陳思王孔子廟頌見霓字下 晉成公綏正旦大會行禮歌見上華陽國志後語政去王室權流二傑瓜分天壤宰割民物舍彼信順任此智計大道既隱詭詐競設竝以豪恃力

爭當世居正慮明名號絕替、　左思吳都賦見讀[illegible]
魏都賦鬉首之豪鏃耳之傑服其荒服斂衽魏闕置酒
昌高張宿設其夜未遽庭燎晰晰有客祁祁載華載落
岌冠縱纍纍辮髮　夏侯湛東方朔畫贊見谿字下
楚尼父頌見月字下　曹嘉詩見結字下　戴逵閒游贊
故雖援世之彥翼教之傑放舞雩以發詠聞乘桴而凜厲
袁宏三國名臣序贊夫未遇伯樂則千載無一驥時值
龍顏則當年控三傑漢之得材於斯爲貴　涼武昭王述
志賦見上　梁丘遲思賢賦見結字下　亦作桀後魏孝
文帝弔比干文見潔字下

桀

同上　詩長發見伐字下　晉仲長敖覈姓賦見黠字下

偈

同上　史記蔡澤傳曷鼻巨肩徐廣曰曷一作偈音其例反　漢書陳湯傳郅支由是遂西破呼偈堅昆丁令師古曰偈音起厲反　今此字兩收於十三祭十七薛部中

爇　如列切

去聲則如例反　晉束晳近游賦其男女服飾衣裳之制名號詭異隨時迭設繫複襦以御冬脅汗衫以當熱帽引四角之縫裙爲數條之殺餅賦若夫三春之初陰陽交際寒氣既除溫不至熱於時宜宴則曼頭宜設　說文爇从火爇聲

晢　旨熱切

去聲則音制　易大有象傳大有初九无交害也大車以載積中不敗也公用享于天子小人害也匪其彭无咎明

辨晳也餘見去聲祐字下　詩東門之楊二章東門之楊其葉肺肺昏以爲期明星晳晳　漢司馬相如封禪文協氣橫流武節猋逝邇陿游原遐闊泳沫首惡鬱沒晻昧昭晳昆蟲闓澤回首面內　魏程曉詩見闕字下　晉束晳弔衞巨山文見下　易傳明辯晳也王廙本作晰徐邈李軌音之世反鄭玄本作遰云讀如明星晰晰之晰陸績本作逝虞翻本作折　書洪範明作晳音之舌反徐音之列反又之世反

晰

同上　詩庭燎二章夜如何其夜未艾庭燎晰晰君子至止鸞聲噦噦　漢班婕妤擣素賦若乃盼睞生姿動容多製弱態含羞妖風靡麗皎若明魄之升崖煥若荷花之昭晰麗字誤此賦六朝人作　張衡思玄賦牛哀病而成虎兮雖逢昆其必噬鼈令殪而尸亾兮取蜀禪而引世死生錯而不齊兮雖司命其不晰　魏陳思王孔子廟頌見霓

唐韻正　卷之十七　四十三

字下　平原公主誄城闕之詩以日喻歲況我嫠子神其長滅扃闕一闔曷其復晰　何晏景福殿賦見霓字下晉左思魏都賦見上　左貴嬪武元楊皇后誄見節字下後漢書張衡傳贊三才理通人靈多蔽近推形算遠抽渼帶不有玄慮孰能昭晰　宋顏延之元皇后哀策文謂道輔仁司化莫晰象物方臻眡祲告沴太和既融收華委世蘭殿長陰椒塗弛衛　謝莊詠雪雜言始蓋藟以蕤轉終徘徊而煙曳狀素鏡之晨光寫金波之夜晰　梁江淹詩見沈字下　張纘丁貴嬪哀策文見缺字下　後魏李騫釋情賦故抱玉而懷珠且滋蘭而樹蕙或舟楫以匡時或棲遲以卒歲尚無忝於先人諒貽厥於來裔書金册以葳蕤布銀繩而昭晰　唐太宗御製頌厥宸居叶冥契龍駕升兮邈遐逝坐玄範兮光來裔與玄象兮長昭晰

記趙世家吾有所見子晰也言吾嘗見汝昭然甚明索乃曰其名子晰是誤以爲鄭子晢之晢文與義背失之

今此二字兩收於十三祭十七薛部中

折

旨熱常列二切

旨熱反去聲則音制　漢司馬相如上林賦見泪字下

晉潘岳笙賦郁捋劫悟泓宏融𣿃哇咬嘲哳壹何察惠訣厲悄切又何磬折　衛恒隸勢見上　左傳襄二十七年司馬置折俎折之設反徐音制

常列反平聲則音匙　禮記檀弓吉事欲其折折爾註引詩好人提提

去聲則食例反　楚辭離騷何瓊佩之偃蹇兮衆薆然而蔽之惟此黨人之不諒兮恐嫉妬而折之　吕氏春秋見下　淮南子原道訓見上　說林訓蠹衆則木折隙大則牆壞　齊子同　文子下德篇柔而不脆剛而不折寬而不肆肅而不悖優游委順以養羣類　鹽鐵論利則虎兕病則鳥折　易林乾之大壯郤大牆壞蠹衆木折狼虎爲政天降罪罰高弒望夷胡亥以斃　大壯之漸陽氏狂惑季孫亂潰陪臣執政平子倶亡季心不快　漢劉向九歎

懷蘭茝之芬芳兮妒被離而折之張絳帷以襜襜兮風邑邑而蔽之　班固西都賦爾乃移師趨險並蹈潛穢窮虎奔突狂兕觸蹷許少施巧秦成力折掎僄狡扼猛噬脫角挫脰徒搏獨殺　宋孝武建平王宏墓誌見結字下　齊謝朓詩見結字下　梁江淹傷友人賦見結字下　祭戰亾文見去聲逝字下　陳沈炯歸魂賦見咽字下　禮記曲禮下立則磬折垂佩折徐音時列反又之列反沈重云舊音逝　祭法瘞埋於泰折折之設反舊音逝又音制

說文逝誓⿴行折皆以折得聲

浙

去聲則音制　亦作制莊子外物篇自制河以東音義嘗作浙　史記項羽紀渡江索隱曰韋昭云浙音折晉灼音逝非也蓋其流曲折莊子所謂制河即其水也制折聲相近　十三祭部浙字下註曰水名今之浙江

靳
博雅靳之舌之逝二反
博雅有誓字之舌之世二反今廣韻不收

舌
食列切
去聲則食例反　詩抑六章莫捫朕舌言不可逝矣　淮南子原道訓見上　漢郤正釋譏沖質不永桓靈墜敗英雄雲布豪傑蓋世家挾殊議人懷異計故縱横者欲披㒔
𦗁狙詐者暫吐其舌也
又怢字詩四月傳廢怢也蕩箋時人怢於惡怢市制反又時設反禮記表記註怢於無欲心也又以本怢於鬼神虛無之事怢時世反又時設反左傳桓十三年莫敖狃於蒲騷之役註狃怢也僖十五年一夫不可狃註狃怢也怢時世反又時設反今去聲十三祭部有此字而此韻不收

孽　魚列切

去聲則魚例反　易林家人之咸心狂志悖視聽不類政令無常下民多孽　太玄經內測枯垣生莠勿慶類也內不克婦國之孽也雨降于地澤節也　後漢書靈帝紀贊見缺字下　晉王廙婦德箴見月字下

蘖　同上　詩長發見伐字下

滅　亡列切

去聲則亡例反　詩正月八章見結字下　雨無正二章周宗既滅靡所止戾正大夫離居莫知我勩　淮南子原道訓見上　漢崔駰達旨古者陰陽始分天地初制皇綱云緒帝紀乃設傳序歷數三代興滅　漢孝廉柳敏碑辭

建豎斯碑傳于萬世子孫緐昌永不漫滅　魏陳思王黄帝贊見上　夏啟贊大戰于甘有扈以滅威振諸侯元功克乂　文帝誄見穴字下　平原公主誄見上　應瑒弈勢見上　晉衞恆字勢見頡字下　左思吳都賦見上　束晳弔衞巨山文同志舊友陽平束晳頃聞飛虎肆暴竊矯皇制禍集於子宗祊幾滅　宋孝武建平王宏墓誌見結字下　齊竟陵王子良詩見缺字下　王巾頭陀寺碑文見缺字下　王融法樂辭見結字下　淨行頌見缺字下　梁江淹詩見沇字下　後魏孝文帝弔比干文見潔字下　張淵觀象賦見上　李諧述身賦見結字下　詩歠苟歠徐邈音符滅反

朅

丘揭切

去聲則丘例反　呂氏春秋士容篇狼執固橫敢而不可辱害臨患涉難而處義不越南面稱寡而不以侈大今日

君民而欲服海外節物甚高而細利弗賴耳目遺俗而可與定世富貴弗就而貧賤弗揭德行尊理而羞用巧衛寬裕不訾而中心甚厲難動以物而必不妄折　漢書司馬相如傳揭輕舉而遠游揭音丘例反

愒

同上　詩民勞四章民亦勞止汔可小愒惠此中國俾民憂泄無縱詭隨以謹醜厲式遏寇虐無俾正敗戎雖小子而式弘大　史記蘇秦傳夫衛人日夜務以秦權恐愒諸侯鄒氏愒音憩以本字爲音矣　張弨曰說文愒息也从心曷聲別作憩非今甘棠作憩菀柳民勞作愒一經之內二正一俗　今此字三收於十三祭十四泰十七薛部中

鷩

并列切

去聲則音蔽　周禮司服享先公饗射則鷩冕鷩音必列反徐劉音府弊反　說文鷩从鳥敝聲　今此字兩收於

十三祭十七薛部中

鼈　同上　晉左思蜀都賦其深則有白黿命鼈玄瀨上祭　魏都賦見穴字下　說文鼈从黽敝聲

憋　同上　後漢書董卓傳羌胡敝腸狗態註續漢書敝作憋

鄨　同上　漢書地理志鄨師古曰鄨音蔽又音鼈　說文鄨从邑敝聲　今此字兩收於十三祭十七薛部中

絕　情雪切

去聲則疾例反　楚辭九歌湘君見末字下　荀子大略篇民語曰欲富乎忍恥矣傾絕矣絕故舊矣與義分背矣舊其以反　漢司馬相如哀二世賦東馳土山兮北揭石瀨弭節容與兮歷弔二世持身不謹兮亾國失勢信讒不寤兮宗廟滅絕　太玄經聚測蝀萃丘冢禮不廢也鴟鴞在林衆所吠也坐沸纍鼻持命絕也　魏陳思王文帝誄見穴字下　應瑒弈勢見上　晉左思魏都賦見穴字下　衛恒隸勢見上　左貴嬪武元楊皇后誄見節字下　仲長敖覈性賦見黠字下　宋孝武建平王宏墓誌見結字下　謝靈運辭祿賦見窟字下　齊竟陵王子良詩見缺字下　謝朓詩見結字下　梁王筠昭明太子哀策文見節字下　江淹齊太祖高皇帝誄見密字撤字下　傷友人賦見結字下　擬謝靈運詩見泬字下　何遜詩見屑字下　後魏衛操桓帝頌見上　李諧述身賦見結字下　唐司馬貞史記索隱南越傳贊中原鹿走羣雄莫制漢事西驅越推南裔陸賈騁說尉佗去帝樛后內朝呂嘉

很戾君臣不協卒從黜絀

蕝　子悅切

去聲則子芮反　今此字兩收於十三祭十七薛部中

史記夏本紀泥行乘橇徐廣曰他書或作毳河渠書泥行蹈毳索隱曰毳字亦作橇音昌芮反今十三祭部中有橇字

許又引尸子行險以撮索隱曰撮子芮反又子絕反與蕝音同廣韻失收

雪　相絕切

去聲則相例反　詩蜉蝣三章蜉蝣掘閱麻衣如雪心之憂矣于我歸說　楚辭九歌湘君見末字下　靈樞經見扶字下　宋玉登徒子好色賦眉如翠羽肌如白雪腰如束素齒如含貝嫣然一笑惑陽城迷下蔡　晉張載扇賦

見月字下　張協七命見闕字下　宋王微四時詩蘅若
首春華梧楸當夏翳鳴笙起秋風置酒飛冬雪　齊王融
詩見節字下　梁元帝鍾山飛流寺碑銘雲聚峰高風清
鐘徹月如秋扇花疑春雪極目千里平原迢遞　陶弘景
雲上之仙風賦亘碧海而賜朝霞凌青煙而薄天際出龍
門而激水度蔥闕以飛雪　江淹詩見沈字下　擬謝惠
連贈別詩昨發赤亭渚今宿浦陽汭方作雲峰異豈伊千
里別芳塵未歇席零淚猶在袂停艫望極浦弭棹阻風雪
祭戰亾文見去聲近字下　周興白鶴羽扇賦見潔字
下　荀濟詩見切字下　陳徐陵詩見結字下　沈炯歸
魂賦見咽字下　北齊顏之推觀我生賦及荊王之定霸
始讎恥而圖雪舟師次乎武昌撫軍鎮於夏汭溢充選於
多士在參戎之盛列慙四白之調護厠六友之談說雖形
就而心和匪余懷之所說　說文雪从雨彗聲　釋名雪
綏也水下遇寒氣而凝綏綏然也

悅　弋雪切

去聲則弋制反　易林家人之巽陔子貪餌爲利所悅挨釜把頤㦟其手臂　中孚之大過歎息不悅憂從中出惌我金罍无妄失位　太玄經上測上其純心和以悅也上無根不能自治也　晉左思魏都賦見上　梁丘遲思賢賦見結字下　何遜詩見屑字下　亦作說　楚辭天問帝乃降觀下逢伊摯何條放致罰而黎服大說　淮南子說林訓心所說毀舟爲杕　北齊顏之推觀我生賦見上易兌彖傳說卦傳竝云兌說也序卦傳兌者說也　禮記引書說命皆作兌　說文說从言兌聲　釋名兌悅也物得備足皆喜悅也

蛻

小聲則他外反　說文蛻从虫稅省聲　莊子是天地之委蛻也蛻吐臥反又音悅又輸外反又始銳反又始劣反

今此字四收於十三祭十四泰三十九過十七薛部中

閱 去聲則弋制反 詩蜉蝣見上 易林咸之蠱販鹽不利市賈折閱 晉樂志順天道篇順天道握神埶三時講武仲冬大閱 梁任昉詩見上

娧 同上 今此字兩收於十四泰十七薛部中

爇 如劣切

去聲則如鋭反 說文爇从火蓺聲臣鉉等按說文無蓺字 張昭曰正書卽埶字俗加作蓺蓺篆竝非

㨎　同上　亦作擩周禮太祝六曰擩祭註擩讀如虞芮之芮

蜹　同上　說文蜹从虫芮聲　今此字兩收於十三祭十七薛部中

弋雪失爇二切

說　弋雪反見上

失爇反去聲則音脫　漢眭弘王命論當食吐哺納子房之策拔足揮洗揖酈生之說悟戍卒之言斷懷土之情高四皓之名割肌膚之愛　漢書敘傳子絲慷慨激辭納說擥攣正席顯陳成敗錯之損材智小謀大戢如發機先慗受害　班固東都賦故婁敬度勢而獻其說蕭公權宜而

拓其制　又見畢字下　馬融長笛賦見寨字下　晉潘
岳西征賦望圉北之兩門感虢鄭之納惠討子頹之樂禍
尤闕西之效戾重戮帶以定襄弘大順以霸世靈壅川以
止鬭晉演義以獻說　齊王融皇太子哀策文楚藥毀方
秦醫反轍高議虛演奇文徙說遠賓上靈長違昭世痛結
宸慈哀震華棣　游仙詩見節字下　梁任昉桂陽王墓
誌銘世載台鼎地居魯衛沛易且傳楚詩將說桐圭誰戲
甘棠何憩　江淹詩見沈字下　北齊顏之推觀我生賦
見上　禮記文王世子大樂正學舞干戚語說命乞言說
如字徐始銳反　今此字三收於十三祭十七薛部中
又詩無感我帨兮沈音始悅反今帨字在去聲十三祭部
而十七薛部中不收

拙

職悅切

去聲則職芮反　淮南子人間訓事有所至而巧不若拙
故聖人量鑿而正枘　史記高祖紀高祖為人隆準而龍

[illegible]服虔曰準音拙古讀準爲之水反

蝃

去聲則音帝　今此字兩收於十二霽十七薛部中

棁

去聲則職芮反　說文棁从木兌聲

啜

昌悅切

去聲則嘗芮反　今此字三收於十三祭十七薛部中

輟

陟劣切

去聲則陟衛反　管子見伏字下　後漢書張曹鄭傳贊見𩭿字下　後魏衛操桓帝頌見上　文選班固西都賦李善註輟張衛切　今此字兩收於十三祭十七薛部中

畷

同上　禮記郊特牲饗農及郵表畷畷陟劣反又陟衛反　今此字兩收於十三祭十七薛部中

餟

醊

竝同上　史記封禪書其下四方地爲醊食索隱曰醊音竹芮反　今此二字竝兩收於十三祭十七薛部中

涰

同上　書立政綴衣虎賁綴徐音之衛反又之劣反　詩閟宮傳以朱綅綴之綴沈音知稅反又張劣反　禮記檀弓毀竈以綴足綴丁劣反又丁衛反　儀禮楔齒綴足飯設飾帷堂並作綴丁劣反又丁衛反　既主綴重鬲綴丁劣反又丁衛反　內則紉箴請補綴綴丁劣反又丁衛反　樂記綴兆舒疾綴丁劣反徐丁衛反　六成復綴以崇綴竹劣反又竹衛反　喪大記綴足用燕几綴竹劣反又竹衛反　今此字兩收於十三祭十七薛部中　按此字雖有去入二聲並註為連綴之義而今之讀者獨以綴兆之綴為入聲然唐太宗遼城望月詩映雲光暫隱隔樹花如綴作入聲用則連綴之綴未嘗不可為入聲也　亦作贅公羊襄十六年傳君若贅旒然贅本又作綴丁衛反又丁劣反

劣　力輟切

去聲則音酹　魏文帝煌煌京洛行禍夫吳起智小謀大西河何健伏尸何劣　晉仲長敖覈性賦見點字下

埒

同上　梁任昉詩見上

毦

同上　今此字兩收於十四泰十七薛部中

耒

同上　今此字三收於五旨十八隊十七薛部中

滅切

去聲則丕祭反　晉潘岳秋興賦耕東皋之沃壤兮輸黍稷之餘稅泉涌湍於石間兮菊揚芳乎崖澨澡秋水之涓涓兮玩游儵之潎潎逍遙乎山川之阿放曠乎人間之世

今此字兩收於十三祭十七薛部中

別

皮列彼列二切

皮列反去聲則皮例反　宋謝惠連詩見切字下　梁江淹詩見上　荀濟詩見切字下　何遜詩見屑字下　魏

彼列反去聲則彼例反　淮南子齊俗訓見物字下

應瑒文質論見上　晉仲長敖覈性賦見黠字下　梁丘遲思玄賦見結字下　張率舞馬賦爾其挾尺縣鑿之辨附蟬伏兔之別十形五觀之姿三毛八肉之勢臣何得而稱焉固已詳於前製

轍

直列切

去聲則直例反　老子有德司契無德司轍一本作徹
晉左思吳都賦見穴字下　魏都賦見上　仲長敖覈性
賦見點字下　簡文帝哀策文見皿字下　宋謝惠連詩
見切字下　齊王融皇太子哀策文見上　淨行頌見缺
字下　梁江淹孫緬墓銘見上　祭戰亾文見去聲沂字
下　陳沈炯歸魂賦見咽字下

撤

同上　梁江淹齊太祖高皇帝誄櫕靈既儼遠日以筮
窆既奠龍轜將撤素月夜攢翠煙曉結攎虛金而下歆吟
空簫而增絕　任昉王貴嬪哀策文殯宮既毀祖饋斯撤
爰命史臣宣美來裔

澈

同上　梁江淹詩見穴字下

去聲則山芮反　今此字兩收於十三祭十七薛部中

訐　居列切

去聲則居例反　公羊莊十二年傳註故訐閔公以此言訐九列反又九刈反　今此字兩收於十三祭十七薛部中

設　識列切

去聲則識例反　詩賓之初筵首章鍾鼓既設舉醻逸逸逸夷二反　三略見上　漢崔駰達旨見上　張衡東京賦見霓字下　晉張華宴會歌歌者流聲舞者投袂動容有節絲竹並設宣揚四體繁手趣摯　武帝哀策文感大

響之無虧哀鵠思之虛設叩龍轄以長叫痛靈暉之潛逝　左思吳都賦見噎字下　魏都賦見上　仲長敖覈性賦見黠字下　東晳近游賦見上　餅賦見上　華陽國志見上　王讚荀夫人誄巷庭靡託几筵虛設躬當昏逝事無荒滯　梁王筠昭明太子哀策文見節字下　江淹詩見沉字下　後魏張淵觀象賦見上

烕　許劣切

去聲則許例反　詩正月見結字下

膬　七絕切

去聲則呂銳反　周禮小宗伯卜葬兆甫竁亦如之註杜子春讀竁爲毳聲如腐脃之脃劉音清劣反註本或有作膬字者則與劉音爲協　說文膬从肉毳聲　今此字兩收於十三祭十七薛部中

徹　丑列切

平聲則丑知反　禮記檀弓主人既祖塡池註塡池當爲奠徹

去聲則丑例反　齊王融沖行頌見缺字下　梁元帝鍾山飛流寺碑銘見上　任昉詩見上

觢

去聲同上　今此字兩收於十三祭十七薛部中

掣　昌列切

去聲則昌制反　易睽六三見輿曳其牛掣其人天且劓　太玄經務次三不拘不掣其心腐且敗　晉木華海賦望濤遠決冏然鳥逝鷸如驚鳧之失侶倏如六龍之所掣一越三千不終朝而濟所届　釋名掣制也制頓之使順

已也　今此字兩收於十三祭十七薛部中
一作搋　魏劉劭飛白書勢若乃數析毫芒纖手和會素
幹冰解藺壘電搋直準箭馳屈擬蠖勢　晉成公綏隸書
體見節字下　亦作摩詩小毖傳引爾雅粤夆掣曳也作
摩曳音尺制反

瘛

同上　註云又昌制切　漢書藝文志金創瘲瘛方三十
卷師古曰瘛音充制反　元戴侗六書故曰說文引縱曰
瘳瘛省聲瘛小兒瘛瘲病也按掣縱本謂小兒風驚乍掣
乍縱也掣搐也縱則掣而乍舒也瘛瘲本因掣縱而立文
今乃作瘳更从瘛失之甚矣　今此字十二霽十三祭部
中竝作瘲　史記高祖功臣表宋子侯許瘛瘛音充志反
羊刈切

去聲則音曳讀入聲拽以手一□詢予僂人則用拽註或曰拽當爲拽　今此字兩收於十三祭十七薛部中此韻轉去聲則入祭韻　按屑薛乃西韻之入聲當以爲先仙之入聲誤

按滯字滋字廣韻俱作去聲無入聲者而唐張說作玄識闍黎廬墓碑辭甘井既渫利物無竭不增不減不流不滯仁靜而鑒智動而悅張藁作李元諒懋功昭德碑辭洸洸武臣兮有虔秉鉞卹戎臨敵兮原火烈烈隊如星兮陣如雪進如流兮止如植轉麾激兮衝皮發壞苑垣兮復宮闕既東征兮又西伐聲鼓雄兮才氣傑滌昏霾兮掃妖孽河瀆清兮渭源澈功既成兮恩亦齊鐵防兮賚金穴華山麓兮敷水滋德汪濊兮威凜冽□□安兮羣盜絕舞□□兮歌大耋城寧雲兮營偃月望霓旌兮想旌節樹豐碑兮頌英悲詞不媿兮動不滅李邕答宋十一崖口五渡見贈詩聞君訪遠山躋險造幽絕眇然青雲境觀奇彌年月登嶺亦泝谿孤舟事沿越彎嶂傳彩翠崖磴互歌缺石林上

櫕叢金澗下明滅捫壁窺丹井梯㕣瞰乳穴忽枉巖中巒對翫未嘗輟殷勤獨往寧委曲鍊藥說邀余名山期茯爾泛海蓮巖晏秉宿心斯言非徒設則音依古以去入同用者也唐去六朝未遠故其體例猶存後人不復知矣又敝字亦有入音考工記輪人輪敝三材不失職弓人筋欲敝之敝徐劉皆音扶滅反左傳襄二十五年將具敝車而行徐音扶滅反汭字亦有入音左傳宣八年及滑汭汭如銳反一音如悅反

唐韻正入聲卷之十七終

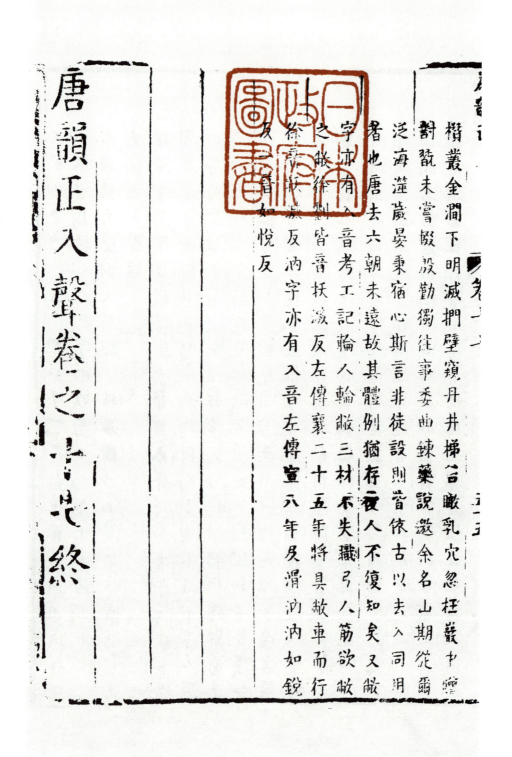

唐韻正入聲卷之十八

十八藥

此韻當分爲二

藥 以灼切

去聲則音效　詩板三章天之方虐無然謔謔老夫灌灌小子蹻蹻匪我言耄爾用憂謔多將熇熇不可救藥

爚

同上　荀子夫耀蟬者務在明其火振其樹而已吕氏春秋作爚

爍

同上本註以此爲櫟陽之櫟在二十三錫部者爲木名按詩晨風二章山有苞櫟隰有六駮未見君子憂心靡樂則元無二音也 左傳襄十一年秦晉戰于櫟音力的反徐音失灼反

平聲則音勞 史記楚元王世家嫂詳爲羹盡櫟釜漢書作轑釜

躍

同上 詩靈臺見濯字下 拾遺記見鵲字下 晉陸機遂志賦見濯字下

敫

去聲則音叫 史記田敬仲完世家爲莒太史敫家庸徐廣曰敫音躍一音皎 說文徼噭礉竅皆以敫得聲 今此字三收於三十四嘯十八藥二十三錫部中

瞈

䚕 去聲則音𦤎　今此二字兩收於二十五笑十八藥部中

蹻 居勺切

平聲則居遥反　詩板見上　崧高見藐字下　泮水二章思樂泮水薄采其藻魯侯戾止其馬蹻蹻其馬蹻蹻其音昭昭載色載笑匪怒伊教　說文蹻从足喬聲又蹻讀若王子蹻則知王子喬漢時有作蹻者　今此字四收於四宵三十小十八藥部中

屩

同上 說文屩从履省喬聲

灼

之若切

去聲則之邵反 中庸引詩潛雖伏矣亦孔之炤作灼 越絕書灼龜作炤龜

杓

同上 今此字三收於二十九篠十八藥二十三錫部中

勺

同上 禮記內則十有三年學樂誦詩舞勺劉昌宗音之邵反

酌

去聲則音豹　今此字三收於三十六效十八藥二十三錫部中

繳

上聲則音繳　今此字三收於二十九篠十八藥二十一麥部中

去聲則古弔反　莊子外重經繳繳音灼又古弔反

禚

去聲則音告　春秋莊二年夫人姜氏會齊侯于禚四年公及齊人狩于禚公羊穀梁傳竝作郜

弱

而灼切

去聲則如詔反　說文嫋从女弱聲

綽　昌約切

去聲則昌邵反　詩淇奧見較字下　亦作淖莊子逍遙遊篇淖約若處子在宥篇淖約柔乎剛強荀子宥坐篇淖約微達佀察

約　於略切　當作於勺

平聲則音腰　釋名腰約也在體之中約結而小也

去聲則音要　楚辭九辯遭翼翼而無終兮忳惛惛而愁約生天地之若過兮功不成而無效　漢書禮樂志安世房中歌靁震震電燿燿明德鄉治本約　司馬相如上林賦靚莊刻飭便嬛綽約柔橈嬛嬛嫵媚姌嫋抴獨繭之褕袘眇閻易以戌削　周禮大司寇凡邦之大盟約約音於妙反　士師正之以傅別約劑約音於妙反又如字　司約掌邦國及萬民之約劑約音於妙反　眂瞭註修謂中

央約也戚音於教反　巾車註夏篆轂有約也約如字又於見反　考工記輪人註篆轂約也約烏孝反又如字　禮記學記大信不約徐音於妙反沈於略反　左傳隱三年註通言盟約彼此之情約如字又於妙反　桓三年註申約言以相命約如字又於妙反　宣十二年先君有約言焉約於妙反又如字　定四年不敢以約爲利約如字又於妙反　公羊隱元年傳詛命相誓以盟約束也約一音於妙反　莊子魏瑩與田侯牟約徐音於妙反又如字　今大王欲廢法毀約而見說約如字徐於妙反　吾日與子訟於無約曰約如字徐於妙反　今此字兩收於三十五笑十八藥部中

虐　魚約切

去聲則魚要反　詩淇奧見較字下　正月十一章魚在于沼亦匪克樂潛雖伏矣亦孔之炤憂心慘慘念國之爲

虐 板見上 抑十一章昊天孔昭我生靡樂視爾夢夢我心慘慘誨爾諄諄聽我藐藐匪用爲教覆用爲虐借曰未知亦聿既耄慘當作懆 漢揚雄執金吾箴見酷字下

杓

市若切 當作市弱

平聲則音標 莊子我其杓之人邪杓郭音的又匹幺反又音弔 今此字四收於四宵十八藥二十三錫部中上聲則丁了反 史記天宮書杓雲如繩者索隱曰劉氏杓音時酌反說文音丁了反

芍

上聲則胡了反 今此字四收於二十九篠十八藥二十三錫部中

皀

丑略切

平聲則音鈔　說文訬从言少聲讀若毚楚交切今本毚誤爲毚故趙宧光疑之

削　息約切

平聲則音宵　漢司馬相如子虛賦揚拖戌削蜚纖垂髾上林賦見上　釋名刀室曰削削峭也其形峭殺裹刀體也又曰消削也言減削也　莊子孔子削然反琴而弦歌削音消　周禮載師以家邑之田任稍地故書稍或作削　疾醫春時有痟首疾註痟酸削也

去聲則音笑　詩桑柔五章爲謀爲毖亂況斯削告爾憂恤誨爾序爵誰能執熱逝不以濯其何能淑載胥及溺　周禮大宰四曰家削之賦削亦作稍又作鄁音所教反徐所召反　考工記魯之削音思約思詔二反　削殺天之齊削如字又音笑　禮記少儀刀卻刃授穎削授拊削音笑　書顧命赤刀傳寶刀赤刀削削音笑按書傳會選曰刀室也字今作鞘　史記貨殖傳洒削索隱曰方言曰劒

削關東謂之削音肖亦依字讀　說文削从刀肖聲　按古字多單用太史公自序申呂肖矣尚父側微肖即削字徐廣乃别音痟非也

爵

即略切　當作即約

去聲則即要反　詩桑柔見上　左傳襄元年正義服虔云爵者醮也所以醮盡其材也

雀

同上　說文从小隹按小字聲兼義

燋

平聲則音焦　周禮華氏掌共燋契燋音哉約反李祖堯反　儀禮燕禮註燭燋也音哉約反劉哉妙反　士喪禮

楚焞置于燋劉哉約反又祖堯反　禮記少儀執燭抱燋燋側角反又子約反又在遙反　說文燋从火焦聲　今此字兩收於四宵十八藥部中

爝

同上　莊子爝火不息註字林云爝炬火也子召反呂氏春秋作焦火　今此字兩收於三十五笑十八藥部中

皭　在爵切

去聲則在笑反　今此字兩收於三十五笑十八藥部中

嚼

同上　桓譚新論人聞長安樂則出門而西向笑知肉味美則對屠門而大嚼　後漢五行志桓帝末京都童謠嚼

復爵今年尚可後年饒 史記游俠傳與人飲使之釂徐廣曰音子妙反 說文噍从口焦聲或作嚼从爵才肖切

謔

虐約切

去聲則虛要反 詩淇奧見較字下 板見上

以上字轉去聲則入嘯笑效韻

略

離灼切 當作離若

去聲則離注反 書武成敢祗承上帝以遏亂略傳略路也言誅紂敬承天意以絕亂路

若

而灼切 當作而略

上聲則音汝 易豐六二豐其蔀日中見斗往得疑疾有孚發若 巽九二巽在牀下用史巫紛若下音戶 三略吏多民寡尊卑相若弱相虜莫適禁禦 漢書禮樂志郊祀歌日出入篇六龍之調使我心若訾黃其何不徠下

古人讀若字爲汝故傳記之文多有以若爲汝者史記項羽本紀吾翁卽若翁漢書作汝翁

去聲則音樹　詩烝民二章天子是若明命使賦

惹

同上　今此二字兩收於三十五馬十八藥部中

卻

去約切　當作去略

去聲則音去

却

同上　莊子達生篇彼視淵若陵視舟之覆猶其車却也覆却萬方陳乎前而不得入其舍惡往而不暇　列子同

亦作𨚕史記天官書見摶字下

辵　丑略切

亦作躇公羊宣六年傳躇階而走躇丑略反一本作辵今躇字在平聲九魚部中

婼　上聲則音舍　春秋昭二十三年叔孫婼公羊作舍

噱　其虐切　當作其略

去聲則音昦　說文噱从口豦聲

臄

同上　詩行葦二章肆筵設席授几有緝御或獻或酢洗爵奠斝醓醢以薦或燔或炙嘉殽脾臄或歌或咢此章通御斝爲韻

醵　平聲則音渠　說文醵从酉豦聲　去聲同上　禮記禮器周禮其猶醵與音其庶反又其約反　詩良耜箋又有祭酺合醵之歡醵其據反又其略反

今此字三收於九魚九御十八藥部中

嬳　憂縛切

去聲則音護　玉篇嬳一縛于故二切

縛　符躩切

去聲則音附　說文縛从糸尃聲　今三十九過部中有此字音符臥切乃音之轉

攫　居縛切

去聲則居附反　荀子見豕字下　說苑修文篇猛獸不攫鷙鳥不搏蝮蠆不螫搏音布螫音赦

躩　同上

淮南子精神訓鳧浴蝯躩鴟視虎顧

礭　張略切

去聲則音翥　說文礭从石箸聲

著　張略直略二切

同上　周禮典婦功註書其賈數而著其物著音直略反徐張慮反　莊子女始著乎吾所以著也著音張慮反一音張略反　昭景也著戴也甲氏也著封也著音張慮反一音丁略反　今此字三收於九御十八藥部中

按箸字兩收於九御部中一在著字下註云上同一音遲倨切註云匙箸也乃入聲藥部亦當有箸字而廣韻不收史記宋世家紂始爲象箸索隱曰箸音持略反劉氏音直慮反

櫡

直略切

去聲則直慮反　說文櫡从木箸聲

以上字轉去聲則入御遇暮韻

掠

離灼切

古音力漾反　左傳昭二十年輸掠其聚掠音亮　今此字兩收於四十一漾十八藥部中　當併入漾韻

十九鐸

此韻當分爲二

鐸 徒落切

去聲則音渡　淮南子說林訓心所欲毀鐘爲鐸欲音裕
釋名鐸度也號令之限度也　宋洪邁容齋四筆見澤
字下

度

同上　詩楚茨三章執爨踖踖爲俎孔碩或燔或炙君婦
莫莫爲豆孔庶爲賓爲客獻酬交錯禮儀卒度笑語卒獲
神保是格報以介福萬壽攸酢此章通庶字爲韻　抑七
章神之格思不可度思矧可射思按格度射三字竝可轉

去聲通上文漏覰爲韻　淮南子說山訓巧者善度知者善豫羿以桃部不給射慶忌以劒鋒不給搏　今此字兩收於十一暮十九鐸部中

剫　同上　說文剫从刀度聲

莫　慕各切

平聲則音謨　漢書註引詩秩秩大猷聖人莫之作謨

去聲則音暮　詩葛覃見綌字下　采薇首章采薇采薇薇亦作止曰歸曰歸歲亦莫止靡室靡家玁狁之故不遑啟居玁狁之故　楚茨見上　荀悅漢紀引詩辭之懌矣民之莫矣作辭之繹矣民之慕矣　說文模謨嫫慕墓皆以莫得聲

摸

平聲則音謨

膜

同上　今此二字兩收於十一模十九鐸部中

漠

平聲則音謨　詩訏謨定命沈云本亦作漠音莫
去聲則音慕　史記衞將軍傳漢兵不能度幕輕留索隱
曰幕即沙漠古字少耳　禮部韻略沙幕北狄中地說文
作漠漢武紀衞青將六將軍絕幕李陵歌徑萬里兮度沙
幕揚雄傳浮西河絕大幕匈奴傳雍以沙幕西域傳幕南
無王庭應劭曰沙幕匈奴南界臣瓚曰沙土曰幕師古曰

二說皆是或云是塞外地名非矣幕者卽今突厥中磧耳後漢書竇憲傳經磧鹵絕大漠則漠幕古通用按周禮幕人幕音武博反後漢書張酺傳贊以博模爲韻今在去聲十一暮部而此韻不收

落　盧各切

去聲則音路　易林比之旣濟精神銷落形骸醜惡齟齬頓挫枯槁腐蠹　晉庾闡弔賈誼文見下　漢書揚雄傳羽獵賦虎路三嵕晉灼曰路音落

洛　同上　春秋穀梁傳閔元年公及齊侯盟于洛姑一本作路姑

絡

平聲則音盧　楚辭招魂秦篝齊縷鄭綿絡些招具該備永嘯呼些魂兮歸來反故居些

去聲則音路　靈樞經動腧篇夫四末陰陽之會者此氣之大絡也四街者氣之徑路也　易林訟之蠱桑葉螟蠹衣弊如絡女工不成絲布爲玉

託　他各切

去聲則他故反　說文⿱冖託从冂託聲當故切

橐

同上　詩斯干三章約之閣閣椓之橐橐風雨攸除鳥鼠攸去君子攸芋　漢揚雄解嘲見去聲髂字下　左傳哀十二年公會吳于橐皋橐章夜反一音託胡三省通鑑註曰今其地在巢縣界謂之柘皋宋史高宗紀楊沂中劉錡

等大敗兀朮軍于柘臯　周禮掌染艸註槖蘆槖音託又音妒　說文蠹从䖵槖聲

柝

同上　易林損之姤重門擊柝介士守護終有他道雖驚不懼

作

則落切

上聲則將五反　漢鼓吹曲將進酒篇見白字下　揚雄徐州牧箴帝癸及辛不祗不恪沈湎于酒而忘其東作天命湯武勦絕其緒祚　詩矦作矦祝釋文作本或作詛

去聲則將祚反　詩采薇見上　禮記禮運降於山川之謂興作降於五祀之謂制度此聖人所以藏身之固也　老子見下　尉繚子見去聲闕字下　荀子見去聲構字下　六韜上賢篇故可怒而不怒姦臣乃作可殺而不殺大賊乃發　漢韋玄成自劾詩於赫三事匪俊匪作於蔑

小子終焉其度　易林離之泰奔丞相鐕敗亂諸緒民不得作　後漢書廉范傳蜀郡歌廉叔度來何暮不禁火民安作平生無襦今五袴　風俗通引語曰金不可作世不可度　晉庾闡弔賈誼文見下　齊安東平曲微物雖輕拙手所作餘有三丈爲郎别厝　今此字三收於十一暮三十八箇十九鐸部中　朱子韓文考異曰按廣韻作造也將祚切而荀子肉腐出蟲魚枯生蠹貪利忘身禍裁乃作及廉范五袴之謡皆已爲此音矣然讀如佐者又將祚切之訛而世俗所用从人从故而切爲將祚者又字之俗作也　玉篇廣韻指南曰做字篇韻無此字俗自撰

鐕

倉各切

平聲則音麤　釋名麤鐕也

去聲則音措　詩楚茨見上　楚辭離騷固時俗之工巧兮偭規矩而改鐕背繩墨以追曲兮競周容以爲度　天問九州何鐕川谷何洿東流不溢孰知其故　九章橘頌

人生有命各有所錯兮定心廣志余何畏懼兮　九辯何時俗之工巧兮背繩墨而改錯却騏驥而不乘兮策駑駘而取路當世豈無騏驥兮誠莫之能善御見執轡者非其人兮故踼跳而遠去鳧鴈皆唼夫粱藻兮鳳愈飄翔而高舉　招魂見上聲假字下　易林離之泰見上　魏陳思王七啟緄珮紃繆或彫或錯薰以幽若流芳肆布　莊子錯之牢筴之中錯七故反又如字　史記張儀傳司馬錯索隱曰錯音七各反又七故反　漢書鼂錯晉灼曰音厝置之厝按敘傳故安執節責通請錯蹇蹇帝臣匪躬之故晉潘岳西征賦訊景皇於陽丘奚信讒而矜誅殞吳嗣於局下蓋發怒於一博成七國之稱亂翻助逆以誅錯恨過聽而無討茲沮善而勸惡則去入二聲皆可通　亦作措史記燕世家內措齊晉索隱曰措交錯也又作錯劉氏云爭錯也

厝

同上　考工記梓人則必如將廢措故書措作厝音錯七各反又七故反　今此二字兩收於十一暮十九鐸部中

各　古落切

去聲則音故　說文路輅賂皆以各得聲

閣　同上　詩斯干見上

恪　苦各切

去聲則苦故反　漢揚雄徐州牧箴見上

咢　五閣切

上聲則音午　漢書律歷志咢布於午
去聲則五故反　詩行葦見臄字下　張弨曰說文正作
咢因古文作咢隸書遂譌爲咢又俗加作諤咢蕚古文又
作𠲿隸譌爲噩太歲在酉曰作噩今俗分爲二字

愕

去聲同上　亦作愕後漢書寒朗傳錯愕不能對錯音七
故反愕音五故反　新序靈公寤然失位寤即愕字

鄂

同上　史記魏其武安傳武安鄂謝曰徐廣曰一作愕

蘁

上聲則音午　禮記月令疏引律歷志蘁布於午則午蘁
也　亦作蘁莊子使人乃以心服而不敢蘁立蘁音悟又

五各反廣韻不收此字　張弨曰蕚爲咢之俗加艸蘁又蕚之别出卽一字也

遻

去聲則五故反　今十一暮部中有此字作遻　漢班固幽通賦曰乘高而遻神兮師古曰遻音五故反又音五各反　後漢崔篆慰志賦美伊傅之遻時遻音五故反　爾雅釋詁遇遻也遻音悟　又作遻莊子遻物而不慴遻音悟郭音愕　張弨曰說文正作遻相遇驚也俗改作愕凡俗字當系正文之後卽可明辯廣韻各出紛亂亟當釐正

⿰韋尃

匹各切

膊

上聲則音甫　說文⿰韋尃从韋尃聲

同上　說文膊从肉尃聲

搏

上聲同上　史記李斯傳彈箏搏髀戰國策作拊髀　馮唐傳說而搏髀漢書作拊髀　說文搏从手尃聲　釋名搏拊也以韋盛糠形如鼓以手附拍之也又曰脯搏也乾燥相搏著也

去聲則音傅　老子毒蟲不螫猛獸不據攫鳥不搏骨弱筋柔而握固未知牝牡之合而朘作精之至也終日號而嗌不嗄和之至也螫音赦作音則故反嗄音戶　史記天官書騎氣卑而布卒氣搏前卑而後高者疾前方而高後兌而卑者卻　淮南子說山訓見鷇字下　又見上　說苑見攫字下　漢王延壽魯靈光殿賦見去聲湊字下　詩吉日搏獸于敖搏音博又音傅　駟驖箋達其搏噬搏音博舊音付　七月箋往搏貉以自爲裘搏音博舊音付

篤公劉箋搏豕于牢搏音博沈音傳　周禮環人搏諜
賊搏音博又房布反劉音付　獸人註以罔搏所當田之
獸劉音付　射人註貍善搏者也劉音付　穴氏註穴搏
蟄獸所藏者劉音付　士師註謂司搏盜賊也劉音付
司隸帥其民而搏盜賊劉音付　禮記月令註鳩搏穀也
正義爾雅釋鳥云鳴鳩鶻鵃郭景純云今之布穀也彼云
布此云搏者布搏聲相近謂之搏穀以聲呼之或以爲此
鳥鳴布種其穀云　公羊傳桓四年註故因以捕禽獸捕
本又作搏音博又音付　莊子捕鼠不如狸狌本又作搏
徐音付　螳蜋執翳而搏之郭音博徐音付　史記楚世
家復搏其士卒以與王遇索隱曰搏音膊亦有作附讀
文選張衡東京賦嬴氏搏翼薛綜註搏與附同　今此字
兩收於十遇十九鐸部中

惡　烏各切

去聲則烏路反　詩雨無正見夜字下　楚辭離騷理弱而媒拙兮恐導言之不固世溷濁而嫉賢兮好蔽美而稱惡閨中既邃遠兮哲王又不寤懷朕情而不發兮余焉能忍與此終古　何所獨無芳艸兮爾何懷乎故宇世幽昧以眩曜兮孰云察余之善惡　漢書趙王友歌我妃既妬兮誣我以惡讒女亂國兮上曾不寤　易林比之既濟見上　晉木華海賦決帆摧橦戕風起惡廓如靈變惚怳幽暮氣似天霄靉靆雲布霧昱絕電百色妖露呵欻掩鬱矆睒無度　宋謝靈運之郡初發都詩李牧愧長袖郤克慙躧步良時　不見遺醜狀不成惡曰余亦支離依方早有慕

先儒謂一字兩聲各有意義如惡字爲愛惡之惡則去聲爲美惡之惡則入聲顏氏家訓言此音始於葛洪徐邈乃自晉宋以下同然一辭莫有非之者今考惡字如上七見皆美惡之惡而讀去聲若漢劉歆遂初賦何叔子之好直兮爲羣邪之所惡賴祁子之一言兮幾不免乎徂落魏丁儀厲志賦嗟世俗之參差兮將未審乎好惡咸隨情而

與議兮固眞僞以紛錯文苑英華梁人無名氏七召篇若五秀禀其生靈六情通其愛惡憎其集於鄙老嗜同歸於美樂今足下羣鳥獸以爲娛處貧賤而不怍欲賓實於孤介乃貽譏乎隕穫唐王建傷韋令孔雀詞如今憔悴人見惡萬里更求新孔雀熱眠雨水飢拾蟲翠尾蟠泥金彩落則愛惡之惡而讀入聲乃知去入之别不過發言輕重之間而非有此疆爾界之分也詳見音論下卷　易繫辭上傳言天下之至賾而不可惡也下傳是故愛惡相攻而吉凶生鄭玄竝音烏落反　穀梁傳僖十七年君子惡惡疾其始音惡惡竝如字又烏路反　左傳成十六年其二卿相惡惡如字又烏路反　襄十一年同好惡惡如字又烏路反　二十八年周楚惡之惡如字又烏路反　昭元年君子是以惡之惡如字又烏路反　七年魯衛惡之惡如字或去聲註云受其凶惡　十三年同惡相求惡如字又烏路反　十五年好惡不愆惡烏路反或如字　二十八年惡直醜正惡如字又烏路反　定元年从又惡之以自

信也惡如字又烏路反　哀八年不以所惡廢鄉惡烏路反又如字　今此字三收於十一模十一暮十九鐸部中

堊

同上　漢司馬相如子虛賦其土則丹青赭堊雌黃白坿　周禮守祧其祧則守祧黝堊之堊烏路反或烏落反　巾車註素車以白土堊車也堊烏路反又烏落反　考工記匠人註以蜃灰堊牆堊烏路反又烏落反　禮記喪大記既祥黝堊堊烏路反又烏各反　穀梁傳莊二十三年天子諸侯黝堊堊音烏路反又烏各反　爾雅釋宮牆謂之堊堊音於故反　說文堊从土亞聲

蝁

同上　說文蝁从虫亞聲

亳　傍各切

平聲則音蒲　春秋哀四年亳社災公羊作蒲社　書序公薨成王葬于畢告周公作亳姑傳周公徙奄君于亳姑前作蒲姑

簿

上聲則步古反　禮記月令註定其租稅之簿音步古反徐音步各反　今此字兩收於十姥十九鐸部中

踄

去聲則音步　按玉篇此字有蒲故蒲各二切今廣韻十一暮部失收

薄

平聲則音蒲　書序成王既踐奄將遷其君於蒲姑史記作薄姑左傳亦作蒲姑氏

去聲則匍故反　管子內業篇必寬必舒必堅必固守善勿舍逐淫澤薄　思之而不捨內困外薄不蚤爲圖生將巽舍　亢倉子見逆字下　逸周書大武解一有天無惡二有人無郄三同好相固四同惡相助五遠宅不薄郄許故反　素問生氣通天論是故暮而收拒無擾筋骨無見霧露反此三時形乃困薄　淮南子氾論訓見角字下　鹽鐵論見去聲詐字下　說文薄从艸溥聲

壑　呵各切

上聲則呵古反　淮南子說林訓寅丘無壑泉源不溥尋常之谿灌千頃之澤澤徂古反

去聲則呵故反　晉庾闡弔賈誼文是以張高弦悲聲激柱落清唱未和而桑濮代作雖有惠音莫過韶濩雖有騰

鱗終什一變

索

蘇各切

平聲則音疏　釋名疏索也獲索相遠也　淮南子註摸蘇猶摸索

上聲則蘇五反　管子內業篇卒乎其如可與索眇眇乎其如窮無所　漢鼓吹曲將進酒篇見白字下

去聲則音素　楚辭離騷衆皆競進以貪婪兮憑不厭乎求索羌內恕己以量人兮各興心而嫉妒　說苑家語並見隙字下　太玄經玄攡一晝一夜陰陽分索夜音豫　玄柷上索下索遵天之度　玄告小索大索周行九度　解嘲見去聲谿字下　禮記郊特牲蜡之爲言索也　中庸索隱行怪作素隱　釋名八索索素也著素王之法書序八卦之說謂之八索徐邈讀　按離騷一篇之中兩言求索而前韻妒後韻迫可見去入之變與時推移而無一

定卽四聲之周流而互用亦從此知之矣末學拘儒自生畛域不亦昧乎

涸　下各切

去聲則下故反　管子形勢篇失天之度雖滿必涸　侈靡篇湥鬻之毋涸不儀之毋助　心術篇泉之不涸四支堅固能令用之被服四固　心術下篇泉之不涸四支堅固內業篇同　漢東方朔七諫怨靈修之浩蕩兮夫何執操之不固悲太山之爲隍兮孰江河之可涸　說文涸从水固聲　史記封禪書秋涸凍索隱曰案字林涸竭也音下各反小顔云涸讀與沍同沍凝也音下故反　按此所引小顔之云出於漢書五行志金鐵冰滯涸堅之註然涸凍涸堅之涸佀當从仌作凅後人傳寫訛爾與涸竭之涸義異　劉歆遂初賦薄涸凍之凝滯兮亦當作凅

垎

去聲則音路　漢書婁敬傳敬脫輓輅蘇林曰輅音凍㖼之㖼

昨

在各切

去聲則音祚　說文昨从日乍聲

酢

平聲則音作　儀禮士冠禮註作猶酢也東階所以答酢賓客也

去聲則音祚　詩楚茨見上　行葦見臄字下　古人酢醋二字多互用儀禮士虞禮特牲饋食禮少牢饋食禮有司徹酢字皆作醋易繫辭可與酬酢京房作醋禮記內則雜記下註酢截表記註淡無酸酢少味也急就篇蕪荑鹽豉醯酢醬並是醋字說文酢醶也从酉乍聲倉故切臣鉉等曰今俗讀在各切醋客酌主人也从酉昔聲在各切臣

鉉等曰今俗讀倉故切葢由莋音與倉故相近而誤

怍

去聲同上　莊子讓王篇審自得者失之而不懼行修於內者無位而不怍怍音在故反　鹽鐵論見去聲詐字下

笮

同上　史記大宛傳其北方閉氏笮索隱曰韋昭云笮音胙

飵

同上　說文飵从食乍聲　今此字兩收於十一暮十九鐸部中

柞

同上　說文柞从木乍聲

秨

同上　今此字兩收於十一暮十九鐸部中

博

補各切

上聲則音補　漢鼓吹曲將進酒篇見白字下

去聲則音布　石鼓詩徒馭孔庶廓騎宣博　詩戎車孔

博箋博當作傅

鎛

同上　說文鎛从金尃聲

髆　同上　說文髆从骨尃聲

鞲　同上　說文鞲从革尃聲

嚩　同上　說文嚩从口尃聲

溥　上聲則音普　今此字兩收於十姥十九鐸部中

霍 虛郭切

去聲則虛故反　白虎通南方霍山者霍之爲言護也太陽用事護　萬物也

古博切

郭 上聲則音鼓　風俗通鼓者郭也萬物郭皮甲而出故謂之鼓　說文同　釋名鼓郭也

去聲則音故　太玄經居陽方𧿒膚赫赫爲物城郭物咸得度

椁 同上　易繫辭傳古之葬者厚衣之以薪葬之中野不封不樹喪期无數後世聖人易之以棺椁　史記滑稽傳鄙玉爲棺文梓爲椁楩楓豫章爲題湊發甲卒爲穿壙老弱負土齊趙陪位於前韓魏翼衞其後湊倉故反　亦作槨

漢書楊王孫傳裹以幣帛鬲以棺槨支體絡束口含玉石欲化不得鬱爲枯腊千載之後棺槨朽腐迺得歸土就其眞宅繇是言之馬用久客此書通腐土爲韻

臒　烏郭切

去聲則烏故反　宋顏延之赭白馬賦惟帝惟祖爰游爰豫飛輶軒以戒道環轂騎而清路勒五營使按部聲八鑾以節步具服金組兼飾丹臒寶鉸星纏鏤章霞布　郭璞山海經註臒黝屬音瓠

穫　胡郭切

去聲則音護　詩六月四章玁狁匪茹整居焦穫　易林未濟之暌玁狁非度治兵焦穫侵鎬及方與周爭彊元戎其駕以安我王

鑊　同上　魏陳思王離繳鴈賦甘充君之下廚膏函牛之鼎
鑊蒙生全之顧覆何恩施之隆溥

欆　見去聲四十禡韻

擭　同上　書費誓杜乃擭音華化反張參五經文字音寒步
烏郭二反按華化乃漢以下之音當作寒步反　今此字
三收於十一暮十九鐸二十陌部中

濩

同上　今此字三收於十一暮十九鐸二十陌部中

按莊子瓠落無所容註瓠戶郭反河漢坘註坘戶各反是瓠坘並有入音可證去入之通用也

廓　苦郭切

去聲則苦故反　漢馬融廣成頌於是營圍恢廓充斥川谷罦罝羅羉彌綸阬澤谷音裕澤徂故反

以上字轉去聲則當入御遇暮韻　凡从睪从度从莫从各从毛从斥从石从乍从若从白从尃从蒦从郭之屬皆入此

樂　盧各切　當作盧熇

平聲則音勞　廣韻博字下註引伯樂相馬作博勞

去聲則盧到反　詩關雎三章參差荇菜左右芼之窈窕

淑女鐘鼓樂之　正月見虐字下　隰桑見沃字下　抑見虐字下　韓奕五章蹶父孔武靡國不到爲韓姞相攸莫如韓樂　楚辭遠游欲度世以忘歸兮意恣睢以担撟内欣欣而自美兮聊媮娛以自樂　九辯何時俗之工巧兮滅規榘而改鑿獨耿介而不隨兮願慕先聖之遺教處濁世而顯榮兮非余心之所樂與其無義而有名兮寧窮處而守高　漢東方朔七諫願無過之設行兮雖滅沒之自樂痛楚國之流亡兮哀靈修之過到　新序見沃字下　太玄經樂陽始出奥舒疊得以和淖物咸喜樂　馮衍顯志賦游精神於大宅兮抗玄妙之常操處清靜以養志兮實吾心之所樂　晉潘岳西征賦收罟課獲引繳舉效鰥夫有室愁民以樂　陶潛祭程氏妹文咨爾令妹有德有操靖恭鮮言聞善則樂

療

去聲則音料　詩可以樂飢鄭本作𤻲音力召反說文𤻲治也或从尞作療　今此字兩收於三十五笑十九鐸部中

嗃

呵各切　當作呵鶴

平聲則音蒿　莊子則陽篇猶有嗃也音許交反玉篇呼落反又呼教反　文選馬融長笛賦錚鐄警嗃五臣音呼交切　說文嗃从口高聲　今此字三收於五肴三十六效十九鐸部中

鄗

去聲則音昊　左傳宣十二年晉師在敖鄗之間音苦交反　哀四年取邢任欒鄗鄗呼落反韋昭音呼告反　史記燕世家栗腹將而攻鄗索隱曰鄗氏音火角反一音昊　公羊傳桓十五年公會齊侯于鄗穀梁作蒿　左傳取

王官及郊史記秦紀作及鄗　說文鄗从邑高聲　今此字三收於五肴三十二晧十九鐸部中

鰝

同上　說文鰝从魚高聲　今此字兩收於三十二晧十九鐸部中

鶴

下各切　當作下熇

去聲則下告反　孟子引詩白鳥鶴鶴與濯沼躍爲韻朱震易傳解中孚鳴鶴在陰曰訟離爲飛鳥變震爲鶴說卦震爲鵠鵠古鶴字也穆天子傳列子皆以鵠爲鶴楚辭招魂鵠酸臇鳧一作鶴文選孔稚珪北山移文蕙帳空兮夜鶴怨李善本作鵠按鵠鶴古字通用鵠轉去聲亦音下告反也　晉嵇康琴賦下逮謠俗蔡氏五曲王昭楚妃千里別鶴宋鮑照紹古辭訪言山海路千里歌別鶴弦絕空咨嗟形音誰賞錄竝是鵠字其與曲錄爲韻則魏晉以下

音之誤　楊慎曰莊子鵠不日浴而白疏云鵠古鶴字武昌江畔有黃鵠磯江上有黃鶴樓同一物也　越鷄不能伏鵠卵鵠本亦作鶴　毛萇曰鵠卽是鶴音之轉後人以鵠名頗著謂鶴之外別有所謂鵠故埤雅旣釋鶴又釋鵠漢昭帝時黃鵠下建章宮太液池而歌則名黃鶴神異經鶴國有海鵠衛懿公好鶴齊王使獻鵠於楚如楚辭黃鶴一舉及田饒說魯哀公言黃鵠或爲鶴或爲鵠者甚多以此知鶴之外別無所謂鵠也

在各切　當作在熇

鑿

平聲則音漕　水經注桓玄有問鼎之志乃漕一洲以充百數漕卽鑿字

去聲則在到反　詩揚之水首章揚之水白石鑿鑿素衣朱襮從子于沃旣見君子云何不樂　楚辭九辯見上

考工記輪人量其鑿深以爲輻廣鑿音曹報反又在落反

莊子仁義之不爲桎梏鑿枘也鑿在落反又在報反

穴鑿相壞鑿在報反　漢書劉向傳羊入其鑿師古曰鑿音在到反

以上字轉去聲則入嘯笑效号韻　凡从樂从高从毃从暴之屬皆入此

彍

古博切

去聲則古浪反　說文彍从弓黃聲　當改入宕韻

二十陌

陌

莫白切

古音莫各反　史記龜策傳天出五色以辨白黑地生五穀以知善惡人民莫知辨也與禽獸相若谷居而穴處不知田作天下禍亂陰陽相錯悤悤疾疾通而不相擇妖孽數見傳爲單薄聖人別其生使無相獲禽獸有牝牡置之

山原島有峗雄布之林澤有介之蟲置之谿谷收牧人民爲之城郭内經闠術外爲阡陌夫妻男女賦之田宅列其室屋爲之圖籍别其名數立官置吏勸以爵禄衣以桑麻養以五穀　漢王褒僮約讀券文徧訖詞窮咋索佐佐叩頭兩手自搏目淚下落鼻涕長一尺當如王大夫言不如早歸黄土陌蚯蚓鑽額早知當爾爲王大夫沽酒不敢作惡　王逸九思覩斯兮僞惑心爲兮隔錯逡巡兮圃藪率彼兮畛陌川谷兮淵淵山阜兮碈碈　魏文帝陌上桑詩棄故鄉離室宅遠從軍旅萬里客披荆棘求阡陌側足獨窘步路局笮虎豹嘷動雞驚禽失羣鳴相索登南山奈何蹈盤石樹木叢生鬱差錯寢蒿艸蔭松柏涕泣雨面霑枕席伴旅單稍稍日零落惆悵竊自憐相痛惜　華陽國志童謠有客有客來侵門陌其氣欲索　魏書賓李雄傳同

晉李顒雷賦若乃駭氣奔激震響交撲濆淪隱轔崩騰磊落來無轍跡去無阡陌君子恐懼而修省聖人因象以制作

貊

古音同上　詩韓奕六章王錫韓侯其追其貊奄受北國因以其伯實墉實壑實畝實籍　閟宮七章保有鳧繹遂荒徐宅至于海邦淮夷蠻貊及彼南夷莫不率從莫敢不諾魯侯是若　漢杜篤論都賦搉驅氏僰寥狼邛莋東攡烏桓蹂轔濊貊　晉荀勗正旦大會行禮歌明明天子臨下有赫四表宅心惠洽荒貊柔遠能邇孔淑不逆來格祁祁邦家是若　傅玄詩彎我蘩弱弓弄我丈八矟一舉覆三軍再舉殄戎貊　張協七命若乃華裔之夷流荒之貊語不傳於輶軒地未被乎正朔莫不駿奔稽顙委質重譯

韻補貊末各切詩皇矣貊其德音左傳禮記皆作莫

荀子莫莫然註莫讀爲貊

貘

古音同上　說文貘从豸莫聲

嗼

古音同上　說文嗼从口莫聲　今此字兩收於十九鐸二十陌部中

貉

古音戶各反　說文貉从豸各聲　今此字兩收於十九鐸二十陌部中　去聲則音禡　周禮肆師祭表貉則爲位甸祝掌四時之田表貉之祝號並音莫駕反註引詩是類是禡大司馬有司表貉鄭司農云貉讀爲禡書亦或爲禡　爾雅釋天是類是禡疏禡周禮作貉貉又或爲貊字古今之異也

白

傍伯切

古音菊各反　詩裳裳者華三章裳裳者華或黃或白我
覯之子乘其四駱乘其四駱六轡沃若　楚辭招魂箟蔽
象棊有六簙些分曹並進遒相迫些成梟而牟呼五白些
史記屈原傳安能以皓皓之白而蒙世俗之溫蠖乎
漢東方朔七諫悲楚人之和氏兮獻寶玉以為石遇厲武
之不察兮羌兩足以畢斮小人之居勢兮視忠正之何若
改前聖之法度兮喜囁嚅而妄作親讒諛而疏賢聖兮訟
謂閭娵為醜惡愉近習而蔽遠兮孰知察其黑白卒不得
效其心容兮安眇眇而無所歸薄　苔容難見下　淮南
子齊俗訓夫玉璞不厭厚角觡不厭薄漆不厭黑粉不厭
白　易林解之剝申酉遝跌陰雨前作柯條花枝復泥不
白　困之同人見下　之革申酉敗時陰隱萌作荷葭載
牧泥塗不白　王褒僮約奴老力索種莞織席事訖欲休
當舂一石夜半無事浣衣當白若有私斂主給賓客奴不
得有姦私事事當關白奴不聽教當笞一百　列女傳曹
僖氏妻頌僖氏之妻廉智孔白見晉公子知其興作使夫

饋飧且以自託文伐曹國卒獨見釋　揚雄解嘲意者玄
得無尚白乎何爲官之拓落也　子徒笑我玄之尚白吾
亦笑子病甚不遇俞跗與扁鵲也　王逸九思含憂強老
兮愁無樂鬚髮蔓顇兮顠鬢白思雲澤兮一膏沐懷蘭英
兮把瓊若　黄庭經顔色生光金玉澤齒堅髮黑不知白
存此眞神勿落莫當憶此宮有坐席衆神合會轉相索
顔色潤澤不復白下於龍喉何落落諸神皆會相求索
晉左思吳都賦其鄰則有任俠之靡輕訬之客締交翩翩
儐從奕奕出躡珠履動以千百里讌巷飲飛觴舉白翹關
扛鼎拚射壺博鄱陽暴謔中酒而作　魏都賦墨井鹽池
玄滋素液厥田惟中厥壤惟白原隰畇畇墳衍斥斥或嵬
罍而複陸或黋朗而拓落乾坤交泰而絪縕嘉祥徵顯而
豫作是以兆朕振古萌柢疇昔藏氣讖緯閟象竹帛迥時
世而淵默應期運而光赫暨聖武之龍飛肇受命而光宅
張協七命見踈字下　梁沈約郊居賦其魚則赤鯉青
魴纖鯈巨鱯碧鱗朱尾修顱偃雒小則戲渚成文大則噴

流揚白

上聲則旁五反　漢鼓吹曲將進酒乘太白辨佳哉詩審博放故歌心所作同陰氣詩悉索使禹良工觀者若白博作索四字竝與若爲韻

帛

古音同上　禮記禮運見朔字下　與其越席疏布以冪衣其澣帛醴醆以獻薦其燔炙君與夫人交獻以嘉魂魄是謂合莫　漢枚乘七發於是榛林深澤煙雲闇莫兕虎竝作毅武孔猛袒裼身薄白刃磑磑矛戟交錯收獲掌功賞賜金帛掩蘋肆若爲牧人席旨酒嘉肴羞炰膾炙以御賓客　東方朔荅客難著於竹帛脣腐齒落服膺而不釋好學樂道之效明白甚矣　易林遯之大畜老蠶不作家蠶織帛貴貨賤身久留連客　後漢書西南夷傳遠夷懷德歌高山岐峻緣崖磻石木薄發家百宿到洛父子同賜懷抱匹帛　上篇易註故賁于束帛丘園乃落賁于丘園

帛乃戔戔　華陽國志符有先絡婪成張帛　晉左思魏都賦見上　左貴嬪武元楊皇后誄作觀列圖俯覽篇籍顧問女史咨詢竹帛思媚皇姑虔恭朝夕允釐中饋執事有恪

上聲則旁五反　漢書楊王孫傳見梓字下

伯　博白切

古音博　詩蘀兮首章蘀兮蘀兮風其吹女叔兮伯兮倡予和女蘀與伯爲韻二章同　韓奕見上　漢揚雄宗正箴欽親九族經哲宗伯禮有攸訓屬有攸籍各有育子世以不鐕　晉郭璞山海經冰夷贊稟華之精錬食八石乘龍隱淪往來海若是謂水仙號曰河伯　陳第曰伯音博

禮記伯勞或作博

上聲則音補　詩載芟侯主侯伯侯亞侯旅

去聲則音霸霸博故反　左傳成二年五伯之霸也正義

鄭玄云天子衰諸侯興故曰霸霸把也言把持王者之政教故其字或作伯或作霸也　漢書律歷志共工氏伯九域地理志穆公稱伯師古竝曰伯讀曰霸　釋名伯父伯把也把持家政也又曰罵伯也以惡言被伯之也　宋司馬光曰合天下而君之之謂王王者必立三公二公分天下而治之曰二伯一公處乎內皆王官也周衰二伯之職廢齊桓晉文糾合諸侯以尊天子天子因命之爲侯伯修舊職也伯之語轉而爲霸霸之名自是興

柏

古音同上　詩閟宮九章徂來之松新甫之柏是斷是度是尋是尺松桷有舄路寢孔碩新廟奕奕奚斯所作孔曼且碩萬民是若　楚辭九歌山鬼山中人兮芳杜若飲石泉兮蔭松柏君思我兮然疑作　易林需之坤溫山松柏常茂不落鸞凰所庇得其歡樂　蹇之訟土瘠瘦薄培塿無柏使我不樂　古詩青青陵上柏磊磊磵中石人生天

地間忽如遠行客斗酒相娛樂聊厚不為薄驅車策駑馬游戲宛與洛洛中何鬱鬱冠蓋自相索長衢羅夾巷王侯多第宅兩宮遥相望雙闕百餘尺極宴娛心意戚戚何所迫　魏文帝陌上桑見上　晉何劭游仙詩青青陵上松亭亭高山柏光色冬夏茂根柢無凋落吉士懷貞心悟物思遠託揚志玄雲際流目矚巖石

百

古音同上　莊子秋水篇野語有之曰聞道百以為莫已若者我之謂也　素問標本病傳論少而多淺而博可以言一而知百也　三略利一害百民去城郭　漢書季布傳得黃金百不如得季布諾　鄒陽傳臣聞鷙鳥累百不如一鶚　王褒僮約見上　易林蟁虻生江淮一轉為百周流四漫無有難惡井之升營城洛邑周公所作世建三十年歷八百福佑豐實堅固不落　蔡邕獨斷蜡祝辭土反其宅水歸其壑昆蟲毋作豐年若土歲取千百　晉

左思吳都賦見上　梁黃淡思歌辭歸歸黃淡百逐郎何處索

去聲則博故反　漢王延壽夢賦齊桓夢物而以霸兮武丁夜感得賢佐兮周夢九齡年克百兮此時魚虞模韻字已轉入歌韻故以佐字同用然亦以見百字之可轉爲霸也　呂氏春秋務光負石而沈於募水註募水名也音千佰之佰

迫

古音同上　楚辭離騷吾令羲和弭節兮望崦嵫而勿迫路曼曼其修遠兮吾將上下而求索　招魂見上　崔瑗艸書勢艸書之法蓋又簡略應時諭指用於卒迫　古詩青青陵上柏見上　白虎通亾與昌正相迫故謂之鎛也　釋名薄迫也單薄相逼迫也又曰膊迫也薄椓肉迫著物使燥也

去聲則音霸　白虎通霸猶迫也把也迫脅諸侯把持其政

劇　奇逆切

古音奇各反

上聲則音巨　說文劇从刀豦聲　釋名劇巨也事功巨也

戟　几劇切

古音几各反　詩秦無衣三章豈曰無衣與子同澤王于興師修我矛戟與子偕作　易林益之蹇入戶自若不見予戟　說苑談叢篇言人之惡痛於矛戟　太玄經玄棿比札爲甲冠矜爲戟被甲何戟以威不恪　漢黃香九宮賦蚩尤之倫服玢璘而要斑爛垂金干而揵雄戟操巨聲之礮弩齊佩機而鳴廓

山戟切

溹　古音蘇各反　今此字三收於十九鐸二十陌二十一麥部中

側格切

迮　古音作　今此字兩收於十九鐸二十陌部中

去聲則音揩　史記梁孝王世家李太后與爭門措指索隱曰措音迮漢書文三王傳註晉灼曰許慎云此措置字借以爲窄耳師古曰音壯客反謂爲門扉所窄

窄　古音同上

去聲則側故反　漢衛覬西嶽華山亭碑文散齋華亭齋室逼窄郡縣官屬法齋無處尊卑錯綜精誠不固畏天之威逢斯殃怒時雨不與甘澍不布念存黔首懼闕曠素

笮

古音昨　魏文帝陌上桑見上

去聲則音㪽　漢書王莽傳迫㪽青徐盜賊師古曰㪽讀與笮同　說文笮从竹作聲　今此字二收於四十藥十九鐸二十陌部中

諎

本註亦作唶　古音子豫反　左傳昭十七年註行扈唶唶側百反又子夜反史記信陵君列傳晉鄙嚄唶宿將唶莊白反文選陳思王贈白馬王彪詩咄唶令心悲唶音子夜反今唶字又見四十一禡部中

齚

鋤陌切

古音鋤各反

去聲則音作　說文齚从齒作聲

齰

同上　今此字兩收於四十禡二十陌部中

岝

古音昨　今此字兩收於十九鐸二十陌部中

隙

綺戟切

古音綺略反

去聲則綺路反　商子修權篇故大臣爭於私而不顧其民則下離上下離上者國之隙也秩官之吏隱下以漁百姓此民之蠹也　韓非子亡徵篇木之折也必通蠹牆之壞也必通隙　淮南子兵略訓餌之以所欲以罷其足彼若有間急塡其隙欲足皆去聲　說苑建本篇枯魚銜索

焃何不㶳一覩之壽忽如過隙　家語同

崇

古音同上　說文蟓从虫崇聲音略

綌

古音同上

去聲則綺路反　詩葛覃二章維葉莫莫是刈是濩爲絺爲綌服之無斁

郤

古音同上

郤

古音同上　說文郤从邑谷聲谷其虐切　去聲則綺路反　亦作郄　逸周書見薄字下　呂氏春秋任地篇當時而薄之使其民而郄之

啣

古音同上　今此二字並收於十八藥二十陌部中

額　五陌切

古音五各反　漢王褒僮約見上　釋名額鄂也有垠鄂也故幽州人則謂之鄂也

頟

古音同上　漢郤正釋譏天收其精地縮其澤人弔其躬鬼芟其額初升高岡終隕幽壑朝含榮潤夕爲枯魄　史記建元以來侯者年表龍頟侯韓說劉氏音額崔浩音洛

說文額从頁各聲

詻

古音同上　說文詻从言各聲

逆

宜戟切

古音宜略反　詩泮水七章戎車孔博徒御無斁既克淮夷孔淑不逆式固爾猶淮夷卒獲　易說卦傳雷風相薄水火不相射八卦相錯數往者順知來者逆　管子四稱篇循其祖德辯其順逆推育賢人讒慝不作　逸周書周祝解時之行也順至無逆爲天下者用大略　素問四時刺逆從論病之所生以從爲逆正氣內亂與精相薄　示

從容論夫浮而弦者是腎不足也沈而石者是腎氣內著也怯然少氣者是水道不行形氣消索也欬嗽煩寃者是腎氣之逆也　晉荀勗正旦大會行禮歌見上　陳第曰逆說文从辵屰聲屰月初生也讀如書哉生魄之魄故朔字以此得聲

去聲則宜路反　亢倉子農道篇不知時者未至而逆之旣往而慕之當其時而薄之　釋名逆遌也不從其理則生逆遌不順也　五臣註文選陸機漢高祖功臣頌曲逆曲音區句反逆音遇

屰

古音同上　說文咢从吅屰聲　屰本作𢆉从干下屮屰之也

客

苦格切

古音苦各反　詩白駒二章皎皎白駒食我場藿縶之維之以永今夕所謂伊人於焉嘉客　那見昔字下　易繫辭傳重門擊柝以待暴客　楚辭九章哀郢心嬋媛而傷懷兮眇不知其所蹠順風波以從流兮焉洋洋而爲客淩陽侯之氾濫兮忽翱翔之焉薄心絓結而不解兮思蹇產而不釋　九辯悲憂窮戚兮獨處廓有美一人兮心不繹去鄉離家兮徠遠客超逍遙兮今焉薄　大招易中和心以動作只粉白黛黑施芳澤只長袂拂面善留客只魂乎歸徠以娛昔只　管子勢篇夫靜與作時以爲主人時以爲客　天時不作勿爲客人事不起勿爲始　越語同　弟子職篇少者之事夜寐蚤作既拚盥漱執事有恪攝衣共盥先生乃作沃盥徹盥汎拚正席先生乃坐出入恭敬如見賓客危坐鄉師顏色毋作　若有賓客弟子駿作振衽掃席已食者作摳衣而降旋而鄉席各徹其餽如於賓客　史記滑稽傳男女同席履舄交錯杯盤狼籍堂上燭滅主人留髡而送客羅襦襟解微聞薌澤當此之時髡

心最歡能飲一石　漢枚乘七發見上　王襃僮約見上
易林師之頤重門擊柝備不速客　否之睽野鳥山鵲
來集六博三梟四散主人勝客　遯之大畜見上　困之
同人昭昭略略非忠信客言多反覆以黑爲白　漢書佞
幸傳見石字下　班固弈旨見弈字下　古詩青青陵上
柏見上　魏文帝陌上桑見上　陳思王車已駕行歡坐
玉殿會諸貴客侍者行觴主人離席顧視東西廂絲竹與
鞞鐸不醉無歸來明鐙以繼夕　贈丁儀詩初秋涼氣發
庭樹微銷落凝霜依玉除清風飄虛閣朝雲不歸山霖雨
成川澤黍稷委疇隴農夫安所穫在貴多忘賤爲恩誰能
博狐白足禦冬焉念無衣客思慕延陵子寶劍非所惜子
其寧爾心親交義不薄　應璩詩野田何紛紛城郭何落
落埋冢嫁娶家皆是商旅客甕側食不飽酒肉紛狼籍
晉左思吳都賦見上　華陽國志見上　梅陶怨詩行鼓
枝游畦畛棲釣一丘壑晨悅朝敷榮夕乘南音客晝立薄
游景暮循漢陰隗庇身蔭玉猷罷褰反幻迹　說文客从

入各聲　陳第曰客音恪周封虞夏商三代之後爲三恪恪者客也左傳宋殷後也於周爲客　張弨曰恪說文本作愙漢隸碑作恪亦以客得聲明夫正字斯知古音矣

上聲則空五反　漢書揚王孫傳見樽字下

去聲則音庫　詩楚茨見度字下　太玄經董次六大開帷幕以引方客

啞

烏格切

古音烏各反

去聲則烏故反　說文啞从口亞聲　今此字三見於三十五馬二十陌二十一麥部中

坼

丑格切

古音丑各反　亦作坼　易解彖傳天地解而雷雨作雷雨作而百果草木皆甲坼　史記魯仲連傳天崩地坼天子

下席東藩之臣因齊後至則斮　戰國策同

趚

古音同上

去聲則丑故反　今四十禡部有此字作䟄玉篇䟄尺夜丑格二切

拍

普伯切

古音普各反　周禮醢人豚拍魚醢鄭大夫杜子春皆以拍爲膊　釋名拍搏也以手搏其上也

魄

古音同上　禮記禮運見上　參同契陽神日魂陰神月魄魂之與魄互爲室宅性主處內立置鄞鄂情主營外築

垣城郭　漢郤正釋譏見上　晉左思蜀都賦遠則岷山之精上爲井絡天帝運期而會昌景福肸蠁而興作碧出萇弘之血鳥生杜宇之魄妄變化而非常羌見偉於疇昔　郭璞江賦爾乃域之以盤巖豁之以洞壑疏之以沲汜鼓之以朝夕川流之所歸湊雲霧之所蒸液珍怪之所化產瑰奇之所窟宅納隱淪之列眞挺異人乎精魄播靈潤於千里越岱宗之觸石　梅陶怨詩行見上　禮記內則去其皽註皮肉之上魄莫魄普各反　莊子古人之糟魄已夫魄普各反　玉篇魄普格普各二切

去聲則音霸　漢書律歷志引書武成篇曰惟一月壬辰旁死霸粵若來三月既死霸曰惟四月既旁生霸顧命篇曰惟四月哉生霸師古曰霸古魄字同說文引此亦作霸集古錄載商雒鼎銘曰惟十有四月既死霸金石錄載丼伯敦銘曰惟六月既生霸考古圖載牧敦銘曰三月既生霸紹興古器評載周伯吉父匜盤銘曰惟五年三月既死霸庚寅周公命鼎銘曰公命既死霸　元周伯琦曰說

文霸匹陌切月始生霸霸然也从月䨣聲今俗以爲王霸字而月霸乃用魄字非本義王霸只當借用伯字而月魄當用霸字其義始正

怕

古音同上

去聲則音帕　今此字兩收於四十禡二十陌部中

赫

呼格切

古音呼各反　詩皇矣首章皇矣上帝臨下有赫監觀四方求民之莫維彼二國其政不獲維此四國爰究爰度上帝耆之憎其式廓乃眷西顧此維與宅　桑柔十四章嗟爾朋友予豈不知而作如彼飛蟲時亦弋獲既之陰女反予來赫　逸周書太子晉解穆穆虞舜明明赫赫立義治律萬物皆作　魏劉楨魯都賦樊窾猛容舉父猴玃戰鬭

陵岡瞋怒奮赫　晉荀勗正旦大會行禮歌見上　左思魏都賦見上　韻補赫虩各切淮南子汗𡍬穽陷之中高誘云𡍬讀如赫赫明明之赫

去聲則許故反　詩反予來赫箋云女反赫我音義毛許白反鄭許嫁反莊子云以梁國嚇我是也

嚇

古音同上

去聲則許故反　莊子秋水篇鵷鶵過之仰而視之曰嚇註一本作呼許嫁反嫁音故正作呼音　今此字兩收於四十禡二十陌部中

垎

胡格切

古音胡各反　說文垎从土各聲

格

古伯切

古音各　淮南子詮言訓强勝不若己者至於與同則格柔勝出於己者其力不可度　文子同　兵略訓見角字下　易林比之豐見愘字下　兌之隨任刀隨身如蜎見鶚偃視怒腸不敢距格　漢揚雄徐州牧箴帝癸及辛不祗不格沈湎于酒而忘其東作　崔寔諫議大夫箴煦煦胥讒人譎乃作不顧厥愆是討是格庶類不堪流之彘宅　漢堂邑令費鳳碑文政化口行從善遷惡三朞致道有恥且格　晉楊泉五湖賦右有平原廣澤蔓延蒟薄原隰陂阪各有條格茹蘆葵蘸隱軫香鬱衝風之所去零雨之所薄　左思吴都賦顛覆巢居剖破窟宅仰攀鵕鶲俯蹴豺獏封剸熊羆之室剽掠虎豹之落猩猩啼而就擒𤢇𤢇笑而被格屠巴蛇出象骼斬鵰翼掩廣澤　李興表諸葛公閭文省爾之隱卜惟此宅仁智所處能無規廓日居月諸時隕其夕誰能不殁貴有遺格　說文格从木各聲

韻補格剛學切古鐘鼎篆文皆作各　今按考古圖載戠敔銘王格于太室牧敔銘格太室郃敔銘王格于宣榭博古圖載周毛父敔銘王格于太室格字竝作各　陳第曰韓非子嚴家無格虜亦此音詩斯干約之閣閣周禮註作約之格格是也　史記平準書廢格沮誹窮治之獄用矣索隱曰格音閣梁孝王世家竇太后義格蘇林音閣淮南王傳廢格明詔索隱曰格音各酷吏傳廢格沮事索隱曰格音閣漢書吾丘壽王傳善格五孟康曰格音各行伍相各故言各

又音戶各反　禮記學記扞格而不勝註讀如凍洛之洛

史記天官書格澤星索隱曰格音胡客反　今此字兩收於十九鐸二十陌部中

上聲則音古　儀禮士冠禮孝友時格註今文格爲嘏

去聲則音故　詩楚茨抑竝見度字下

茖

古音同上　說文落从艸各聲

骼

古音同上　晉左思吳都賦見上　儀禮特牲饋食禮舉骼及獸魚如初骼音格又音各　少牢饋食禮肩臂臑膊骼骼音格又音各　左傳襄二十四年晉侯使張骼輔躒致楚師骼庚百反一音各　說文骼从骨各聲　又作胳　儀禮鄉飲酒禮介俎脊脅胳肺註今文胳作骼胳音格又音各　士虞禮舉胳祭如初胳音格一音各今此字在十九鐸部　亦作髂　漢揚雄解嘲折脅拉髂免於徽索翕肩蹈背扶服入橐

鴼

古音同上　今此字兩收於十九鐸二十陌部中

觡　古音同上　說文觡从角各聲

鉻　古音同上　說文鉻从金各聲

挌　古音同上　說文挌从手各聲

鮥　今廣韻十九鐸部中有鮥字音落註云又五格切

宅　瑒伯切
古音鐸　詩鴻鴈二章鴻鴈于飛集于中澤之子于垣百
堵皆作雖則劬勞其究安宅　皇矣閟宮竝見上　禮記
郊特牲土反其宅水歸其壑昆蟲毋作草木歸其澤　史
記龜策傳見上　易林屯之豫見席字下　小畜之中孚
魅爲蓄虐風吹雲却欲止不得反歸其宅　咸之蒙國馬
生角陰孽萌作變易常服君失于宅　漢揚雄兖州牧箴
成湯五徙卒都于亳盤庚北渡牧野是宅　元后誄承天
祇家允恭虔恪豐阜庶卉旅力不射恤民于畱不皇說作
別計十邑國之是度還奉于此以處貧薄罷苑置縣築里
作宅　解嘲惟寂惟寞守德之宅　班固十八侯銘赫赫
將軍受兵黃石規圖勝負不出帷幄令惠瞻仰安全正朔
國師是封炎營舊宅　馬融長笛賦長萬輟逆謀渠彌不
復惡蒯聵能退敵不占成節鄂王公保其位隱處安林薄
宅夫樂其業士于世其宅　崔寔諫議大夫箴見上　參

同契見上　魏文帝陌上桑見上　王粲硯銘墨運翰染
榮辱是若念兹在兹惟玄是宅　晉左思吳都賦見上
魏都賦見上　詠史詩主父宦不達骨肉還相薄買臣困
樵采伉儷不安宅陳平無產業歸來翳負郭長卿還成都
壁立何寥廓四賢豈不偉遺烈光篇籍當其未遇時憂在
塡溝壑英雄有迍邅由來自古昔何世無奇才遺之在艸
澤　李興表諸葛公閭文見上　張協七命蓋有晉之融
皇風也金華啟徵大人有作繼明代照配天光宅其基德
也隆於姬公之處岐其垂仁也富乎有殷之在亳南箕之
風不能暢其化離畢之雲無以豐其澤　郭璞江賦見上
陶潛自祭文歲惟丁卯律中無射天寒夜長風氣蕭索
陶子將辭逆旅之館永歸於本宅故人悽其相悲同祖行
於今夕羞以嘉蔬薦以清酌候顏已冥聆音愈漠酌字誤
梁江淹擬陳思王贈友詩雙闕指馳道朱宮羅第宅從
容冰井臺清池映華薄涼風盪芳氣碧樹先秋落朝與佳
人期日夕望青閣　說文宅託也人所投託也　儀禮士

相見禮宅者在邦則曰市井之臣註今文宅或爲託　陳第曰禮記引詩宅是鎬京論衡引詩此維與宅並作度漢書註古文宅度同　今按周禮註引書分命和仲宅西作度西史記五帝紀五流有宅五宅三居夏紀三危既宅並作度風俗通引書乃降丘宅土作度書傳會選曰堯典宅字漢石經並作度　唐崔鐶書北嶽神廟碑節度副大使度字作庑　玉篇吒一作咤又作喥

上聲則徒古反　漢書楊王孫傳見椁字下

去聲則徒故反　書顧命祭齊宅授宗人同宅如字徐音殆故反

澤

古音同上　詩秦無衣鴻鴈並見上　載芟載芟載柞其耕澤澤　禮記郊特牲見上　楚辭大招見上　石鼓文大車出各亞獸白澤　莊子大宗師篇夫藏舟於壑藏山於澤　則陽篇比於大澤百材皆度　史記滑稽傳見上

龜策傳見上　漢枚乘七發掄流波雜杜若蒙清塵被蘭澤　又見上　淮南子俶眞訓藏舟於壑藏山於澤本經訓菱杼紾抱芒繁亂澤巧爲紛挐以相摧錯　氾論訓當此之時天下雄儁豪英暴露于野澤前蒙矢石而後墮谿壑　司馬相如難蜀父老猶鷦明已翔乎寥廓而羅者猶視乎藪澤　王褒僮約綿亭買席往來都洛當爲婦女求脂澤　易林木濟之井天旱水涸枯槁無澤困于沙石未有所獲　班固東都賦於是聖上覩萬方之歡娛又沐浴於膏澤懼其侈心之將萌而怠於東作　荅賓戲稟仰太和枝附葉著譬猶艸木之植山林鳥魚之毓川澤得氣者蕃滋失時者零落參天地而施化豈云人事之厚薄哉　王逸楚辭章句宋玉憐哀屈原忠而斥棄愁懣山澤魂魄放佚厥命將落　說文蔦訓夏處水澤冬處松柏郤正釋譏見上　魏陳思王七啟玄眉弛兮鉛華落收亂髮兮拂蘭澤形媠服兮揚幽若　贈丁儀詩見上　王粲羽獵賦選徒命士咸興竭作旌旗雲擾鋒刃林錯揚輝吐

火曜野薉澤山川於是乎搖蕩艸木爲之摧落　阮籍東平賦崇之則成丘陵汙之則爲藪澤透迤漫衍繞以大壑　黃庭經見上　晉太公呂望表般谿之山明靈所託升雲降雨爲膏爲澤　左思蜀都賦其封域之内則有原隰墳衍通望彌博演以潜沫浸以緜洛溝洫脈散疆里綺錯黍稷油油稉稻莫莫指渠口以爲雲門灑滮池而爲陸澤雖星畢之滂沲尚未齊其膏液　吳都賦見上　詠史詩見上　陸雲逸民賦明發悟歌有懷在昝賓灘水之清淵兮儀磻谿之一壑壽萬物之讙譁兮聊漁釣於此澤　張協七命瀾漫狼籍傾榛倒壑殞嵩挂山僵踣掩澤藪爲毛林隰爲丹薄　又見上　陳第曰澤音鐸甘氏星經炎火之狀名曰格澤不有土功必有大客格音各客音恪太玄經上次五鳴鶴升自深澤階天不倦澤亦音鐸　漢書地理志曰勒都尉治澤索谷師古曰澤音鐸　釋名駱澤也上聲則徒古反　淮南子說林訓見壑字下去聲則徒故反　穆天子傳黃澤謠黃之澤其馬歕玉皇

人受穀　漢司馬相如封禪頌非唯雨之又潤澤之非唯濡之氾尃濩之　馬融廣成頌見廓字下　宋洪邁容齋四筆曰漢書劉輔傳谷永等上書曰趙簡子殺其大夫鳴犢孔子臨河而還顔師古曰戰國策說二人姓名云鳴犢鐸犨而史記及古今人表竝以爲鳴犢竇犨蓋鐸犢及竇其聲相近故有不同耳予按史記孔子世家乃以爲竇鳴犢舜華說苑權謀篇云晉有澤鳴犢犨今按澤鐸二字古多通用而轉去聲則音渡犢字轉去聲則音竇竇亦音渡

擇

古音同上　左傳隱十一年引諺山有木工則度之賓有禮主則擇之　楚辭大招鮮蠵甘雞和楚酪只醢豚苦狗膾苴蓴只吳酸蒿蔞不沾薄只魂兮歸來恣所擇只　荀子正名篇離道而內自擇則不知禍福之所託　史記龜策傳見上　說文蘀从艸擇聲

襗

古音同上　周禮玉府註袍襗之屬襗劉音澤徐待各反

檡

古音同上

平聲則音徒　漢書敘傳楚人謂虎爲於檡

虢

古伯切

古音郭　漢馮衍顯志賦善忠信之救時兮惡詐謀之妄作聘申叔於陳蔡兮禽荀息於虞虢　邊讓章華臺賦冑高陽之苗胤兮承聖祖之洪澤建列藩於南楚兮等威靈於二伯超有商之大彭兮越隆周之兩虢達皇佐之高勳兮馳仁聲之顯赫　韻補引蔡邕郭有道碑王季之穆有虢叔者建國命氏或謂之郭高誘戰國策註云虢即古之

郭字也左氏傳假道於虞以戌虢公羊傳作郭

擭　一虢切

見十九鐸韻

欂　彌戟切

今十九鐸部作欂玉篇同爲一字
此韻字轉去聲則入御遇暮禡韻

屐　奇逆切

去聲則音技　說文屐从履省支聲　莊子以跂蹻爲服
李云跂與屐同　當改入積韻轉去聲則入寘韻

唐韻正入聲卷之十九

二十一麥

此韻當分爲二

麥 莫獲切　當作莫畫

詩桑中二章爰采麥矣沬之北矣云誰之思美孟弋矣載馳四章我行其野芃芃其麥控于大邦誰因誰極丘中有麻二章丘中有麥彼留子國彼留子國將其來食碩鼠二章碩鼠碩鼠無食我麥三歲貫女莫我肯德逝將去女適彼樂國樂國樂國爰得我直　閟宮見福字下

易林雜之蠱旱霜晚雪傷害禾麥損功棄力饑無所食

白虎通閶闔風至生薺麥不周風至蟄蟲匿　魏韋鋋序志賦奉過庭之明訓納微躬於軌則勉四民之耕耘遂能

辨乎菽麥　自麥字以下並讀如今音古人與職德同用

去聲則莫卦反　楊慎曰范文正公安撫江淮進民間所食烏昧艸乞宣示六宮傳諸戚里以抑奢侈烏昧艸卽今野燕麥也淮南謂麥曰昧故史從音爲文

脈

素問移精變氣論治之要極無失色脈用之不惑治之大則逆從到行標本不得亡神失國　疏五過論嘗富大傷斬筋絶脈身體復行令澤不息　張弨曰說文正作衇籀文作䖣與正文反重文作脈俗作脉永卽𠂢之反遮譌也

胡麥切

畫

去聲則胡卦反　史記秦始皇紀瑯邪臺刻石文憂恤黔首朝夕不懈除疑定法咸知所辟方伯分職諸治經易舉錯必當莫不如畫　今此字兩收於十五卦二十一麥部

𠦂先儒以此字爲圖畫之畫則去聲爲計畫之畫則入

聲然秦始皇琅邪臺刻石文此計畫之畫也而讀作去聲漢傅毅七激紅顏呈素蛾眉不畫脣不施朱髮不加澤晉左思嬌女詩其姊字蕙芳兩目燦如畫輕粧喜樓邊臨鏡忘紡績此圖畫之畫也而讀作入聲正作畫俗省作畫史記建元以來侯者年表澅清侯參索隱曰澅音獲又音乎卦反今澅字在去聲十五卦部而此韻不收

幗

古獲切　當作古畫

去聲則古對反　今此字兩收於十八隊二十一麥部中

馘

詩泮水五章穆穆魯侯敬明其德旣作泮宮淮夷攸服矯矯虎臣在泮獻馘

讗

去聲同上　說文讗从言巂聲

薜

博戹切

去聲則蒲計反　今此字兩收於十二霽二十一麥部中

責

側革切

去聲則側賣反　左傳僖十五年西鄰責言責側介反又如字昭二十年薄斂已責本又作債同　管子苟從責者責讀爲債　說文漬積皆以責得聲

嘖

同上　太玄經玄瑩陰陽所以抽嘖也從橫所以瑩理也明晦所以昭事也　張弨曰賾卽嘖之俗改今分爲二字

簀

詩淇奥三章瞻彼淇奥菉竹如簀有匪君子如金如錫如
圭如璧
上聲則音姊　晉語解笫簀也

債

去聲則側賣反　今此字兩收於十五卦二十一麥部中

纗

呼麥切
去聲則胡卦反　周禮銜枚氏紸爲之纗結於項纗戶卦
反又胡麥反　今此字兩收於十五卦二十一麥部中

核

下革切

平聲則音孩　漢書五行志孕毓根核師古曰核亦荄字
也

上聲則音亥　說文核从木亥聲　釋名亥核也收藏百
物核取其好惡眞僞也亦言物成皆堅核也
莊子方且爲物絯徐邈音下華反今絯字在十六咍韻

鬲

古核切

去聲則古薤反　水經注清河又東北逕界城亭東水上
有大梁謂之界城橋世謂之鬲城橋

諽

同上　說文諽从言革聲讀若戒

革

易鼎九三鼎耳革其行塞雉膏不食　詩羔羊二章羔羊之革素絲五緎委蛇委蛇自公退食　采芑首章乘其四騏四騏翼翼路車有奭簟茀魚服鉤膺鞗革　斯干四章如跂斯翼如矢斯棘如鳥斯革　皇矣七章帝謂文王予懷明德不大聲以色不長夏以革不識不知順帝之則

易乾文言或躍在淵乾道乃革飛龍在天乃位乎天德亢龍有悔與時偕極乾元用九乃見天則　革彖傳革水火相息二女同居其志不相得曰革　史記秦始皇紀琅邪臺刻石文節事以時諸產繁殖黔首安寧不用兵革　漢書禮樂志安世房中歌見福字下　嚴忌哀時命箟簬𥴬於廱蒸兮機蓬矢以射革負擔荷以丈尺兮欲伸要而不可得外迫脅於機辟兮上牽聯於矰惟肩傾側而不容兮固陿腹而不得息　東方朔七諫棄彭咸之娛樂兮滅巧倕之繩墨箟簬𥴬於叢蒸兮機蓬矢以射革駕蹇驢而無策兮又何路之能極以直鍼而爲釣兮又何魚之能得　晉左參同契或輿太平或造其革四者之來由乎胷臆

思魏都賦改正朔易服色繼絕世修廢職徽幟以變器械以革顯仁翌明藏用玄默　陳第曰革音棘說文急也本作愅从革亟聲徐曰束物之急莫若革今文省作革禮記檀弓曾元曰夫子之病革矣慶遺入請曰子之疾革矣公曰若疾革雖當祭必告竝音紀力反　禮器引詩匪棘其欲作匪革其猶　列子湯問於夏革莊子作棘　論語棘子成漢書古今人表作革子成三國志秦宓傳亦作革子成　漢書功臣表貰棗侯革朱史記索隱曰革音棘棘姓蓋子成之後

擿

陟革切

去聲則陟志反　說文擿从手啻聲

讁

同上　說文謫从言啻聲

適

詩北門二章王事適我政事一埤益我我入自外室人交徧讁我
去聲則陟志反　亦作適詩殷武三章天命多辟設都于禹之績歲事來辟勿予禍適稼穡匪解　禮記註解者適也

戹

於革切

詩韓奕二章鞹鞃淺幭鞗革金厄

搤

詩南山箋彭生乘公而搤殺之搤於革反沈音烏詣反

公羊僖元年傳桓公召而縊殺之縊一本作搤

阸

去聲則音隘　史記律書擁兵阻阸音乙賣反　今此字兩收於十五卦二十一麥部中卦部註云與隘同　亦作阸漢崔瑗司隸校尉箴大漢通變崇弘簡易吞舟之網以濟難阸　釋名縊阸也　儀禮士昏禮註隨入爲門中阸狹阸音於賣反　左傳襄十四年註吳險阸之道阸音於賣反　昭元年所遇又阸阸本又作隘　定四年還塞大隧直轅冥阸阸於懈反本又作隘墨子作冥隘戰國策作鄳隘史記春申君傳作黽隘　禮記禮器君子以爲隘矣隘本又作阸於賣反　戰國策三國隘秦寡人不與聞焉是以隘之註隘阸字通　莊子久病長阸而不死者也阸音厄又烏賣反　陳蔡之隘隘音厄又於懈反　處窮閻阸巷阸音於懈反　晉書溫嶠傳祖約情性褊阸謝石傳

王莽自陳編阸苻堅載記幽州褊阸竝音烏懈反　宋書符瑞志引詩寘之隘巷作棄之阸巷　文選左思吳都賦邦有湫阸而踡跼阸音烏介反　魏都賦由重山之束阸阸音烏介反　班彪北征賦濯塡塞之阸災阸音烏戒反成公綏嘯賦峽世路之阸僻阸音於界反　按古人阸字多有作隘者戰國策若自在隘窘之中新序常思困隘之時漢劉歆遂初賦昔仲尼之淑聖兮竟隘窮乎蔡陳蔡邕述征賦過漢祖之所隘弔紀信於滎陽竝是阸字

鷊　五革切

詩防有鵲巢二章中唐有甓邛有旨鷊誰侜予美心焉惕惕　今此字兩收於二十一麥二十三錫部中

以上字轉去聲則入寘卦韻

獲　胡麥切

古音胡郭反　詩駟驖二章奉時辰牡辰牡孔碩公曰左之舍拔則獲　巧言四章奕奕寢廟君子作之秩秩大猷聖人莫之他人有心予忖度之躍躍毚兔遇犬獲之　皇矣桑柔竝見赫字下　泮水見逆字下　楚辭九章抽思善不由外來兮名不可以虛作孰無施而有報兮孰不實而有獲　史記龜策傳見陌字下　漢張衡西京賦若夫游鷮高翬絕阬踰斥毚兔聯猭陵巒超壑比諸東郭莫之能獲　魏阮籍通易論季葉旣衰非謀之獲應運順天不妄而作

去聲則音護　詩楚茨見度字下　荀子議兵篇不殺老弱不獵禾稼服者不禽格者不赦犇命者不獲　漢司馬相如上林賦務在獨樂不顧衆庶忘國家之政貪雉兔之獲　揚雄羽獵賦見去聲脰字下　長楊賦蹂踐芻蕘誇詡衆庶盛狖玃之收多麋鹿之獲　班固西都賦見榭字下　張衡西京賦見斥字下　周禮司常凡射共獲旌獲

李一音胡霸反　儀禮大射禮獲者興註古文獲皆作護

非也盇音之訛　禮記曲禮毋固獲徐云鄭音橫霸反一音護　淮南子兵略訓不獲五度註獲誤也

彠

古音同上　今此字三收於十八藥二十陌二十一麥部中

諎

士革切

古音在各反　今此字三收於十九鐸二十陌二十一麥二十二笮部中

咋

側革切

古音作

上聲則音祖　太玄經樂次三不宴不雅嘄呱啞咋號咷倚戶

去聲則側故反　左傳定八年桓子咋謂林楚咋音仕詐

反　今此字三收於四十禡二十陌二十一麥部中

啞　於革切

見上聲三十五馬韻

索　山責切

古音蘇各反　今此字兩收於二十陌二十一麥部中註云又蘇各切而十九鐸部不收

索

古音同上　今此字三收於十九鐸二十陌二十一麥部中

虩

古音許腳反　今此字兩收於二十陌二十一麥部中

愬

古音朔

去聲則音訴　公羊宣六年傳靈公望見趙盾愬而再拜

愬所革反又所路反　易履九四愬愬終吉舊讀爲山革

反然字本從朔即入聲亦當音朔　今此字兩收於十一

暮二十一麥部中

以上字轉去聲則入御遇暮韻

覈

下革切

去聲則下教反　說文覈从襾敫聲　當改入藥韻

繳

見藥韻當併入

二十二昔

此韻當分爲二

昔

思積切

古音鵲 詩那庸鼓有斁萬舞有奕我有嘉客亦不夷懌自古在昔先民有作溫恭朝夕執事有恪 楚辭大招見客字下 晉左思蜀都賦見魄字下 魏都賦見白字下 詠史詩見宅字下 左貴嬪武元楊皇后誄見下 陸雲逸民賦見澤字下 逸民箴見下 陳第曰昔音鵲 考工記弓人老牛之角紾而昔鄭司農云昔讀爲交錯之錯 說文措醋錯厝斮碏踖皆以昔得聲

腊

古音同上

上聲則思古反　漢書楊王孫傳見杼字下

潟

古音同上　周禮艸人鹹潟用貆潟音昔又音鵲

舄

古音同上　詩車攻四章駕彼四牡四牡奕奕赤芾金舄會同有繹　閟宮見柏字下　太玄經逃次二心惕惕足金舄不志溝壑　晉陸雲逸民箴自古在昔逸民有作相彼宇宙方之委舄夫豈不休而好是沖漠　說文舄䧿也䧿卽鵲字

愔

古音同上　易林比之豐李耳彙鵲更逢恐愔擾余以腹不能舉格　魏文帝陌上桑見陌字下　陳思王贈丁儀詩見客字下　晉傅咸汙卮賦很陷身於醜穢豈厥美之不愔與觴杓之長辭曾瓦匜之不若　陸雲牛責季友文嗟乎季友盛時可愔逆良期於風柔競悲飈於葉落陳讜言於洪範圖遺形於霄閣使景絕而音流芬身存而榮赫奕子如不能建功以及時予請迹於桃林之薄　晉子夜歌念雙情慊慊顛倒無所愔重簾持自鄣誰知許厚薄

迹　資昔切

古音資鵲反　史記太史公自序桀紂失其道而湯武作周失其道而春秋作秦失其政而陳涉發迹　晉梅陶怨詩行見客字下

蹜

古音同上　今此字三收於十八藥二十二昔部中
去聲則資祚反　詩楚茨見度字下

借

古音同上
今此字兩收於四十禡二十二昔部中竝註云假借左傳襄四年寡君是以願借助焉借音子亦反十九年計功則借人也借一音精亦反史記周本紀秦借道兩周之間將以伐韓周恐借之畏於韓不借畏於秦正義曰上借音精夕反下音子夜反文選楊修荅臨淄矦牋若成誦在心借書於手李善音卽又如鹽鐵論綦下不借鞔鞮革舄宋謝靈運山居賦夏涼寒燠隨時取適階基回互橑櫺乘隔此焉卜寢翫水弄石邇卽回眺終歲罔斁傷美物之遂化怨浮齡之如借眇遯逸於人羣長寄心於雲霓唐李白日夕

山中有懷詩久臥名山雲遂爲名山客山淡雲更好賞弄終日夕月銜樓間峰泉漱階下石素心自此得眞趣非外僣杜甫鄭典設自施州歸詩倒屣喜旋歸蓋地求所歷乃聞風土質又重田疇闢刺史似寇恂列郡宜競僣正用入聲韻字元稹寄吳士矩端公詩百萬時可贏十千良易僣自注音資昔切自宋人刪去此字後人不知僣之音迹而妄改李詩爲非外僣則不通矣　亦作籍史記季布傳少年多時時竊籍其名以行索隱曰籍音子亦反

繹

羊益切

古音弋灼反　詩車攻見上　駉三章有驛有駱有駵有雒以車繹繹思無斁思馬斯作　閟宮見貊字下　楚辭九辯見客字下　漢揚雄甘泉賦是時未轃夫甘泉也𢌿望通天之繹繹下陰潛以慘廪兮上洪紛而相錯直嶢嶢以造天兮厥高慶而不可虡彌度　春秋說題辭洛之爲言繹也

去聲則音夜禮記射義射之爲言者繹也或曰舍也

睪

古音同上　說文鐸檡皆以睪得聲

斁

古音同上　詩駉見上　泮水見逆字下　那見上　漢枚乘七發誠必不悔決絕以諾貞信之色形于金石高歌陳唱萬歲無斁

去聲則音妒　詩葛覃見綌字下　振鷺見去聲夜字下　書洪範彝倫攸斁音多路反徐音同路反　今此字三收於十一暮二十二昔部中

掖

古音同上

去聲則音夜　戰國策益封安平君以夜邑萬戶漢書地里志作掖　史記高祖功臣侯年表索隱曰楚漢春秋云夜侯蟲達夜縣屬東萊　後漢書儒林傳歐陽歙封夜侯註云今萊州掖縣　今萊州府掖縣尚讀爲夜　漢謁者景君碑陰題名弟子山陽湖陸董奮字元夜夜卽掖字

說文掖从手夜聲

奕

古音同上　詩閟宮見柏字下　那見上　晉左思吳都賦見白字下　陸機七徵豐屋華殿奇構磊落萬宇雲覆千楹林錯仰綏瓌木俯積瓌石敷延袤之廣廡矯陵霄之高閣秀清暉乎雲表騰藻蔭之奕奕　陸雲祖考頌猶與盛與邵侯有作我考纂戎爰究爰度遠除尋軌崇基式廓昭明有家祖廟奕奕　喜霽賦見下　牛責季友文見上

陸沖風賦若乃祝融司節炎精赫奕斂朱脣而長嘯承音響而來薄猥熻熠以盈扉埒纏緜以結幕九域蕩搖區宇揮霍　蔡洪圍棊賦然後枕以大羅縋以城郭綴以懸險經以絕落眇望翼舒翱翔容奕孿掌南指情實西射

腋

古音同上　史記趙世家吾聞千羊之皮不如一狐之腋諸大夫朝徒聞唯唯不聞周舍之鄂鄂　郭璞山海經狍鴞贊狍鴞貪惏其目在腋食人未盡還自齦囓圖形妣鼎是謂不若　亦作掖　史記商君傳千羊之皮不如一狐之掖千人之諾諾不如一士之諤諤

弈

古音同上　漢班固弈旨學不廣博無以應客北方之人謂棊爲弈弘而說之舉其大略　陳第曰弈大也盛也爾

雅奕奕憂也下皆从大然爾雅疏奕奕梁山作弈弈下从
廾音拱豈古通用耶今別爲博弈之弈

液

古音同上　晉左思魏都賦見白字下　郭璞江賦見魄
字下
去聲則音夜　博古圖有周叔液鼎謂卽周八士之叔夜
說文液从水夜聲

懌

古音同上　詩節南山八章方茂爾惡相爾矛矣旣夷旣
懌如相醻矣懌與惡爲韻　板二章辭之懌矣民之莫矣
那見上　晉孫楚榮啟期贊榮心溫雅旣夷旣懌濁以
徐清寂然淡泊　陸雲喜霽賦毒霖雨之淹時兮情懷憤
而無懌肅有禱於人謀兮反極陰於天作清屏翳之洪隧
兮俄太山之觸石凌風絕而謐寧兮歸雲反而徹霍改望

舒之離畢兮蹕六龍於紫閣揚天步之剡剡兮播靈輝之赫奕

譯

古音同上　晉張協七命見貊字下

釋

施隻切

古音施灼反　楚辭哀郢見客字下　招魂魂兮歸來東方不可以託些長人千仞唯魂是索些十日代出流金鑠石些彼皆習之魂往必釋些歸來歸來不可以託些　老子渙若冰將釋敦兮其若樸　韓非子備內篇語曰其母好者其子抱然則其爲之反也其母惡者其子釋　史記李斯傳布帛尋常庸人不釋鑠金百鎰盜跖不搏　漢東方朔荅客難見帛字下　淮南子說山訓琬琰之玉在洿泥之中雖廉者弗釋弊箄甑瓾在袇茵之上雖貪者不搏

易林小畜之泰天門開闢牢戶寥廓桎梏解脫拘囚縱釋　說苑談叢篇爲醜不釋必終其惡　列女傳曹僖氏妻頌見白字下　劉向九歎聊須臾以時忘兮心漸漸其煩錯願假簧以舒憂兮志紆鬱其難釋　詩其耕澤澤音釋爾雅作郝郝　史記建元以來侯者年表衆利侯郝賢索隱曰郝音呼惡反又音釋　虞卿傳使趙郝約事於秦郝音釋　靳歙傳擊趙將賁郝郝音釋

去聲則音舍　周禮大胥春入學舍采合舞註玄謂舍即釋也　占夢乃舍萌于四方玄謂舍讀爲釋舍萌猶釋菜也古者釋菜釋奠多作舍字　大祝反行舍奠舍音釋　甸祝舍奠于祖廟舍奠于祖禰舍讀爲釋　大史飾中舍筭舍讀曰釋　儀禮鄉飲酒禮主人釋服古文釋作舍　大射禮獲而未釋獲古文釋作舍　禮記檀弓有司以几筵舍奠于墓左祭統受書以歸而舍奠于其廟竝音釋　月令上丁命樂正習舞釋菜呂氏春秋作舍采　詩四牡傳臣受命舍幣于禰乃行舍音釋　列子天瑞篇其人舍

然大喜曉之者亦舍然大喜舍音釋　周穆王篇化人猶不舍然舍音釋　說符篇孟氏父子舍然無慍容舍音釋　三國志魏少帝紀嘉平五年詔用孟子舍生取義作釋生

字亦作醳去聲則音舍史記田敬仲完世家攫之滨醳之愉者政令也下文作舍之愉今醳字在本部音羊益切

螫

古音同上　周禮山師註螫噬之蟲獸螫劉音呼落反　史記田儋傳蝮螫手則斬手索隱曰螫音擢又音釋　魏其傳有如兩宮螫將軍張晏音火各反

去聲則音赦　老子見搏字下　史記淮陰侯傳猛虎之猶豫不若蜂蠆之致螫　鬼谷子權篇故介蟲之捍也必以堅厚螫蟲之動也必以毒螫　淮南子說山訓見觸字下　說苑見攫字下　韓詩自求辛螫作赦　說文螫从虫赦聲

尺

昌石切

古音昌若反　詩閟宮見柏字下　禮記曲禮將卽席容毋作兩手摳衣去齊尺　漢王褒僮約見陌字下　古詩青青陵上柏見柏字下　抱朴子文行篇本不必便疏未不必皆薄譬錦繡之因素地珠玉之託蚌石雲雨生於膚寸江河始於咫尺　陳第曰尺音綽漢書律歷志尺者蒦也蒦音約與蠖同蠖之義蓋取諸尺令人布指求尺一縮一伸如蠖之步

去聲則昌樹反　淮南子泰族訓太山不可丈尺也江海不可斗斛也斛音觳

斥

古音同上　書禹貢嵎夷既略濰淄其道厥土白墳海濱廣斥厥田惟上下厥賦中上厥貢鹽絺海物惟錯岱畎絲

臬鉛松怪石　漢張衡西京賦見獲字下　晉左思魏都賦見白字下　莊子揮斥八極斥音尺李音託去聲則昌豫反　淮南子兵略訓相地形處次舍治壁壘審煙斥居高陵舍出處　左傳襄十一年納斥候斥徐音尺一音昌夜反　十八年晉人使司馬斥山澤之險斥音尺一音昌夜反　昭二十八年註魏郡斥丘縣斥音尺一音昌夜反　文選陸機贈馮文羆遷斥丘令斥音昌夜反正作㡿見上　今此字兩收於四十禡二十二昔部中

郝

古音呼各反　今此字兩收於十九鐸二十二昔部中

石　常隻切

古音常略反　書禹貢見上　詩鶴鳴首章其下維蘀他山之石可以爲錯　楚辭招魂見上　惜誓方世俗之幽

昏兮眩白黑之美惡放山淵之龜玉兮相與貴夫礫石
素問平人氣象論死腎脉來發如奪索辟辟如彈石　史
記滑稽傳見客字下　漢枚乘七發見上　東方朔七諫
見白字下　淮南子說山訓周之簡圭生於垢石大蔡神
龜出於溝壑　說林訓救經而引其索拯溺而授之石欲
救之反爲惡　疾雷破石陰陽相薄　鹽鐵論萬乘之朝
日聞唯唯而後聞諸生之愕愕此乃公卿之良藥鍼石
王襃僮約見白字下　易林遯之否海老水乾魚鼈蕭索
高落無潤獨有沙石　家人之否東求金玉反得礬石名
曰無安宇曰醜惡衆所賤薄　劉向九歎掄揚滌盪漂流
隕往觸岑石兮龍卭脟圈繚戾宛轉阻相薄兮　漢書佞
幸傳牢邪石邪五鹿客邪印何纍纍綬若若邪　班固十
八侯銘見宅字下　張衡冢賦刊蘙林鑿盤石起峻壟構
大椰　王逸九思霜雪兮漼溰冰凍兮洛澤東西兮南北
罔所兮歸薄庇廕兮枯樹匍匐兮巖石　蔡邕釋誨譬猶
鍾山之玉泗濱之石累珪璧不爲之盈採浮磬不爲之索

古詩青青陵上柏見柏字下　後漢書西南夷傳見帛字下　魏文帝陌上桑見陌字下　晉夏侯湛山路吟曠野驅兮遼落崇岳兮嵬峩丘陵兮連離卉木兮交錯淥水兮長流鷩濤兮拂石　陸機七徵見上　陸雲喜霽賦見上　郭璞山海經贊見伯字下　江賦見魄字下　何劭游仙詩見柏字下　抱朴子見上　釋名石硌也堅扞硌也　春秋說題辭石之爲言託也託立法也　說文拓橐祏皆以石得聲

上聲則常主反　漢書楊王孫傳見椁字下

碩

古音同上　詩駟驖見獲字下　大田首章既庭且碩曾孫是若　崧高八章吉甫作誦其詩孔碩其風肆好以贈申伯　閟宮見柏字下　大學引諺人莫知其子之惡莫知其苗之碩　太玄經斷次七庚斷甲我心孔碩乃後有

鑠

去聲則常住反　詩楚茨見度字下

炙　之石切

古音張略反　詩瓠葉三章有兔斯首燔之炙之君子有酒酌言酢之　禮記禮運見帛字下　漢枚乘七發見帛字下

去聲則之夜反　詳見四十禡韻

蹠

古音同上

去聲則之恕反　通典太宗征薛仁杲直趨折蹠音之恕反

摭

柘

古音同上　玉篇柘卽摭字又他各切

去聲則之恕反　釋名庶摭也

見去聲四十禡韻

蹠

古音同上　楚辭哀郢見客字下　魏陳思王七啟蹻捷

若飛蹈虛遠蹠凌躍超驤蜿蟬揮霍

去聲則之夜反　說文蹠从足庶聲

跖

同上　晉張協七命味重九沸和兼芍藥晨鳧露鵠霜鷄

黃雀圜按星亂方丈華錯封熊之蹯翰音之跖鸞䴏猩脣

髦殘象白雀字誤
上聲則之與反　荀子榮辱篇可以爲堯舜可以爲桀跖
可以爲工匠可以爲農賈

䗪

古音同上
去聲則之夜反　今此字兩收於四十禡二十二昔部中
說文作蟅从虫庶聲

席

祥易切

古音祥龠反　禮記曲禮毋踐屨毋踖席摳衣趨隅必慎
唯諾　又見上　管子弟子職見客字下　史記魯仲連
傳見墌字下　滑稽傳見客字下　漢枚乘七發見帛字
下　王褒僮約見白字下　易林屯之豫重茵厚席循高

採藿雖蹟不懼後反其宅　太玄經玄錯達思通窮思索

千在朝而內在席　魏文帝陌上桑見陌字下　陳思王

車已駕行見客字下　黃庭經見白字下

去聲則祥豫反　詩行葦見臄字下

夕

古音同上　詩載驅首章載驅薄薄簟茀朱鞹魯道有蕩

齊子發夕　白駒見客字下　那見上　漢焦仲卿妻詩

阿母得聞之零淚應聲落汝是大家子仕宦於臺閣愼勿

爲婦死貴賤情何薄東家有賢女窈窕豔城郭阿母爲汝

求便復在旦夕　魏陳思王車已駕行見客字下　晉李

興表諸葛公閭文見格字下　左貴嬪武元楊皇后誄見

帛字下　陸雲夏府君誄瞻彼日月歲聿云夕寒暑窮化

四辰交錯日考三從窆䜌長薄藹矣轜軒脫駕窀穸背榮

孤世寧神大漠　郭璞江賦見魄字下　陶潛自祭文見

宅字下

去聲則祥豫反　詩雨無正見夜字下

穸

古音同上　晉左貴嬪武元楊皇后誄惟帝與后契闊在昔比翼白屋雙飛紫閣悼后傷后早即窀穸言斯既及濞泗隕落　陸雲夏府君誄見上

蓆

古音同上　詩緇衣三章緇衣之蓆兮敝予又改作兮

籍

秦昔切

古音秦各反　詩韓奕見貊字下　史記滑稽傳見客字下　龜策傳見陌字下　漢揚雄宗正箴見伯字下　漢

書敘傳漢章九法太宗改作輕重之差世有定籍　魏應璩詩見客字下　晉左思詠史詩見宅字下　左貴嬪武元楊皇后誄見帛字下　張協七命見澤字下　夏侯湛抵疑充三臺之寺盈中書之閣有司不能竟其文當年不能編其籍

平聲則音作　淮南子氾論訓履天子之籍籍或作阼

周禮里宰以歲時合耦于耡鄭司農云耡讀爲籍

藉

古音同上

上聲則慈與反　釋名咀藉也以藉齒牙也

去聲則音胙　史記商君傳裴氏集解引新序論周室歸藉索隱曰藉音胙字合作胙誤爲藉耳　今此字兩收於四十禡二十二昔部中

踖

古音同上　[illegible]四十禡韻中踖字

耤

古音同上　說文耤借也古者使民如借故謂之耤也

射

食亦切

古音食龠反　詩抑見度字下　易說卦傳見逆字下　楚辭天問馮珧利決封豨是射何獻蒸肉之膏而后帝不若　尸子見虎搏之見龍射之　易林剝之大壯夷羿所射發輒有獲　太玄經玄棿陰陽相錯男女不相射　漢揚雄元后誄見宅字下　晉蔡洪圍棊賦見奕字下　陶潛自祭文見宅字下　詳見去聲四十禡韻

以上字轉去聲則入御遇暮禡韻

積　資昔切　當作資益

上聲則資氏反　詩載芟見去聲積字下
去聲則音漬　淮南子原道訓憂悲多恚病乃成積　詩篤公劉乃積乃倉積音子智反　良耜積之栗栗積音子賜反　周禮牛人共其牢禮積膳之牛積音子賜反　旅師頒其輿積音子賜反　羊人凡沈辜侯禳釁積共其羊牲積讀爲漬　朝士註蓄積者多積音子賜反又如字　掌戮髡者使守積積音子賜反　大行人出入五積積音子賜反　禮記月令命司徒循行積聚積音子賜反　儒行不祈多積積音子賜反　昏義以審守委積蓋藏積音子賜反　聘義主國待客出入三積積音子賜反　左傳僖三十三年居則具一日之積積音子賜反　襄五年相三君矣而無私積積音子賜反　九年輸積聚以貸積音

子賜反　哀十五年廢日芺積積音子賜反又如字　公羊莊十七年傳瀸者何瀸積也積本又作漬　莊子不乃爲大盜積者也李軌音子賜反　積斂無崖李軌音子賜反　史記項羽紀燒楚積聚正義積音子賜反　今此字兩收於五寘二十二昔部中

蹐

詩正月六章謂地蓋厚不敢不蹐維號斯言有倫有脊哀今之人胡爲虺蜴

脊

詩正月見上

去聲則音漬　周禮蜡氏掌除骴故書骴作脊鄭司農云脊讀爲瘠　張弨曰說文正作膂从𠂹从肉隸變通文作膂俗省作脊形意遂晦相承用之不能辨也

益　伊昔切　當作伊積

易益上九莫益之或擊之　詩北門見謫字下去聲則音縊　詩板六章攜無曰益牖民孔易民之多辟無自立辟　韓非子揚權篇欲爲其地必適其賜不適其賜亂人求益　太玄經增測木止漸增不可益也要不克可敗也　詩疏鄭語云嬴伯翳之後地理志云嬴伯益之後伯益伯翳聲轉字異猶一人也　史記秦紀索隱曰嬴姓之先一名伯翳尚書謂之伯益世本漢書謂之伯益是也尋檢史記上下諸文伯翳與伯益是一人不疑而陳杞世家即敘伯翳與伯益爲二未知太史公疑而未決邪抑亦謬誤爾　金履祥曰伯益即伯翳也青冀閒以入爲去則曰翳秦隴閒以去爲入則曰益　亦音隘春秋元命苞益州益之爲言隘也管子山權數篇隘則易益也　說文縊隘皆以益得聲

嗌

去聲則音隘　山海經註今吳人呼咽爲嗌音隘

蜴

羊益切

詩正月見上

易

去聲則以豉反　詩板見上　韓奕首章夙夜匪解虔恭爾位朕命不易榦不庭方以佐戎辟　淮南子齊俗訓是故世異則事變時移則俗易故聖人論世而立法隨時而舉事　易林節之頤文明之世銷鋒鑄耜以道順昌百王不易　周易正義鄭玄作易贊及易論云易一名而含三義易簡一也變易二也不易三也崔覲劉貞簡等竝用此

義作難易之音而周簡子云易者易也不易也變易也易
者易代之名今之所用同鄭康成等音爲難易之音義爲
簡易之義今按上淮南子易林二條皆變易之易而讀去
聲是知此字元無二音特輕重之間而六朝以下始分爲
兩部耳　餘見去聲五寘韻
平聲則音夷　今雲南府有易門縣天文分野書曰易門
者以縣之西有洟水出於石洞中因名其甸曰洟門後訛
爲易門

適 施隻切

詩北門見上
去聲則施志反　太玄經銳測銳于時得其適也銳東忽
西不能迴避也　晉王沈釋時論夫適有安危時有險易
才有所應行有所適　戰國策甘茂曰疑臣者不適三人
註適音同　左傳桓二年疏引韓詩說三升曰觶觶適也
說文適从辵啻聲

潪　直炙切　當作直隻

去聲則音智　說文作𣿅从水𣉻聲

刺　七迹切

去聲則七賜反　周禮司服註希刺粉米刺七亦反劉七賜反沈此摯反　士師註若今時刺探尚書事刺七亦反又七賜反　公羊文六年傳刺陽處父於朝而走刺七亦反一音七賜反　襄二十九年傳於是使專諸刺僚刺七賜反又七亦反　今此字兩收於五寘二十二昔部中

瘠　秦昔切　當作秦積

去聲則音漬　公羊莊二十年傳大災者何大瘠也瘠一本作漬禮記曲禮註引此作漬　大戴禮千乘篇在今之

民羸瘣以齒者事也齒當爲瘠　呂氏春秋仲父之病矣漬甚漬當爲瘠　時出行路從車載食以視孤寡老弱之漬病漬當爲瘠　史記劉敬傳徒見羸瘠老弱　漢書作胔　漢書食貨志國亾捐瘠蘇林曰瘠音漬　後漢書東海恭王彊傳皆吐血毀眥眥或爲瘠　彭城靖王恭傳毀胔過禮胔當爲瘠

椑

房益切

平聲則音鼙　晉潘岳金谷集詩前庭樹沙棠後園植烏椑靈囿繁若榴茂林列芳梨飲至臨華沼遷坐登隆坻玄醴染朱顏但愬杯行遲　考工記廬人句兵椑註椑讀爲鼓鼙之鼙齊人謂柯斧柄爲椑　漢書地理志琅邪郡椑縣應劭曰音椑　說文椑从木卑聲　今此字四收於五支十二齊二十二昔二十三錫部中

萆

去聲則音蔽　漢書韓信傳草山而望趙軍如淳曰草音蔽　說文草从艸卑聲

役

營隻切

平聲則營基反　詩君子于役首章君子于役不知其期曷至哉雞棲于塒日之夕矣羊牛下來君子于役如之何勿思

去聲則營記反　漢揚雄長楊賦出愷悌行簡易矜劬勞休力役

辟

房益必益二切

詩文王有聲五章豐水東注維禹之績四方攸同皇王維辟　蕩首章蕩蕩上帝下民之辟疾威上帝其命多辟　殷武見謫字下

平聲則音裨　禮記玉藻素帶終辟註辟讀如裨冕之裨

國語辟丌之谿管子史記漢書皆作卑丌
上聲則音弭　禮記郊特牲有由辟焉註辟讀爲弭
去聲則賓二反　詩韓奕見上　漢班固東都賦豈特方
軌並跡紛綸后辟理近古之所務蹈一聖之險易云爾哉
此字三收於本部中其音僻者詩板蕩並已見上不重
出

躄

詩淇奧見簀字下

以上字轉去聲則入寘至志韻

二十三錫

此韻當分爲二

錫　先擊切

詩淇奧見簀字下

去聲則息例反　儀禮喪服錫衰註謂之錫者治其布使之滑易也

析

平聲則息黎反　史記五帝紀析枝渠廋索隱案大戴禮云鮮支渠搜則鮮支當此析支也鮮析音相近古讀鮮爲斯

去聲則息例反音近賜　後漢書西羌傳濱于賜支賜支者禹貢所謂析支者也

晳

去聲同上　詩君子偕老二章鬒髮如雲不屑髢也玉之瑱也象之揥也揚且之晳也胡然而天也胡然而帝也

裼

上聲則息禮反　漢馬融廣成頌睽孤封剌裸裎袒裼冐檝枱槎棘枳窮浚谷底幽嶰纍斥虎搏狂兕獄麡熊抾封豨

去聲則音賜　覲禮聘禮裼降立註古文裼皆作賜　詩載衣之裼說文作褅

緆

去聲則以豉反　禮記深衣註緣緆也緆徐音以豉反皇音錫

古歷切

擊

易益上九見益字下

上聲則古以反　漢司馬相如子虛賦儵眒倩浰雷動猋

至星流霆擊弓不虛發中必決眦洞胸達掖絶乎心繫

易林訟之損爭訟不已更相牽擊

去聲則音計　管子宙合篇夫天地一險一易若鼓之有捊擿擋則擊　晉傅玄鬬雞賦於是紛紜翕赫雷合電擊爭奮身而相戟兮競集鷙而鵰睨

轚

去聲同上　周禮野廬氏凡道路之舟車轚互者轚音計沈古的反　穀梁傳昭八年流旁握御轚者不得入音古帝反本或作擊　今此字兩收於十二霽二十三錫部中

僻

普擊切

今此字兩收於二十二昔二十三錫部中

去聲則音避　宋西烏夜飛歌我昨憶歡時攬刀持自刺

白刺分應从刀作離樓辟　左傳宣十二年註
倪亦作壀堄

酈　郎擊切
平聲則音犂　春秋僖元年公子友帥師敗莒
羊傳作犂穀梁傳作麗　山海經支離之山註
縣西北山中酈音離字亦同　按從前音犂從後音羅
說文酈从邑麗聲　今此字兩收於五支二十三錫部中

歷
去聲則音利　釋名嚚歷也以惡言相彌歷也　楊慎曰
汲冢周書王會解以丹青白旄紕罽江歷龍角神龜爲獻
江歷珠名即江驪也

嫡　都歷切

去聲則都利反　説文嫡从女啻聲

鏑　同上　説文鏑从金啻聲

滴　同上　説文滴从水啻聲

樀　同上　説文樀从木啻聲

鶂　五歷切

平聲則五兮反　說文鶃亦作鷊从鳥兒聲

䵬　徒歷切

去聲則徒計反　說文䵬从攴啻聲

惕　他歷切

詩防有鵲巢見鷊字下

去聲則他計反　易林升之同人濟河踰㧌脫毋怵惕四序爲衛使惠不廢　晉潘尼荅陸士衡詩晉游禁闥祇畏夕惕令放丘園縱心夷易

鬄

去聲同上　亦作鬄詩采蘩箋主婦髲鬄劉昌宗音吐歷反沈音湯帝反　禮記曲禮下註鬊馬不鬄落也鬄音叶

歷反又他計反　後漢書馮魴傳皆自鬄剔剔音他狄反聲類曰亦鬄字音他計反謂鬀去髮也按二字音義並同當作髡剔儒林傳至有自髡剔者

剔

同上　亦作肆周禮大司徒祀五帝奉牛牲羞其肆肆託歷反鄭司農音四　大宗伯以肆獻祼享先王肆音他歷反　典瑞祼圭有瓚以肆先王肆如字又他歷反　小子羞羊肆羊殽肉豆肆讀爲鬄音他歷反一音餘四反　詩楚茨或肆或將鄭音他歷反　禮記郊特牲腥肆爛腍祭肆音他歷反

績　則歷切

詩七月三章七月鳴鵙八月載績　文王有聲見辟字下殷武見適字下

去聲則音漬　楚辭離騷惟黨人之偷樂兮路幽昧以險隘豈余身之憚殃兮恐皇輿之敗績

毄 苦擊切

去聲則苦計反　說文繫轚罊皆以毄得聲

喫 同上

說文喫从口契聲

甓 扶歷切

詩防有鵲巢見鷊字下

鶪 各覓切

詩七月見上

鬩

許激切　當作許歷

上聲則許里反　國語富辰諫襄王曰人有言曰兄弟讒鬩侮人百里

以上字轉去聲則入寘至志霽祭韻　凡从易从析从𣪊从辟从啇从益从責从皃之類竝入此

激

古歷切　當作古礫

去聲則古弔反　莊子齊物論激者謞者李軌讀古弔反　漢張衡西京賦通天訬以竦峙徑百常而莖以交紛下刻陗其若削翔鶤仰而弗逮況青鳥櫺檻而俯聽聞雷霆之相激㩧音掉削音肖雀　晉潘岳狹室賦若乃重陰晦冥天威震燿潢潦弅激曰竈爲之沈溺器用爲之浮漂　考工記

讀爲激發之激　今此字兩收於三十四嘯二十三錫部中

徼

鸄

並同上　今此二字三收於三十四嘯二十三錫部中

竅

去聲則苦弔反　今此字兩收於三十四嘯二十三錫部中

又公羊昭二十五年傳昭公於是噭然而哭噭古弔反一音古狄反史記律書噭噭之聲興而士奮索隱曰噭音擊

今廣韻不收止收入三十四嘯部音叫

轢 郎擊切 當作郎激

去聲則力到反 漢張衡西京賦飛罕擂箭流鏑攙攥矢不虛舍鋋不苟躍當足見蹍値輪被轢僵禽斃獸爛若積礫

瓅 同上 說文瓅从玉樂聲

礫 同上 漢張衡西京賦見上 說文礫从石樂聲 釋名小石曰礫礫料也小石相枝柱其間料料然出內氣也

皪

同上　漢司馬相如上林賦皓齒粲爛宜笑的皪長眉連娟微睇緜藐

櫟

同上　說文櫟从木樂聲　見十八藥韻

濼

同上　今此字三收於一屋十九鐸二十三錫部中

寥

平聲則音聊　今此字兩收於三蕭二十三錫部中

躒

去聲則力到反　春秋昭三十一年季孫意如會晉荀躒于適歷公羊穀梁傳竝作櫟　左傳襄二十四年晉侯使張骼輔躒致楚師躒力狄反又音雒　昭九年使荀躒佐下軍躒力狄反又音雒

都歷切　當作都礫

的

詩賓之初筵首章發彼有的以祈爾爵音義的音勺　晉潘岳芙蓉賦丹煇拂紅飛須垂的斐披艶赫散煥熠爚　楊慎曰的音灼婦人以點飾額也史記註的以丹注面婦人有月事妨于進御難於自言故點的以見王微神女賦施玄的正羽敘傅玄詩玄的點鋒是也今按釋名以丹注面曰勺勺灼也此本天子諸侯羣妾當以次進御其有月事者止而不御重以口說故注此於面灼然爲識女史見之則不書其名於第録也是的勺同爲一字　按的字在入聲則當入藥音都略反灼酌妁芍之類也轉去聲則當入嘯音都料反釣㣿杓豹之類也後人誤音爲滴轉上聲

爲底按宋人書卞凡語助之辭皆作底竝無的字是近代之誤　莊子庚桑楚篇我其杓之人邪註杓音的又匹么反　今人小的字亦當作小底宋史有內殿直小底入內小底內班小底遼史有近侍小底承應小底筆硯小底

弔

去聲則音釣　今此字兩收於三十四嘯二十三錫部中

逷

同上　說文逷从辵弔聲　今此字兩收於三十四嘯二十三錫部中

檄

胡狄切

去聲則胡敎反　晉郭璞蜜蜂賦誅戮峻於鈇鉞招徼速乎羽檄集不謀而同期動不安而齊約

椃

註又胡老切今上聲三十二皓部失收此字

翟

徒歷切　當作徒礫

去聲則徒料反　詩簡兮三章左手執籥右手秉翟赫如渥赭公言錫爵　按翟嬥曜燿糴櫂等字皆从翟則翟音當與藋同惟君子偕老二章不協當以珽字爲韻而翟字闕之　今翟姓音澤乃相沿之誤說文徐曰姓本音狄後人姓乃音澤也今江南人猶作狄音周禮內司服揄狄闕狄鄭玄謂狄當爲翟又引書羽畎夏翟作夏狄顧命狄設黼扆綴衣禮記祭統作翟㝠大記作狄春秋盟于狄泉穀梁作翟長狄僑如史記作翟漢書匈奴傳戎狄皆作翟而天王居于狄泉史記又作澤則此字之音其訛久矣　史記呂不韋傳陽翟大賈人也索隱曰翟音狄俗又音宅文

與過秦論翟景翟音亭的反

迪

同上　詩桑柔十一章維此良人弗求弗迪維彼忍心是顧是復民之貪亂寧爲荼毒毒音豆　晉陸雲王羊二公詩惟常思庸大輿尤迪瞑敬遠蹟神道玄邈思媚三靈誕膺天篤嘉命旣辱王人言告　說文迪从辵由聲

邮

同上　說文邮从邑由聲

蓧

同上　說文莜艸田器从艸條省聲論語曰以杖荷莜今作蓧　今此字兩收於三蕭二十三錫部中而莜字在三

十四嘯部

笛

同上 說文笛从竹由聲

滌

平聲則音條 周禮條狼氏杜子春云條當爲滌 漢稾長蔡湛頌蕭條作蕭滌 說文滌从水條聲 去聲則徒料反 揚子法言問神篇白日以照之江河以滌之 禮記禮器帝牛必在滌三月臭味未成滌蕩其聲 徐竝音同弔反 漢書韓延壽傳敫咷楚歌服虔曰咷音滌濯之滌

袖

去聲則音宙　說文䄂从彳由聲　玉篇䄂除又徒歷二切今廣韻四十九宥部失收

糴

去聲則徒料反　左傳成十年晉侯使糴茷如楚糴調去聲一音杜敎反

苗

同上　說文苗从艸由聲

蓨

他歷切

平聲則他彫反　說文蓨从艸脩聲

䑠

同上　說文睩从目脩聲　今此字兩收於十八尤二十三錫部中十八尤部作瞜

摮　苦擊切　當作苦激

去聲則苦弔反　公羊宣六年傳註摮猶摮也摮口弔反亦作撽莊子撽以馬捶音苦弔反又古的反　今此字兩收於三十四嘯二十三錫部中

惄　奴歷切　當作奴礫

去聲則奴弔反　說文惄从心叔聲叔音少

溺　同上　詩桑柔見削字下　晉陸機遂志賦見濯字下

莊子齊物論其溺之所爲之註奴狄反郭奴徼反　說文

溺水自張掖删丹西至酒泉合黎餘波入于流沙从水弱聲而灼切趙宧光曰即禹貢之弱水不勝鴻毛故曰弱加水作溺王褒九懷浮溺水兮舒光是也借休也亦取易沈義俗遂讀作休非也春秋陳侯溺魯大夫溺論語桀溺竝古人名書生亦讀戚休苟他字以溺爲休義猶可通至於命名何苦而必加之惡號哉按說文以休爲沒水之溺則經典溺字俱從借用字矣又史記范睢鄭會其韓安國傳竝用爲溲溺之溺索隱曰溺音年弔反正義曰溺古尿字亦借用也張弨曰溺有本聲本訓自借休尿二用聲亦隨轉而休尿之聲意反晦尿正作屎俗譌讀水平聲更謬

戚　倉歷切當作倉礫

古聲則七肖反　詩小明三章曷我往矣日月方奧曷云其還政事愈蹙歲聿云莫采蕭穫菽心之憂矣自詒伊戚念彼共人興言出宿豈不懷歸畏此反覆此章當從奧字爲韻　太玄經親次二孚其肉其志資戚　漢張衡東京

賦若乃流遁忘反放心不覺樂而無節後離其戚一言蔑於藝國我末之學也覺學俱去聲　魏嵇康太師箴悠悠庶類我控我告唯賢是授何必親戚順乃造好民實胥效治亂之原豈無昌教　思親詩中夜悲兮當誰告獨抆淚兮抱哀戚　晉郭璞元帝哀策文窮號昬訴叩心誰告何悲之哀何痛之酷嗚呼我皇逢天之戚　按戚慼慼三字同音故考工記不微至無以爲戚速也徐劉皆音將六反史記高祖紀泗川守壯敗於薛走至戚如淳曰戚音將毒反而釋名戚慼也斧以斬斷見者皆慼懼也可見三字之同音矣　楚辭九辯悲憂窮戚兮獨處廓戚一作慼文選作慼

鼜

上聲則側九反　周禮鎛師凡軍之夜三鼜皆鼓之註春秋傳所謂賓將趨者音聲相似今左傳作賓將掫莊九反

去聲則七料反　周禮掌固夜三鼜以號戒杜子春讀爲造次之造．宋書樂志鼜周禮音戚今世音切豉反誤說文本作鼜从壴蚤聲

以上字轉去聲則入嘯笑韻　凡从敫从樂从勺从狄从條从叔从周从翟从戚之類竝入此

覿

徒歷切

古音濆　易困初六臀困于株木入于幽谷三歲不覿晉陸機七徵是以玄靈感而表應嘉祔繁而畢覿舞唐庭之來儀鳴岐陽之鸑鷟　當改入屋韻　周禮司市以量度成賈而徵儥鄭氏音笛今儥字在一屋部則知覿之音笛亦同此誤也

二十四職

職 之翼切

入聲則音志 淮南子覽冥訓見服守下 易林萃之坤
新受大喜福優重職樂且日富 唐李華含元殿賦獮慮
憲章或遺國容未備乃立掌匭之司館通章之司職在達
下情於上天微王言於有位 史記屈原傳章畫職墨兮
前度未改楚辭作志墨 叔孫通傳百官執職傳警案隱
曰職音幟 集古錄載漢樊毅華嶽碑以周禮職方氏爲
識方氏云識誌其義通也金石録載漢袁逢華嶽碑亦以
職方氏爲識方氏

織

上聲則音止 易林頤之夬嘉聞福喜繒帛盛織日就爲
得
去聲則音志 詩瞻卬四章鞫人忮忒譖始竟背豈曰不
極伊胡爲慝如賈三倍君子是識婦無公事休其蠶織

梁沈約高士贊亦有哲人獨執高志避世避言不友不事恥從汙祿靡惑芳餌心安藜藿口絕炮胾取足落毛寧懷組織　詩織文鳥章織古幟字　漢書食貨志旗織加其上甚壯師古曰織讀曰幟　陳湯傳望見單于城上立五采幡織師古曰織讀曰幟　公羊莊三十一年傳註旗單幟名幟本又作織　今此字兩收於七志二十四職部中

膱

去聲同上　亦作職儀禮鄉射禮薦脯用籩五膱註古文膱為胾　今文或作植

直

除力切

去聲則音値　詩緜五章其繩則直縮版以載作廟翼翼　孟子放勳曰勞之來之匡之直之輔之翼之使自得之又從而振德之　文子上德篇舌之與齒孰先弊焉繩之與矢孰先直焉　淮南子說林訓同　周禮馬質註月直

大火直音值　考工記輪人縣之以眂其輻之直也直音值　儀禮士昏禮婦洗在北堂直室東隅直音值　士喪禮主人堂下直東序西面注直音值　禮記月令注於藏直脾直音丈吏反　正月宿直尾箕直音丈吏反　喪大記註親負墉南面直君直如字又音值　投壺馬各直其筭盡如字又音值　史記天官書前列直斗口三星索隱曰直如字又音值　吳王濞傳越直長沙者直音值、匈奴傳諸左方王將居東方直上谷索隱曰案姚氏云古字例以直爲值　漢書霍去病傳適直青軍出塞千餘里師古曰直讀曰値　朱買臣傳直上計時師古曰直讀曰值　張敞傳直守遠郡直讀曰值　酷吏傳無直甯成之怒師古曰直讀曰值　後漢張平子碑書直作值

林直切

力

平聲則林之反　易林无妄之解鶴鳴九臯處子失時喪

[illegible]販鹽難爲功力　晉書音義曬嘶今其土俗人呼[illegible]

疾言曰力處
去聲則林志反　詩桑柔十五章民之罔極職涼善背爲
民不利如云不克民之回遹職競用力淮南子泰族訓
分財而衣食之立大學而教誨之夙興夜寐而勞力之
要略見福字下

敕　恥力切
上聲則稱止反　詩楚茨見下
去聲則稱致反　註云今相承用勑太玄經玄文罔蒙相
極直酋相勑出冥入冥新故更代陰陽迭循清濁相廢將
來者進成功者退已用則賤當時則貴天文地質不易厥
位　張弨曰敕从攴束聲初譌作勅再譌作勑則爲洛代
切之別一字矣試觀從來敕命篆文皆作敕可知當从也

趩

去聲同上　說文趩从走異聲

恜

同上　顔氏家訓守道信謀欲行一事卜得惡卦反令恜

恜

乘力切

食

上聲則音祀　詩楚茨見下

去聲則音嗣　易明夷象傳君子于行義不食也六二之吉順以則也南狩之志乃大得也入于左腹獲心意也箕子之貞明不可息也初登于天照四國也後入于地失則也左傳見去聲祏字下　管子四稱篇貪於貨賄競於酒食不與善人唯其所事倨敖不恭不友善士　莊子山木篇吾無糧我無食安得而至焉　墨子七患篇故民無仰則君無養民無食則不可事　淮南子泰族訓見上

易林萃之小畜筐傾筥覆嗇我公寘簡佾無禮太師正食
漢王褒洞簫賦見下　說苑談叢篇默無過言慤無過
事木馬不能行亦不費食騏驥日馳千里鞭箠不去其背
太玄經事次五事其事王假之食　後漢書西南夷傳
遠夷樂德歌聞風向化所見奇異多賜繒布甘美酒食
今此字兩收於七志二十四職部中

息

相即切

平聲則相夷反　漢書地理志司吾莽曰息吾　水經注
楚執鍾吾子以為司吾縣王莽更之息吾也
上聲則相里反　釋名始息也言滋息也
去聲則相二反　詩大東三章薪是穫薪尚可載也哀我
憚人亦可息也　易明夷象傳見上　荀子天論篇所志
於天者已其見象之可以期者矣所志於地者已其見宜
之可以息者矣所志於四時者已其見數之可以事者矣
所志於陰陽者已其見知之可以治者矣　呂氏春秋審

分篇凡人主必審分然後治可以至姦僞邪僻之塗可以息惡氣苛疾無自至　漢書賈誼傳服乃太息舉首奮翼口不能言請對以意萬物變化兮固無休息　衆人或或兮好惡積意眞人淡漠兮獨與道息　王褒洞簫賦是以蟋蟀蚸蠖蚑行喘息螻蟻蝘蜓蠅蠅翊翊遷延徙迤魚瞰雞睨垂喙蛩轉瞪瞢忘食　易林觀之歸妹銅人鐵距雨露勞苦終日卒歲無有休息　方言呬息也

寔

常職切

去聲則音是　書秦誓是能容之大學引作寔能容之是不能容作寔不能容　爾雅釋詁寔是也　春秋桓六年寔來公羊傳寔來者何猶曰是人來也穀梁傳寔來者是來也　說文寔从宀是聲

植

去聲則直吏反　管子版法篇凡將立事正彼天植　漢賈誼弔屈原文闒茸尊顯兮讒諛得志賢聖逆曳兮方正倒植　淮南子俶眞訓夫天不定日月無所載地不定艸木無所植　晉潘岳懷縣詩小國寡人民終日寂無事白水過庭激綠槐夾門植信美非吾土祇攪懷歸志懷舊賦望彼楸矣感于予思既興慕於戴侯亦悼元而哀嗣墳纍纍以接隴柏森森以攢植何逝沒之相尋曾舊艸之未異　馬汧督誄䇲更恣睢潛跡官寺齊萬𧇊鬬震驚台司聲勢沸騰種落𤓰熾旌旗電舒戈矛林植　梁何遜西州寓直懷郡中游聚詩寓直慚虛貫沈迷耸職事祈祈寒枝動濛濛秋雨駛不見眼中人空想山南寺雙桐傷檻上長楊夾門植　書金縢植璧秉珪植時織反又音置　詩有瞽傳植者爲虡植時力反又直吏反　那箋植鞉鼓者植時職反又音値　周禮大司馬大役與慮事屬其植植音直吏反　山虞植虞旗于中植時力反又音値　田僕介獲者植旌植直吏反又時力反　考工記輿人註軹輢之

植者植直吏反　梓人註植曰虞植直吏反又時力反禮記檀弓註同　又縋所以繫侯於植者也植直吏反禮記檀弓行并植於晉國植直吏反又時力反　月令具曲植籧筐植直吏反　左傳宣二年華元爲植植直吏反襄三十年其君弱植植徐音直吏反一音時力反　定十年步左右皆至而立如植植市力反一音値　今此字兩收於七志二十四職部中

埴

去聲則呂志反　釋名埴膩也黏胒如脂之膩也　書禹貢厥土赤埴墳音市力反鄭作截徐鄭王皆讀曰熾韋昭音試　今此字兩收於七志二十四職部中

湜

去聲則音是　易坎上六寘于叢棘子夏傳作湜　說文湜从水是聲

殖

去聲則直吏反　左傳襄三十年輿人誦之曰我有子弟子產誨之我有田疇子產殖之子產而死誰其嗣之

識

賞職切

平聲則音之　莊子山木篇侗乎其無識儻乎其怠疑萃乎芒乎其送往而迎來

去聲則音志　詩賓之初筵五章三爵不識矧敢多又瞻卬見上　楚辭天問師望在肆昌何識鼓刀揚聲后何喜　九章惜往日雖有西施之美容兮讒妒入以自代願陳情以白行兮得罪過之不意情冤見之日明兮如列宿之錯置乘騏驥而馳騁兮無轡銜而自載乘氾泭以下流兮無舟楫而自備背法度而心治兮辟與此其無異寧溘

死而流亾兮恐禍殃之有再不畢辭而赴淵兮惜壅君之不識　宋玉神女賦晡夕之後精神怳忽若有所喜紛紛擾擾未知何意目色髣髴乍若有記見一婦人狀甚奇異寐而夢之寤不自識罔兮不樂悵爾失志　管子樞言篇戒之戒之微而異之動作必思之無令人識之卒來者必備之　荀子成相篇觀往事以自戒治亂是非亦可識託於成相以喻意　哀公篇若天之嗣其事不可識　呂氏春秋君守篇故善爲君者無識其次無事　六韜見默字下　漢枚乘七發見下　東方朔七諫處湣湣之濁世兮今安所達乎吾志意有所載而遠逝兮固非衆人之所識易林睽之節嬰兒孩子未有知識彼童而角亂我政事　劉向九歎路曼曼其無端兮周容容而無識引日月以指極兮少須臾而釋思　列女傳齊太倉女頌緹縈訟父亦孔有識推誠上書文雅甚備小女之言乃感聖意終除肉刑以免父事　馮衍顯志賦韓盧抑而不縱兮騏驥絆而不試獨慷慨而遠覽兮非庸庸之所識　後漢中常侍

樊君碑文見室字下　江表傳得黃金一筩不如爲郴伯騫所識　晉束晳玄居釋今先生耽道修藝嶷然山峙潛朗通微洽覽淡識夜兼忘寐之勤書躭鑽玄之思曠年累稔不墮其志鱗翼成而愈伏術業優而不試　盧諶贈劉琨詩纖質寔微衝飆斯值誰謂言精致在賞意不見得魚亦忘厥餌遺其形骸寄之淡識　後漢書杜欒劉李傳贊黃叡方熾子奇有識武謀允臧瑜亦協志弼忤宦情雲犯時忌成仁謇已同方殊事　宋謝靈運撰征賦世關才而貽亂時得賢而興治救祖考之邦壞在幽人而枉志體飛書之遠情悟犒師之通識追明達之高覽契古今而同事

釋名識幟也有章幟可按視也　易大畜象傳君子以多識前言往行劉獻本作志　左傳昭二十一年註徽識也本又作幟　漢書高帝紀旗幟皆赤師古曰幟音式志反史家字或作識或作志皆同　今此字兩收於七志二十四職部中

飾

去聲則音試　韓非子外儲說右上申子曰上明見人備之其不明見人惑之其知見人飾之不知見人匿之其無欲見人伺之其有欲見人餌之

軾

同上　禮記緇衣苟有車必見其軾苟有衣必見其敝

式

上聲則商止反　詩楚茨見下　蕩五章天不湎爾以酒不義從式既愆爾止靡明靡晦

去聲則音試　詩崧高二章亹亹申伯王纘之事于邑于謝南國是式　史記秦始皇紀之罘山刻石文皇帝哀衆

遂發討師奮揚武德義誅信行威燀旁達莫不賓服烹滅彊暴振救黔首周定四極普施明法經緯天下永爲儀則大矣哉宇縣之中承順聖意羣臣誦功請刻于石表垂于常式　素問疏五過論視深淵尚可測迎浮雲莫知其際聖人之術爲萬民式論裁志意必有法則循經守數按循醫事爲萬民副故事有五過四德　淮南子要略見福字下　說苑建本篇疏達世事分明利害籌策得失以觀禍福設義立度以爲法式　漢邊詔塞賦施之於人仁義載焉考之古今王霸備焉覽其成敗爲法式焉

極

渠力切

上聲則渠綺反　詩楚茨見下　淮南子精神訓賤之而弗憎貴之而弗喜隨其天資而安之不極

去聲則渠記反　詩桑柔瞻卬並見上　楚辭天問厥萌在初何所意焉璜臺十成何所極焉　莊子則陽篇道物

之極言默不足以載非言非默議有所極　荀子賦篇一往一來結尾以爲事無羽無翼反覆甚極尾生而事起尾邅而事已　史記秦始皇紀見上　靈樞經外揣篇是謂陰陽之極天地之蓋請藏之靈蘭之室弗敢使泄也　漢枚乘七發橫暴之極魚鼈失勢顛倒偃側　司馬相如上林賦見北字下　淮南子要略見福字下　易林睽之未濟生空地乳上皇大喜隆我社福貴壽無極　太玄經玄文見上　吳越春秋見福字下　左傳費無極史記楚世家作費無忌索隱曰極忌聲相近淮南子亦作無忌

匿

女力切

古聲則女計反　荀子成相篇人之態不如備爭寵嫉賢利惡忌妒功毀賢下斂黨與上蔽匿　韓非子外儲說右上見上　而有知見也人且匿女而無知見也人且意女素問見伏字下　淮南子主術訓故人主誠正則直士

任事而姦人伏匿矣人主不正則邪人得志忠者隱蔽矣兵略訓兵貴謀之不測也形之隱匿也出於不意不可以設備也　漢王褒四子講德論閔耈老之逢辜憐縗絰之服事惻隱身死之腐人悽愴子弟之縲匿

測　初力切

去聲則初志反　素問見上　淮南子兵略訓見上

憶　於力切

去聲則音意　釋名憶意也恆在意中也　張弨曰六書正譌意又思也別作憶非趙宧光說同亦作憶爲臆俗改

薏　同上　張弨曰說文䔮苢黍屬从艸䔂聲俗譌从意元竝列正文于下玉篇正䔮在前俗薏次之

億

平聲則於其反　易震六二億喪貝陸德明音義云本又作噫於其反辭也六五同　禮記文王世子註億可以爲之也億本又作噫　易繫辭傳噫亦要存亡吉凶則居可知矣此从口之噫而王肅音於力反　書金縢噫公命我勿敢言噫音於其反馬本作懿猶億也

上聲則於紀反　詩楚茨首章楚楚者茨言抽其棘自昔何爲我蓺黍稷我黍與與我稷翼翼我倉既盈我庾維億以爲酒食以享以祀以妥以侑以介景福　四章苾芬孝祀神嗜飲食卜爾百福如幾如式既齊既稷既匡既敕永錫爾極時萬時億

去聲則音意　楚辭天問厥萌在初何所億焉一作意　漢書貨殖傳引論語億則屢中作意則屢中　禮記少儀註測意度也意本又作億　史記吳王濞傳億亦可乎即意字　按洪适漢隸所載泰山都尉孔宙碑樊毅修華嶽

碑司隸校尉魯峻碑益書億作啻巴郡太守張納碑書億作薏小黃門譙敏碑書意作億而元吳澂解易億喪貝謂是意錢之戲以古意億通用也　張弨曰說文十萬曰薏顯足證據張納碑正是石經漏用億安也俗通譌改作億

臆

去聲同上　史記賈生傳鵩賦請對以臆漢書作意　晉書卞壺傳裁出否於意斷意音於力反　臆卽下肊重文

檍

同上今作檍　考工記弓人檍次之檍於力反又音意　張弨曰說文檍梓屬可爲棺椁弓材檍杶也廣韻不漏

醷

同上　周禮酒正註醫與臆相似臆本又作醷於紀反徐於力反　禮記內則醷於紀反又於力反　今醷字兩收

於六止二十四職部中

抑

平聲則音噫　詩抑此皇父箋云抑之言噫噫是皇父疾而呼之

去聲則音懿　楚辭九章懷沙撫情效志兮俛詘以自抑刓方以爲圜兮常度未替　素問見殺字下　楚語衛武公作懿戒以自儆韋昭云懿讀曰抑大雅抑之篇也　元戴侗六書故曰論語抑與之與漢石經作意與之與大戴禮武王問師尚父曰黃帝顓頊之道存乎意亦忽不可得見與後漢書隗囂問班彪曰抑者從橫之事復起於今乎蓋抑有意音二字古通用也　陳第曰抑音懿詩抑抑威儀抑讀如易懿文德之懿國語引詩抑戒作懿戒　按抑字詩賓之初筵三章與怭秩爲韻假樂三章與秩匹爲韻後人乃分入職韻

嗇

見上　張弨曰說文嗇快也从言从中意億薔標从之俗書廢閣正文俱改从意遂譌溷互錯幸載此本文可攷也

色

所力切

去聲則所類反　漢司馬相如上林賦見罰字下　東方朔七諫服清白以逍遙兮偏與乎玄英異色西施媞媞而不得見兮嫫母勃屑而日侍

棘

紀力切

上聲則音紀　詩楚茨見上

去聲則音記　詩采薇五章四牡翼翼象弭魚服豈不日戒玁狁孔棘　出車見牧字下

亟
去聲則去吏反　詩雲臺二章見伏字下　今此字兩收於七志二十四職部中

悈
去聲則音戒　說文悈从心戒聲　今此字兩收於十六怪二十四職部中

弋
與職切
上聲則音以　春秋襄四年秋七月戊子夫人姒氏薨公羊傳作弋氏八月辛亥葬我小君定姒公羊傳作定弋定十五年秋七月壬申姒氏卒穀梁傳作弋氏辛巳葬定姒穀梁傳作定弋　禮記月令田獵罝罘羅網畢翳餧獸之藥毋出九門註今月令翳爲弋　趙宧光曰弋本作𠂆余制切抴也加體作弋　說文代从人弋聲

廙

去聲則音異　說文廙从广異聲　今此字兩收於七志

二十四職部中

翼

上聲則音以　詩楚茨見上

去聲則音異　詩采薇緜竝見上　生民三章誕寘之隘

巷牛羊腓字之誕寘之平林會伐平林誕寘之寒冰鳥覆

翼之　行葦見上　孟子見上　荀子見上　呂氏

春秋重言篇有鳥止於南方之阜其三年不動將以定志

意也其不飛將以長羽翼也其不鳴將以覽民則也　漢

書賈誼傳見上　枚乘七發見下　吳越春秋見福字下

說文本作䎀从飛異聲

潩

去聲同上　說文潩从水異聲　今此字兩收於七志二十四職部中

翊

同上　漢王襃洞簫賦見上

⿷匚異

同上　說文⿷匚異从匚異聲

蟔

同上　玉篇蟔音異又音弋

即

子力切

按卽字易鼎九二爻辭與實疾爲韻詩東門之墠二章與栗室爲韻東方之日首章與日室爲韻篤公劉六章與密爲韻後人乃分入職韻但職與質術櫛轉去聲則竝是一韻故今仍之

稷

平聲則音粢　爾雅粢稷也

上聲則子禮反　詩楚茨見上　大田見黑字下　生民見敬字下　易林巽之寡磽磽白石不生黍稷無以供祭祇靈乏祀

去聲則音祭　詩閟宮見忒字下　漢冀州從事張表碑文系帝高辛爰暨后稷張仲孝友稚藝攸載　宋沈括夢溪筆談稷乃今之穄也齊晉之人讀卽積皆曰祭乃其土音楊愼引羅端良說曰稷又名齊或爲粢故祭祀之號稷曰明粢而言粢盛者本之禮運粢醍在堂是也稷又名穄呂氏春秋飯之美者有陽山之穄然則稷也粢也穄也

字有古今異文語有輕重殊音尓

皕 彼側切

去聲則音祕　說文从二百讀若祕

侐 況逼切

去聲則火季反　詩閟宮有侐音況域反一音火季反

今此字兩收於六至二十四職部中

副 芳逼切

去聲則方二反　詩生民見疈字下　素問見上　禮記曲禮上爲天子削瓜者副之副讀曰劈　呂氏春秋副之以吳刀亦劈字　今此字兩收於四十九宥二十四職部中

側 阻力切

平聲則音菑　公羊昭二十五年傳以人爲菑何休註菑周埒垣也今太學辟雍作側字

去聲則阻二反　楚辭天問見殺字下　漢枚乘七發今如太子之病者獨宜世之君子博見彊識承閒語事變度易意常無離側以爲羽翼淹沈之樂浩溰之心遁佚之志其奚由至哉　又見上　劉向九歎揗規榘以背度兮錯權衡而任意操繩墨而放棄兮傾容幸而侍側　吳越春秋見福字下　史記張釋之傳居北臨廁包愷音側

嶷 魚力切

平聲則音疑　說文嶷从山疑聲　今此字兩收於七之二十四職部中

薿

薿

上聲則音擬　詩黍稷薿薿音魚起反徐音魚力反　說文薿从艸疑聲　今此字兩收於六止二十四職部中

嶷

去聲則魚忌反　張弨曰說文引詩克岐克嶷今作嶷後人因岐所改也　今此字兩收於七志二十四職部中

觺

平聲則音疑　楚辭招魂見平聲牛字下　今此字兩收於七之二十四職部中

詩靡所止疑疑音魚陟反今廣韻不收

懝

去聲則五溉反　今此字兩收於十九代二十四職部中

垐　秦力切

平聲則音茨　說文垐从土次聲　今此字兩收於六脂二十四職部中

此韻轉去聲則入寘至志韻

二十五德

德　多則切

去聲則多隊反　孟子見直字下　史記秦始皇紀見式字下　素問見式字下　淮南子覽冥訓見服字下　易林大畜之豫道理和德仁不相賊君子往之樂有其利頤之恒毛生毫背國樂民富侯王有德　漢書敘傳薄姬硋魏宗文產德竇后違意考盤于代王氏仄微世武作嗣洛書甄曜度讖赤三德昌九世會備合帝際　魏武帝

短歌行周西伯昌懷此聖德三分天下而有其二修奉貢獻臣節不墜崇侯讒之是以拘繫　德悳二字廣韻註涵

得

平聲則多雷反　太玄經遇次三不往來不求得

去聲同上　易震象傳震索索中未得也雖凶无咎畏鄰戒也　孟子見直字下　楚辭九章惜往日何芳艸之早夭兮微霜降而下戒諒不聰明而蔽壅兮使讒諛而日得自前世之嫉賢兮謂蕙若其不可佩　孫子九地篇是故其兵不修而戒不求而得　素問見伏字下　文子自然篇天地之道無為而備無求而得　易林比之臨鼎之坤並見下　頤之夬見織字下　夬之鼎心無可據射鹿不得多言少實語無成事　漢郎中鄭固碑辭見下　張昭曰說文得行有所得也與㝵失字不同廣韻不涵

則

子德切

去聲則子隊反　呂氏春秋見翼字下　史記秦始皇紀見式字下　素問見式字下　淮南子要略見福字下　說文廁从广則聲

忒　他德切

去聲則他代反　詩瞻卬見織字下　閟宮三章春秋匪解享祀不忒皇皇后帝皇祖后稷　說文忒从心弋聲又作忕从心代聲　亦作貸禮記月令宿離不貸無或差貸毋有差貸皆忒字　易四時不忒京氏作貸　管子四稱篇四時不貸弟子職篇其儀不貸皆忒字

慝　同上　詩瞻卬見織字下　釋名慝態也有姦態也　慝卽忒俗改字

貸

同上　按周禮泉府凡民之貸者貸音特註貸民之物貸音吐代反史記貨殖傳齎貸子錢索隱曰貸音吐得反唯無鹽氏出捐千金貸索隱曰貸音吐代反晉書王長文傳蜀土荒饉開倉振貸長文居貧貸多音義云上貸他代反下貸徒得反是以乞貸之貸爲入聲出貸與人之貸爲去聲猶乞字之分去入二聲也然左傳文十四年盡其家貸於公有司以繼之貸音待又音忒莊子將貸子三百金貸音特韓非子揚權篇故曰毋富人而貸焉毋貴人而逼焉毋專信一人而失其都國焉作入聲易林比之臨府藏之富王以賑貸捕魚河海笱網多得作入聲鼎之坤郤叔晉貸行祿多悔利無所得作去聲則亦不可以一概論矣今此字兩收於十九代二十五德部中去聲註借也施也假也入聲註從人求物也　唐李商隱太倉箴偕偕貸貸汎淵先塞須防蒼蠅變白作黑此用入聲字

刻　苦得切

平聲則苦陔反　論衡引書我舊云刻子作孩子

上聲則音欬　釋名欬刻也氣奔至出入不平調若刻物也

去聲則苦代反　太玄經玄瑩植表施景榆漏率刻昬明考中作者以戒　說文刻从刀亥聲　或音契爾雅註今江東呼刻斷物爲契斷左傳定九年盡借邑人之車契其軸註契刻也　後漢書張衡傳斯契船而求劒註契猶刻也吕氏春秋曰楚人有涉江者其劒自舟中墜於水遽契其舟　釋名契刻也刻識其數也

克

平聲則音悝　史記平準書魏用李克盡地力貨殖傳李克務盡地力索隱曰案漢書食貨志及劉向別錄皆作李

悝孟子列傳魏有李悝盡地力之教是史記一書而或作克或作悝以音之轉而異也

去聲同上　詩小宛見去聲富字下　桑柔見力字下

管子四稱篇動作則事居國則富處軍則克臨難據事雖死不悔　六韜見下

特

徒得切

去聲則音代　詩我行其野見萬字下　漢郎中鄭固碑辭貢計王庭華夏歸服帝用嘉之顯拜殊特將從雅意色斯自得乃遭氛災隕命顛沛　說文特从牛寺聲

螣

上聲則音待　詩大田二章去其螟螣及其蟊賊無害我田穉田祖有神秉畀炎火

黑　呼北切

上聲則呼每反　詩大田四章曾孫來止以其婦子饁彼南畝田畯至喜來方禋祀以其騂黑與其黍稷以享以祀以介景福　釋名黑晦也如晦冥時色也　張昭曰說文㷵火所熏色从炎上出囧俗譌作黑本形遂晦矣

墨　莫北切

平聲則音梅　列子墨𡳐音迷　今山東萊州人呼卽墨爲濟迷　本艸李時珍曰石炭上古以書字謂之石墨今俗呼爲煤炭煤墨音相近也　說文本作墨从㷵从土

上聲則音每　釋名墨痗也似物痗墨也

默

去聲則音昧　莊子見極字下　六韜軍勢篇事莫大於必克用莫大於玄默動莫大於不意謀莫大於不識

賊　昨則切

上聲則昨来反　詩大田見上

去聲則昨類反　素問寶命全形論余念其痛心爲之亂惑反甚其病不可更代百姓聞之以爲殘賊　易林同人之損梅李冬實國多寇賊亂擾並作王不能制

塞　蘇則切

去聲則蘇代反　詩常武六章王猶允塞徐方既來　荀子賦篇此夫大而不塞者與充盈太宇而不窕入郄穴而不偪者與行遠疾速而不可託訊者與往來惽憊而不可爲固塞者與暴至殺傷而不億忌者與功被天下而不私置者與訊與誶同　太玄經盛陽氣隆盛充塞物寘然盡滿厥意　難測難無間中密塞也大車川川上下輆也　漢蘇順孝和皇帝誄自昔何爲欽明允塞恭[illegible]大行天覆地載無爲而治冠斷往代　今此字兩收於十九代二十[illegible]

五德部中

此韻轉去聲則入隊代廢韻

⿺走咅　蒲北切

去聲則蒲故反　今此字兩收於五十候二十五德部中

踣　同上　管子七臣七主篇故設用無度國家踣　呂氏春秋行論篇將欲踣之必高舉之　漢蔡邕釋誨闢謙盈之效迷損益之數騁駑駘於修路慕騏驥而增驅卑俯乎外戚之門乞助乎近貴之譽榮顯未副從而顛踣　左傳襄十一年踣其國家踣蒲北反徐音敷豆反　十四年與晉踣之踣蒲北反又蒲豆反　漢書刑法志凡殺人者踣諸市師古曰踣音防付反　莊子赴水則接掖持頤司馬本作踣　申徒狄曰以踣河徐音方附反　今此字兩收於

五十候二十五德部中

仆

去聲則音赴　漢陸賈新語輔政篇夫居高者自處不可以不安履危者任杖不可以不固自處不安則墜任杖不固則仆　司馬相如上林賦彎蕃弱滿白羽射游梟櫟蜚遽擇肉而後發先中而命處弦矢分藝殪仆　書盤庚傳如顛仆之木仆音赴又步北反　詩賓之初筵箋無使顛仆仆音赴一音蒲北反　蕩傳顛仆仆蒲北反又音赴　周禮司常註民至仆之仆薄北反又音赴　禮記檀弓註數仆也仆蒲北反又音赴　表記註同　左傳成二年註右被射仆車中仆音赴又蒲北反　昭十三年註僨仆也仆音赴又蒲北反　定八年註數仆也仆音赴又蒲北反　史記倉公傳即仆於廁索隱曰仆音赴又音步北反　宋庠國語補音古踣仆二字互為讀踣或音防付反仆或

音蒲北反　今此字三收於十遇五十候二十五德部中

韻戶[illegible]學嘗改入陌韻轉去聲則入御遇暮韻

唐韻正入聲卷之十九終

唐韻正入聲卷之二十

二十六緝

十　是執切

此字在古雖無轉聲者然宋陸游老學菴筆記謂轉平聲可讀爲諶引白樂天詩綠浪東西南北路紅欄三百九十橋宋文安公宮詞三十六所春宮館一一香風送管絃鼉以道詩煩君一日殷勤意示我十年感遇詩則知轉音之法唐人固有用之者矣　又按白居易新昌新居書事詩梵部經十二玄書字五千郡齋叅筆詩版圖十萬戶兵籍五千人務觀未引　平聲音如林反

什

同上 史記張儀傳塞什谷之口徐廣云什一作尋成皋鞏縣有尋口尋什聲近故其名異

汁 之入切

平聲則音斟 方言斟協汁也北燕朝鮮洌水之間曰斟自關而東曰協關西曰汁

湆 去急切

平聲則去今反 說文湆从水音聲

翕 許及切

平聲則許含反 詩常棣七章妻子好合如鼓瑟琴兄弟既翕和樂且湛

闟

同上　後漢輿服志愍皇闕執薛綜曰闕之言函也

邑　於汲切

平聲則於含反　詩小戎二章騏駵是中騧驪是驂龍盾之合鋈以觼軜言念君子溫其在邑方何爲期胡然我念之

㕄　昌汁切

平聲則職深反　今此字兩收於二十一侵二十六緝部中

此韻轉去聲則入沁韻

二十七合

合 侯閤切

平聲則音含 詩小戎見邑字下 常棣見翕字下 釋名合合也合口停之也 說文龕从龍合聲

頜 古沓切

上聲則音頷 今此字兩收於四十八感三十七合部中

⿰石沓 徒合切

上聲則徒感反 玉篇⿰石沓徒荅徒感二切

⿰𧾷朁 祖合切

平聲則祖含反

䨻
同上　今此二字並兩收於二十二覃二十七合部中

噆
子荅切
上聲則七感反　說文噆从口朁聲　此字兩收於四十八感二十七合部中

䂞
平聲則作含反　今此字兩收於二十二覃二十七合部中

妠
奴荅切
去聲則奴紺反　今此字三收於五十三勘十五鎋二十七合部中

軜　平聲則奴含反　詩小戎見邑字下

罯　烏合切　上聲則烏感反　說文罯从网音聲　今此字兩收於四十八感二十七合部中

罨　上聲則音掩　說文罨从网奄聲　今此字三收於五十琰二十七合三十三業部中

鞥　同上　說文鞥从革奄聲

㛪　平聲則烏含反　說文㛪从女弇聲　今此字兩收於二十二覃二十七合部中

庵　同上　今此字兩收於二十二覃二十七合部中

鬖　七合切　平聲則音參

㜗　同上　說文㜗从女參聲　今此二字竝兩收於二十二覃二十七合部中

二十八盇

盇 胡臘切

去聲則胡紺反　說文豔从豐盇聲

傝 吐盇切

去聲則他紺反　今此字兩收於五十三勘二十八盇部中

儑 五盇切

去聲則五紺反　今此字三收於五十三勘二十七合二十八盇部中

盦 安盇切

平聲則烏含反　今此字兩收於二十二覃二十八盍部中

此二韻轉去聲則入勘闞韻

二十九葉

疌

疾葉切

上聲則子感反　今此字兩收於四十八感二十九葉部中　又按易豫九四朋盍簪陸希聲本簪作捷

詀

叱涉切

平聲則丁兼反

去聲則佇陷反　今此字四收於二十五添二十六咸五十八陷二十九葉部中

𡛟　平聲則音占　說文𡛟从女占聲或讀若占　今此字兩收於二十四鹽二十九葉部中

魘　於葉切

上聲則於琰反　今此字兩收於五十琰二十九葉部中

嬮　平聲則一鹽反

去聲則於豔反　今此字三收於二十四鹽五十五豔二十九葉部中

擪

上聲則於琰反　莊子壓其顙本亦作擪乃協反郭於琰反　今此字兩收於五十琰二十九葉部中

厭

平聲則一鹽反

上聲則於琰反

去聲則於豔反　按四聲轉用無若此字之最明者如詩湛露厭厭夜飲之厭則平聲也禮記大學見君子而後厭然之厭則上聲也論語學而不厭之厭則去聲也詩厭浥行露儀禮鄉飲酒禮賓厭介入門左禮記曲禮厭冠不入公門檀弓死而不弔者三畏厭溺之厭則入聲也今此字四收於二十四鹽五十琰五十五豔二十九葉部中　周禮大司徒註不厭服於十二教厭音於涉反或於驗反左傳僖十五年註踐厭也厭於冉反一音於甲反　昭二十六年將以厭衆厭於冉反又於葉反　莊子其厭也如緘厭於葉反徐於冉反　不厭其天李於豔反徐於瞻反

好之不厭厭於鹽反又於豔反　上下見厭而強見也

厭於豔反徐於瞻反　史記高祖紀於是因東游以厭之

索隱曰厭音一涉反又一冉反　漢繁陽令楊君碑克厭

帝心作克壓　張弨曰按說文猒飽也爲猒足意廣韻收

豔部加厂作厭笮也卽厓隤厭服意加土作壓壞也塞補

也俗書將猒廢閣以厭通俗四聲又以壓混爲隤厭矣

又按禮記郊特牲血腥爓祭腥肆爓腍祭註並云爓或爲

⿰月習⿰月習直輒反今廣韻⿰月習字不收

三十怗

怗　他協切

上聲則丁簟反　公羊僖四年傳卒怗荆怗他協反玉篇

帖　又丁簟反

平聲則音添　說文帖从巾占聲

鞊　同上　說文鞊从革占聲

貼　同上　說文貼从貝占聲

㥦　苦協切　上聲則苦簟反　漢書孝文紀天下人民未有㥦志史記作嗛

惵　徒協切

平聲則處占反　今此字兩收於二十四鹽三十怗部中

墊

去聲則都念反　書益稷下民昏墊左傳成六年民愁則墊隘襄二十五年久將墊隘孟子王子墊問曰莊子廁足而墊之致黃泉漢書段會宗傳卽留所發兵墊婁地王莽傳武功中水鄉民三舍墊爲池墊竝音丁念反惟地理志墊江孟康曰音重壘之壘　今此字兩收於五十六㮇三十怗部中

埝

奴協切

斂

去聲則都念反　今此字兩收於五十六㮇三十怗部中

同上。說文敁从攴念聲

䩞 丁愜切

平聲則丁兼反　今此字兩收於二十五添三十怗部中亦作㥾見二十五添部註云又丁頰切今此韻不收

㛳 呼牒切

上聲則音險　今此字兩收於五十琰三十怗部中

按史記魏其武安傳沾沾自喜耳徐廣曰沾音昌兼反又當牒反今沾字在平聲二十四鹽二十五添去聲五十六㮇部而此韻不收

此二韻轉去聲則入豔㮇釅韻

三十一洽

䶢 苦洽切

平聲則苦咸反　說文䶢从齒咸聲

⿰目咸 同上　說文⿰目咸从目咸聲

三十二狎

鴨 烏甲切

平聲則烏銜反　玉篇鴨古文作鶴

譀 呼甲切

去聲則下闞反　說文譀从言敢聲　今此字兩收於五十四闞三十二狎部中

三十三業

脅　虛業切

上聲則音險　呂氏春秋門中有歛陷註歛讀曰脅

腌　於業切

平聲則於嚴反　說文腌从肉奄聲　今此字三收於二十八嚴二十九業三十三葉部中　亦作淹禮記少儀註以醯與䵒菜淹之淹音於廉反又於劫反

又按慊字有二音禮記坊記貴不慊於上音口簟反莊子天運篇彼必齕齧挽裂盡去而後慊音苦牒反今廣韻但收於五十一忝部中　大學此之謂自謙謙讀爲慊慊之

言厭也徐苦簟反

三十四乏

泛　房法切

去聲則孚梵反　今此字兩收於六十梵三十四乏部中此四韻轉去聲則入陷鑑梵韻

唐韻正入聲卷之二十終

古音表卷上

東冬鍾江第一　舉平以該上去入

平	上	去
一東	一董	一送
二冬		二宋
三鍾	二腫	三用
四江	三講	四絳

支脂之微齊佳皆灰咍第二

平上去入
五支之四紙之五寘之五質
半半半
支枝巵○萎○紙只秖○是氏寘忮觶○避○
觿○祇伎疧○○毀燬○跪○訾○積○賜○
提○兒唲○疵庋垝○巂○累刺○易○眥○
○訾○卑○紕○技○此玼泚智○企○縊○
○斯虒○雌○○褫○徙○俾啻○恚○瑞
知○籭○危○○爾邇○弭瀰
褭○凡所不載○庳○豕○紫
者卽案文字偏訛○庀○跬」頍
旁以類求之收入彌韻彌字
收入戈韻羲字

六脂 收入準韻雖字〇收入果韻委字	七之
五旨 倂入軫韻牝顰字〇收入敢字〇收入準韻準隼字〇收入小韻雋字	六止 收入隱韻㥣字〇收入獮韻癬字〇收入果韻火字
六至	七志 收入焮韻近字
六術	七櫛

二十二

八微

七尾

八未

昔之半

積蹐脊○益嗌
○蜴易○○適○
潪○刺○瘠○
椑萆○役○辟
甓
收入陌韻屐字

二十四職

八物

九迄

十二齊　收入先韻鐲字○收入仙韻鮮字

十一薺

十二霽　十三祭

十六屑　十七薛

二十三錫之半

錫析晳暘裼○擊墼○澼○酈歷○嫡鏑滴樀○鶂○敵○惕

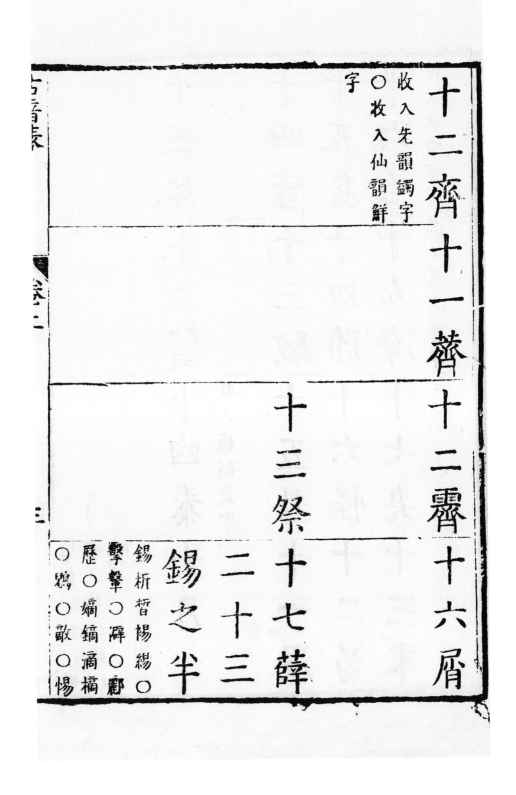

影剔○績○[illegible]
喫○釁○鵙○
閱

十三佳　十二蟹　十四泰　十月

收入換韻竄字

十四皆　十三駭　十五卦　十一没

十五灰　十四賄　十六怪　十二曷

十六咍　十五海　十七夬　十三末

併入登韻能字併入等韻等字

十八隊十四黠
十九代十五鎋
二十廢二十一
麥之半
麥脉○畫○幗
馘讗○薜○責
嘖簀債○繣○
核○譁革○摘
讁謫○戹搤阸
○鷊
二十五

十八尤
之半
尤訧肬郵○牛
○丘○紑○龜
○不○裘仇俅
○罘○謀

四十四有
有之半
有右友○久玖
○婦負○否不
○臼○秠
收入厚韻母拇
畝晦字

四十九宥
宥之半
宥祐又佑囿侑
○疚廄○舊○
副富

德
一屋之
半
福幅蝠葍楅偪
輻○伏服鵩犕
箙畐絥𩌂菔匐
鬸葍○郁棫或
𨧽黬栯○牧坶
○囿

平
上
去
入

魚虞模侯第三

九魚	十虞
八語	九麌
九御	十遇
一屋之半	二沃之

屋〇獨讀櫝瀆
〇穀轂谷〇斛
〇哭觳〇禿〇
豖〇速欶涑〇
禄鹿〇族〇蔟
〇鏃〇僕〇扑
〇卜〇木鶩〇
目
收入錫韻覿字

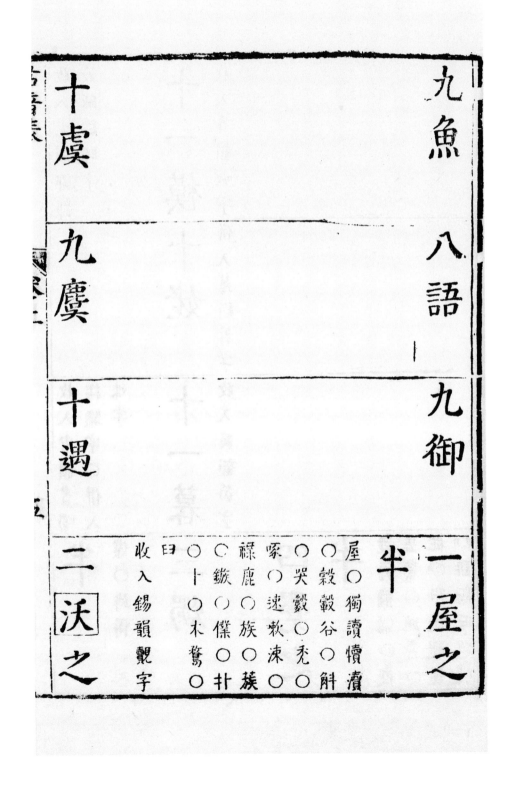

收入尤韻鄒鄹
菆緅騶郰字

十一模十一姥十一暮三燭

收入脊韻㕸字併入蕩韻莽字收入筒韻箇字

收入宥韻晝噣
縐驟字○併入
咮字

半
僕○耨傉

四覺之半

半
㱿角桷録○嶽
岳鸑○浞鷟○
捉○朔欶嗽數
○斵椓琢斸斀

○剝○撲○璞
墣樸朴○殼㲉
慤埆○濁鐲○
渥握楃幄偓喔
齷○确○蹈娕
齪

九麻之半　三十五馬之半　四十禡之半　十八藥之半

蟆○車○奢賖馬○者堵赭○禡罵○價嫁稼略○若惹○卻
畬○邪琊斜○野墅冶○雅○○亞○鏬罅○却○辵婼○噱
遮諸○祖罝○椵假賈斝○啞迓訝○詫○咤䐑醵○嬳○縛
華鋘鏵○瓜○○下夏○寫○奼詫○詐○乍○攫躩○礭著
姱夸○挐笯○且○社○捨舍蝑○謝榭○骼○榕
家葭豭○遐霞○姐○把○寡○暇芐○夜○

古音表　卷二

瑕鰕騢○鴉○○絮
巴豝○牙芽衙
吾○齇○荼[illegible]
梌塗𣘻○秅○
闍佘○窊○杷
琶○查○苴

[illegible]○柘樜蔗嗻
炙○舍赦○射
○霸○擨乇鱯
舉檴○跨胯○
唄○絮

十九侯四十五五十侯十九鐸

厚　收入講韻棓鮜字

收入講韻講字

之半

鐸度剫○莫摸
膜漠○落洛絡
○託橐柝○作
○錯厝○各閣
○恪○咢愕鄂
萼遻○䪙膊搏

○惡堊蝁○亳
簿踄薄○鑿○
索○涸洛○酢
酢作筰飵柞秨
○博鎛髆轉嚩
溥○霍○郭椁
○臒○穫鑊檴
彠濩○廓

二十陌

收入德韻菩趞
踣仆字

二十一

麥之半

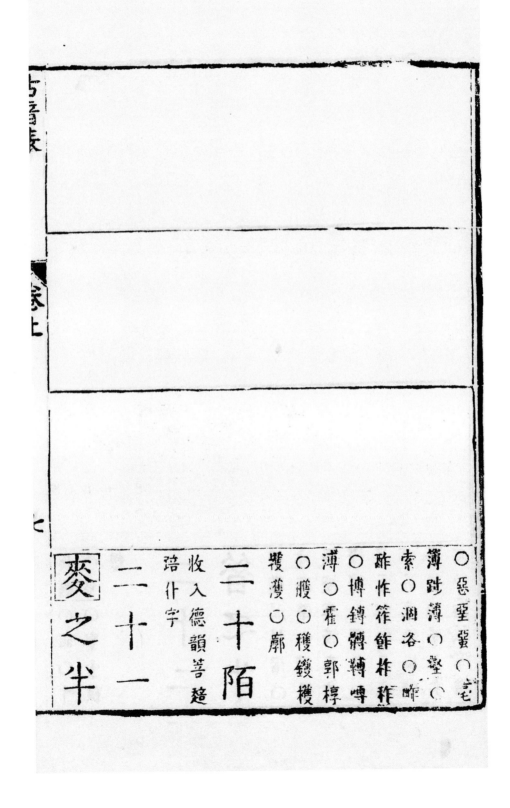

獲䨥〇䕉〇咋
〇亞〇索索虩
愬

二十二
昝之半

箵腊潟易惜〇
迹踖借〇繹蕐
斁掖奕腋弈液
懌譯〇釋螫〇
尺斥郝〇石碩
〇炙墌摭柘蹠
跖瘠〇席夕穸
蓆〇籍藉蹐耤

眞諄臻文殷元魂痕寒桓刪山先仙第四

平	上	去
十七眞	十六軫	二十一震
併入脂韻寅字○收入青韻苓零令字○併入䊵鏻字○收入蒸韻矜字		收入映韻命字

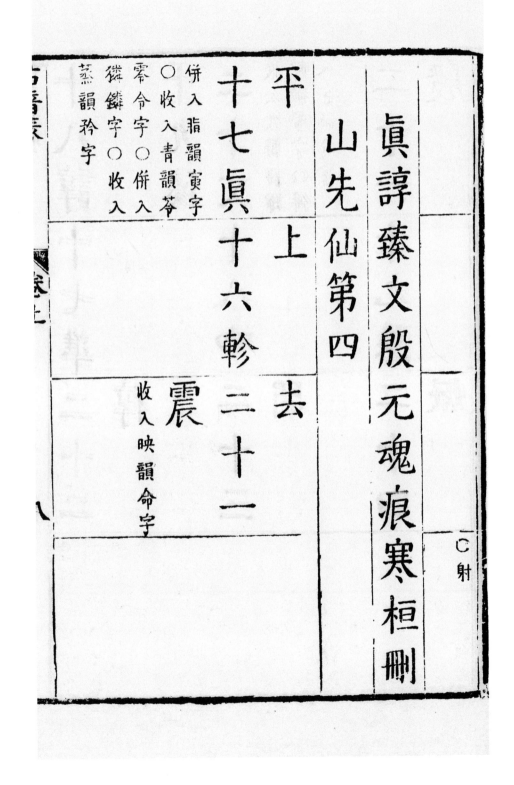

十八諄	十九臻	二十文 收入微韻揮煇暉徫翬字○併入眞韻賁字	二十一殷
十七準		十八吻	十九隱
二十二稕		二十三問	二十四焮

二十二元（收入微韻旂圻蘄沂字）	二十三魂	二十四痕	二十五
二十阮	二十一混	二十二很	二十三
二十五願	二十六慁	二十七恨	二十八

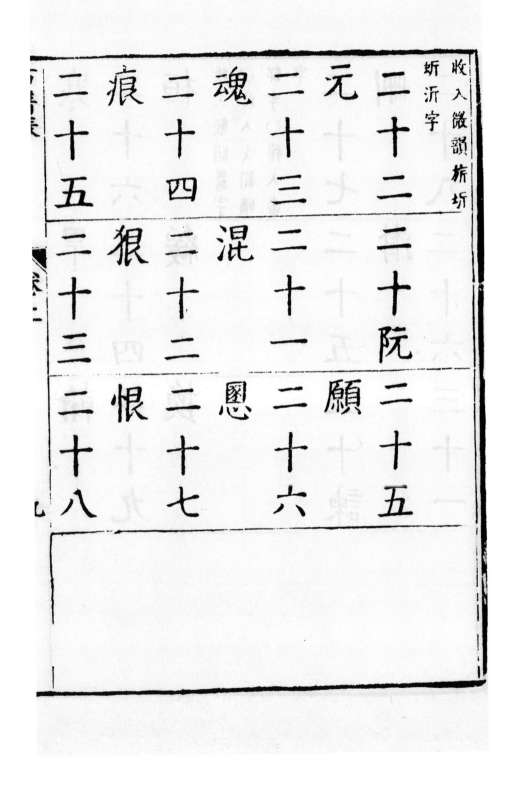

寒二十六	旱二十四	翰二十九
桓收入歌韻鼍字○收入戈韻皤鄱字○併入番字三十七	緩二十五	換三十
刪二十八	潸二十六	諫三十一

山	一先 收入齊韻西字	二仙
產	二十七銑 併入薺韻洗字〇收入洒字〇收入賄韻浼字	二十八獮
襉	三十二霰	三十三線

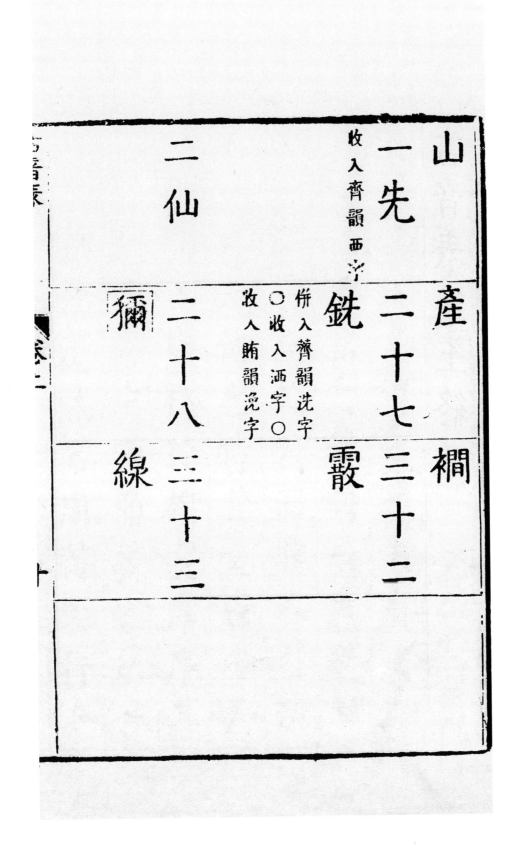

古音表卷上終

古音表卷下

蕭宵肴豪幽第五

平	上	去	入
三蕭	二十九篠	三十四嘯	一屋之半

幷入學韻談字

熇○皪○暴瀑
○骲鸈○複鍑
○復癁○縮䐹
謏莤橚○六陸
戮蓼僇勠○逐
軸妯舳柚蓫○

四宵

三十小　收入虞韻婢字

三十五笑

二沃之半

鞠匊〇麴〇歖
訙淑璹〇俶〇
育蓷〇蹴㝛〇
肉〇祝喌〇叔
倏菽倐儵儵透
〇畜慉〇竹筑
〇蹙蹴〇珇〇
覆〇澳澳隩薁
𦢋燠薁懊〇肅
橚蟰宿鷫𥖖潚
〇目繆穆

五肴

三十一巧

三十六效

四覺之半

沃鷽○毒纛○
篤督○酷硞焅
嚳○鵠○梏牿
穛告郜祰陪○
瑁相媢○歊○
檏

覺較榷○樂○
灂○糕○箾擢
○倬菿卓○駁
趵爆嚗駮○邈
懇藐眊皃○雹
跑皰皎暴○鞄

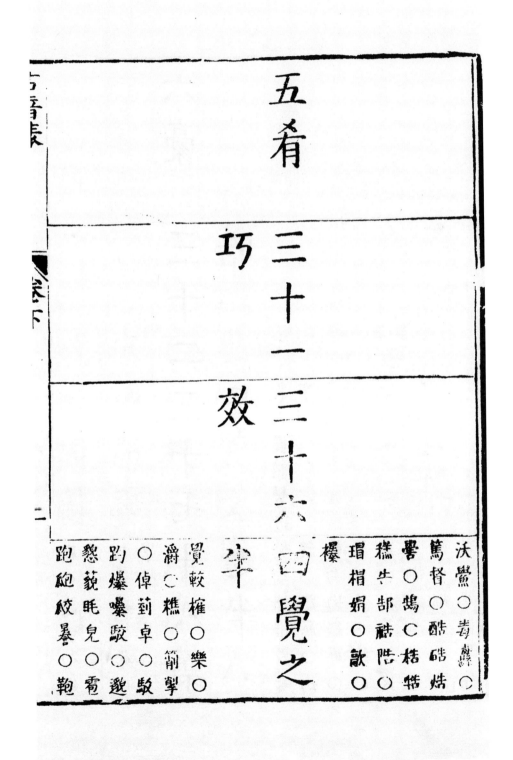

六豪

三十二　晧

三十七　号

十八藥　之半

收入候韻罯透字

颮○敲墝○燿
濯○箹○掉○
○逴踔○犖○
學礐○嶨滈
藥瀹櫟躍敫睔
覷○蹻屩○灼
杓勺趵繳礄○
弱○綽○約○
虐○杓芍○皀
○削○爵雀燋
爚○嚼嚼○謔
收入麥韻覈字

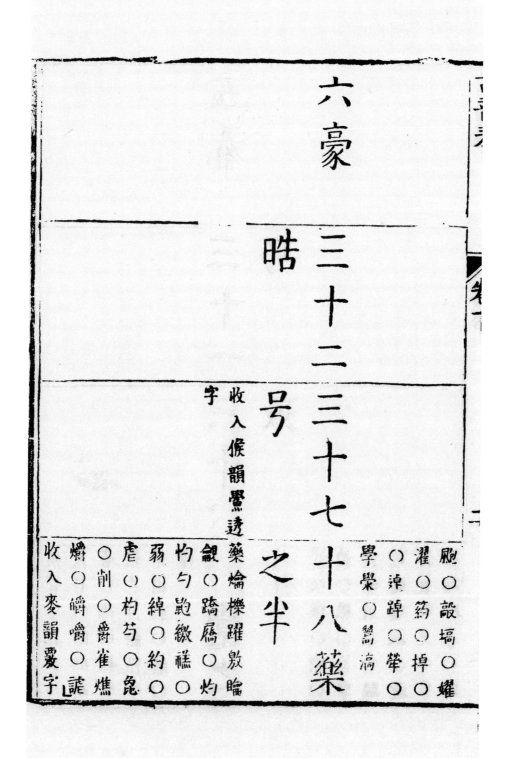

古音表　卷下　三

○併入繳字

十九鐸之半

樂爍○嗃部鶮

○鶴○鑿

二十三錫之半

激徼驚竅○轢

嚛礫皪櫟濼寥

躒○的弔逷○

檄椺○翟迪邮

蓧笛滌柚䌰苗
○蓨脩○擊○
愁𨅪○戚鬖

十八尤四十四四十九
之半有之半宥之半

憂優麀耰○摎樛留茆鄮○犹救究○宙疛𤸷
霤流騮嘐瀏㶯杻糅○丑○肘○狩獸○臭○
懰○秋𥝩萩楸○朽○九韭○岫袖○繡○遒
湫鍬○猶悠油首手守○醜○○畜○廖霤蓼
攸由滺遊繇揄楸○楺○阜○窌○秀繡○就
○湫○酉蕕○缶○輮○舅咎○楺○復○褎
脩修○抽瘳紬○紂○酉槱誘○售
○周州洲舟輈臑莠○受壽○收入侯韻茂貿

○讎醻讟○柔糅○帚○酒戊楙字○收入
○收○鳩疛朻收入旨韻軌究燭韻旭勖字
丩○捘鄒○愁晷簋朹匭氿字
○休髤○囚慒○收入厚韻牡
○儔幬裯綢稠叜趣字
疇翛檮○調○
求逑絿○浮罦
烰○捊矛蝥鍪
髳
併入脂韻揂艽
頄字○收入虞
韻孚莩郛桴字
○併入罦捄字
○收入矦韻裒
捊字

古音表　卷下　九

二十幽四十六五十一

	黝	幼

歌戈麻第六

平	上	去
七歌 收入禡韻化字	三十三 哿	三十八 箇 收入至韻地字
八戈	三十四	三十九

果

過

倂入旨韻鮨字收入霽韻麗字

九麻之三十五四十禡

半

馬之半之半

麻○嗟○瘥○乜○踝○瓦

駕○溠

騧○嘉加珈○

差○鯊沙○髽

五支之四紙之五寘之

半

半

半

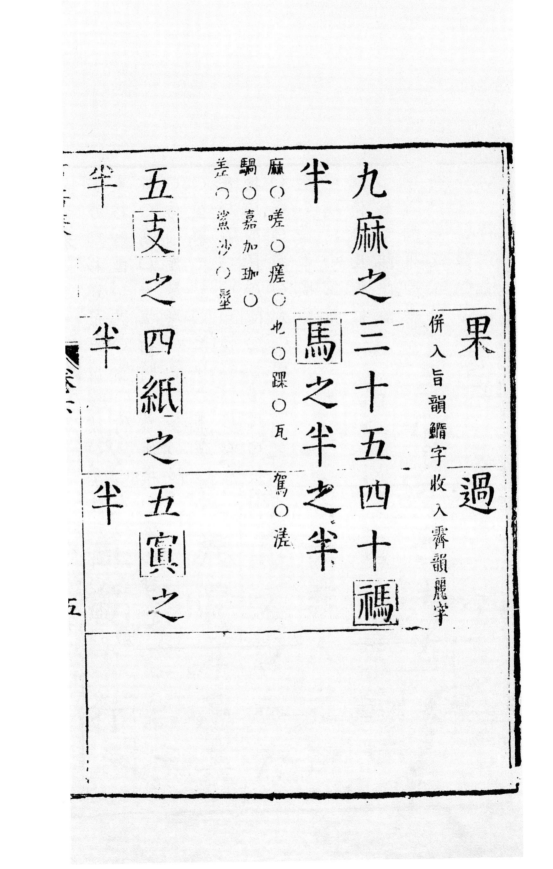

叕眵○移迻㢘靡靡○彼○委陂詖跛○被○

𧰙移迤匜○詑○髓○倚旖○寄○議義○戲

蛇○爲○麾撝掎踦○巇蛾檥○僞○𥟖

○倭○糜縻縻○蘼○藥○陊

○墮隳○鬌○阤地○灑纚○

坐○羸○吹○侈鉹誃垑哆㢘

披○陂羆○隨○挫○揣○紴

○虧○窺○奇○旋

錡○犧羲巇○

崎碕踦○宐轙

鸃儀○皮疲罷

○㚑○離蘺蘺

縭蠡醨罹○罵

畸○施覘鉈○

差嵯傞䑘○髟

𧋍○漪猗椅○

騩沘〇惢〇規

〇箠〇蠡

陽唐第七

平	上	去
十陽 收入庚韻慶字	三十六養	四十一漾 倂入藥韻掠字
十一唐 收入耕韻萌氓甿字〇收入清	三十七蕩	四十二宕

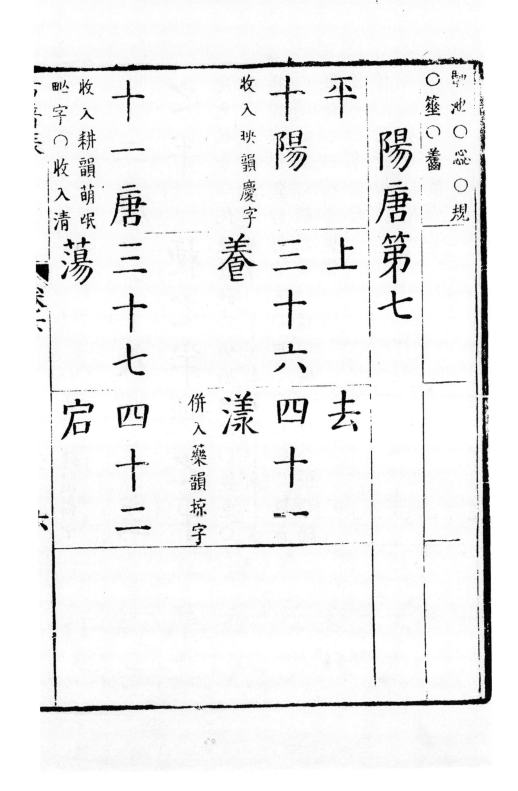

韻錫字　　收入鐸韻蒸字

十二庚三十八四十三
之半梗之半映之半

庚更秔羹○阬梗綆鯁○怲炳映詇○鏡竟○
坑○旨𧌒莔○邴秉○景境○競倞○病○孟
橫蝗瑝喤鍠諻影○永○皿○○柄怲○詠泳
○閍祊騯○觵憬𦋺○猛○礦○○行○倀○㭃
觥侊○彭㭃篣穬獷○瑒
㧍𦶎○亨○瞠
橕○鎗鐺槍○
霙鍈英瑛○磅
亨○京麠麖○
明盟䴿○棖棠

○兵○兄○卿○鯨○迎○行胻桁衡蘅珩

耕清青第八

平	上	去
十二庚之半	三十八梗之半	四十三映之半
平苹○驚○鳴○榮瑩○生笙牲甥	眚○打	敬○檠○禜○偵

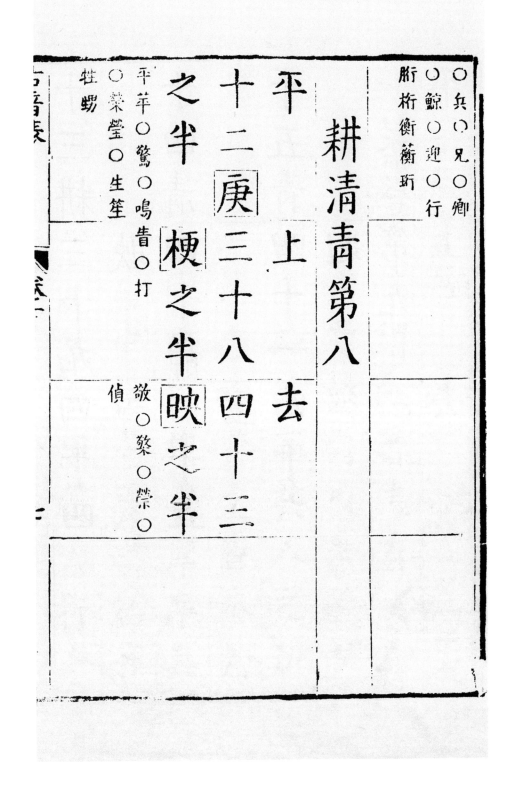

十三耕三十九四十四

耿　諍

十四清四十靜四十五

勁

十五青四十一四十六

迥　徑

蒸登第九

平　上　去

十六蒸 收入東韻弓雄熊字○併入馮字
四十二拯
四十七證 收入寢韻朕字

十七登 併入東韻瞢字○收入送韻夢字
四十三等
四十八嶝

侵覃談鹽添咸銜嚴凡第十

平	上	去	入
二十一	四十七	五十二	二十六

侵（收入東韻風楓字）	寑	沁	緝
二十二	四十八	五十三	二十七
覃	感	勘	合
二十三	四十九	五十四	二十八
談	敢	闞	盍
二十四	五十琰	五十五	二十九
鹽	一	豔	葉

二十五 五十一 五十六 三十怗
添 忝 㮇
二十六 五十二 五十七 三十一
咸 儼 釅 洽
二十七 五十三 五十八 三十二
銜 豏 陷 狎
二十八 五十四 五十九 三十三
嚴 檻 鑑 業

二十九五十五六十梵三十四

凡收入東韻芃字　范　乏併入東韻汎梵字

古音表卷下終

後序

此書自刱始至於卒業二十年所過山川亭障無日不以自隨凡五易稾而手書者三亦已勤矣然而久客荒壤於古人之書多所未見日西方莫遂以付之梓人而詩本音十卷則李君因篤不遠千里來相訂正而多采其言若夫本說文

正字體酌古今之間而手書之則張君弨與其二子叶增叶箕若一君者亦儒林之罕覯者也其工書則取諸鸞産之直而秋毫不僭於人又區區之素志也復懼末俗學惡好改竄人書以自貫衒刻成著版名山以待後之信古者炎武書

音學五書後敘

予纂輯此書幾三十年所過山川亭鄣無日不以自隨凡五易稾而手書者三矣然久客荒壤於古人之書多所未見日西方莫遂以付之梓人故已登版而刊改者猶至數四又得張君弨爲之攷說文參羣書增辯正酌

時空而手書之二子叶增叶箕分書小字鳩工淮上不遠數千里累書往復必歸於是其著書之難而成之之不易如此然此書爲三百篇而作也先之以音論何也曰審音學之原流也易文不具何也曰不皆音也唐韻正之攷音詳矣而不附於經何

也曰文繇也已正其音而猶遵
元第何也曰述也古音表之别
爲書何也曰自作也蓋嘗四顧
跱躇幾欲分之幾欲合之久之
然後臚而爲五矣烏呼許叔重
說文始一終亥而更之以韻使
古人條貫不可復見陸德明經
典釋文割裂刪削附註九經之

下其元本遂亾成之難而毀之甚易又今日之通患也孟子曰流水之爲物也不盈科不行記曰不陵節而施之謂孫若乃觀其會通究其條理無輕變改其書則在乎後之君子李君因篤每與予言詩有獨得者今頗采之以荅書附於末炎武又書